DONDE
SOMOS
HUMANOS

HISTORIAS GENUINAS SOBRE MIGRACIÓN, SOBREVIVENCIA Y RENACERES

DONDE SOMOS HUMANOS

EDITADO POR
REYNA GRANDE
Y
SONIA GUIÑANSACA

HarperCollins *Español*

Se han cambiado algunos nombres para proteger la privacidad de las personas.

Extracto en la página 193 de Tuck, E.T., & Ree, C. (2013) *Handbook of Autoethnography*. S.L. Jones, T.E. Adams & C. Ellis (Eds.) Anchor Books. Extracto de «A Glossary of Haunting» reimpreso con permiso de Anchor Books, un sello de KnopfDoubleday Publishing Group, una división de Penguin Random House LLC. Todos los derechos reservados.

Los libros de HarperCollins Español pueden ser adquiridos con fines educativos, empresariales o promocionales. Para más información, envíe un correo electrónico a SPsales@harpercollins.com.

Título original: *Somewhere We Are Human*

Publicado en inglés en los Estados Unidos en 2022 por HarperVia

PRIMERA EDICIÓN

Traducción: Aurora Lauzardo Ugarte y Luis García Nevares

Copyright de la traducción de HarperCollins

Diseño adaptado de la edición en inglés de SBI Book Arts, LLC

Ilustraciones del diente de león y las semillas de onecentdesign/Shutterstock
Página 9: A dónde vamos (2018) de Bo Thai, impresa con permiso
Página 29: Cortesía de Jennif(f)er Tamayo
Página 41: Un futuro, en otro lugar (2020) de Alan Peláez López, impresa con permiso
Página 187: Un momento para dos (2021) de Julio Salgado, impresa con permiso
Página 276: Retorno (2020) de Rommy Torrico, impresa con permiso
Página 302: Luchadora con fe todo se puede (2017) de Miriam Alarcón Avila, impresa con permiso

Este libro ha sido debidamente catalogado en la Biblioteca del Congreso de los Estados Unidos.

ISBN 978-0-06-309583-0

22 23 24 25 26 LBC 27 26 25 24 23

Yaccaira de la Torre Salvatierra,
¡éste es para ti, mujer!

—REYNA

A mis padres y a mis abuelitos:
este libro y todo es siempre para ustedes.

—SONIA

CONTENIDO

Prólogo de Viet Thanh Nguyen   xi

Nota de las editoras   xv

MIGRACIÓN

Sonia Guiñansaca

Antes   3

Reunión   5

Después   7

Bo Thai

A dónde vamos   9

Carolina Rivera Escamilla

Lo prometido   11

Jennif(f)er Tamayo

& yo llegué por donde llegan los pájaros   19

Javier Zamora

En todas las elecciones,   34

Hay un muro feat. la leyenda del merengue   35
Kinito Méndez y su «Cachamba»

En el puerto de entrada de Naco, Sonora, veinte años   37
después de cruzar la frontera, pero esta vez con papeles

Alan Pelaez Lopez

Un futuro, en otro lugar   41

Contenido

lois-soto lane

En busca de Atlantis — 43

Jesús I. Valles

Quinceañera — 54

encuentras un hogar / y luego corres — 58

Danyeli Rodriguez Del Orbe

Pa' Nueva Yol — 62

Rita E. Urquijo-Ruiz

La primera visita — 71

Kaveh Bassiri

Caravana — 81

La canción del inmigrante — 84

Simulacros de aprendizaje — 86

Azul Uribe

10 — 88

féi hernandez

Después de Safo — 98

cómo / contamos los eventos \ — 103

Concepción — 107

SOBREVIVENCIAS

Girum Seid Mulat

Cuando sueño con la madre (patria) — 113

De un niño etíope que vive en los Estado Unidos — 117

Aline Mello

Caber — 120

Contenido

t. jahan

Cualquier día de éstos 130

Julissa Arce

No era de su mundo 140

Mariella Mendoza

Montaña a Montaña 152

Laurel Chen

TÚ DICES «CIUDADANÍA», YO DIGO 163
QUE UN PAÍS ES UNA CATÁSTROFE

alborada de la autodeportación 165

Lucy Rodriguez-Hanley

Culpable de tener suerte 168

Emilia Fiallo

Todos los pedacitos 176

Julio Salgado

Un momento para dos 187

Francisco Aviles Pino

Fruta 189

Unite Here Local 11 190

Oda a los periodistas 191

Angel Sutjipto

A su discreción 193

T. Lê

Me desenrosco para amarrarme 201

tú insistes en mi lengua nativa 203

NADA EN PARTICULAR 205

Contenido

Elías Roldán

Una puntada permanente   208

Razeen Zaman

Infiltrada-forastera: desaprender mis estudios jurídicos   217

Alexa Vásquez

Querida Zoraida   228

RENACERES

Ola Osaze

cosas que recuerdas cuando un fascista anaranjado   237
con una cortinilla rubia no gana la reelección

Oscar Vazquez

La obra   243

Sól Casique

Visión de toro   252

Si yo, una persona indocumentada, poseyera   255
una nave espacial o dos o tres

Bárbara Andrea Sostaita

Un relato de éxito indocumentado   260

Reyna Grande

Sweet Valley no es tan dulce   267

Rommy Torrico

Retorno   276

César Miguel Rivera Vega Magallón

El retorno al país inventado: una teoría   278
de la migración del Retorno

Contenido

Dujie Tahat

LA VERJA   288

LLEVO A MIS HIJOS A LA ESCUELA   289
Y EL PRESIDENTE ESTÁ LISTO
PARA QUE LO ABSUELVAN

El camino prometido tiene señales para guiarnos   293

Miriam Alarcón Avila

A través del lente de mi cámara   295

Yosimar Reyes

Silicon Valley, CA   304

Grace Talusan

(Des)encuentros con el mostrador   314

Dulce Guerra

La dulzura del pasto   323

Carolina Alvarado Molk

En papel   329

Agradecimientos   335
Sobre Viet Thanh Nguyen   339
Sobre las editoras   341

PRÓLOGO

Los seres humanos siempre han migrado y, sin duda, se trasladarán aún más en la era de las catástrofes climáticas, pero los Estados Unidos de América se han apropiado de la idea de la migración como parte de su ideología. Esta forma de pensar proclama que somos un país de inmigrantes, pero no la llamen «ideología», porque los estadounidenses creen que las ideologías son para los marxistas, socialistas, comunistas y teóricos críticos de la raza. El sueño americano existe más allá de las ideologías, como sueño que todo el mundo en la Tierra debería soñar, según los estadounidenses.

La inmigración de ciertas personas a los Estados Unidos aterroriza a algunos estadounidenses. También se podría argumentar que, para estos mismos estadounidenses, la idea de la inmigración valida a los Estados Unidos. Por supuesto que la gente quiere venir aquí porque somos un gran país, o lo seremos, tan pronto como llegue la gente «adecuada». Esta antología, *Donde somos humanos,* surge de la paradoja de la inmigración y la xenofobia que vive en el corazón de los Estados Unidos; no de los Estados Unidos reales, sino de ese país mítico del sueño americano, tan arraigado en la psique de los estadounidenses que a muchos de ellos, aún a los críticos y liberales, les cuesta deshacerse de él.

Prólogo

Los cuentos, poemas y obras gráficas en esta antología examinan la paradoja bajo la cual los Estados Unidos se representan a sí mismos como la tierra de «nuevos comienzos», pero también como un lugar que exige tanto de los recién llegados que los obliga a pensar «en algún lugar somos humanos». Si los Estados Unidos es un gran país, entonces, ¿por qué se cuestiona la humanidad de alguien? ¿Por qué debería uno añorar su propia humanidad, la que algunos, incluso muchos, le niegan? La historia estadounidense de tantos recién llegados, así como de los pueblos indígenas y los descendientes de los esclavizados, es, por tanto, una historia de «sobrevivencia».

El racismo, la indiferencia, la incomprensión, las microagresiones, la explotación, la separación de familias y el terror de ser indocumentados bajo amenaza de deportación forman parte del terreno de peligro y sobrevivencia de los recién llegados. En este sentido, la antología afirma lo que ya se sabe de la historia de la migración a los Estados Unidos: para convertirse en estadounidense, para ser parte del sueño americano, para ser parte de la «excepcionalidad americana», los recién llegados, a menudo y por desgracia, tienen que pasar ritos de iniciación que van desde el desprecio hasta la brutalidad.

Parte de la mitología estadounidense es que las personas y la nación entera algún día superarán estas malas experiencias. Esta antología desafía ese optimismo, como lo expresa de forma sucinta Jesús I. Valles en su poema «encuentras un hogar / y luego corres» al escribir: «no tengo país». Creada durante la era y las secuelas de «Make America Great Again» («Que América vuelva a ser grande»), o tal vez sólo durante su periodo de descanso antes de resurgir, esta antología captura el sentir de tantos estadounidenses con su mezcla de pesimismo, desafío y optimismo. A muchas personas, en todos los bandos, les preocupa el destino del país. Temen que lo que representan los Estados Unidos —la ciudad en la colina, el faro de luz del mundo— esté bajo amenaza. Para otros, incluso para muchos de los colaboradores de esta antología, la preocupación tiene que ver con cómo se vive en un país que, para bien o para mal, sencillamente, es nuestro hogar.

Uno de los aspectos más singulares de *Donde somos humanos* es la visibilidad de los escritores que tienen movilidad geográfica y que se han desplazado a través de normas y fronteras del sexo y el género como *queer*, no binaries o trans. Esto no es casualidad. Las fronteras de las naciones no sólo están racializadas, politizadas y militarizadas, sino también sexualizadas y marcadas por el género, como señala Gloria Anzaldúa en *Borderlands/La Frontera*. Además, el sociólogo Aníbal Quijano argumenta que los Estados Unidos, como región continental que se extiende de norte a sur, en la que el capitalismo contemporáneo llegó a su apoteosis a través del colonialismo, requirió la construcción de una familia burguesa y heteronormativa. Por esta razón, los proponentes de «Make America Great Again» conciben a los migrantes indeseados como «asesinos» y «violadores», pues ambos amenazan a este tipo de familia que, a su vez, representa al país. En consecuencia, una antología que es ambivalente respecto a los Estados Unidos cuestiona las fronteras geográficas, de nacionalidad, género, sexualidad e identidad.

Prólogo

A pesar de que las historias de inmigrantes no escasean, aún no hemos escuchado lo suficiente de las personas indocumentadas y previamente indocumentadas que contribuyen a esta antología. Sus historias despertaron en mí la sensación de temor constante con que cargan tantos indocumentados, así como el poder y la urgencia de sus voces valientes. Aunque son personas indocumentadas en el sentido legal, éstas se autodocumentan y documentan a este país a través de su escritura. Ojalá que esta antología sea la piedra angular de una literatura indocumentada que galvanice nuestra conciencia e imaginación colectiva sobre lo que esta nación puede alcanzar.

Por último, esta antología pregunta implícitamente: ¿dónde seremos humanos? ¿En los Estados Unidos? ¿Es éste el sueño americano mitológico? Y, si nuestra humanidad no puede realizarse en estos lugares, entonces, ¿por qué no y cómo podemos lograr que así sea? Las respuestas sólo pueden surgir de las luchas por la justicia y la igualdad que no se resolverán en un futuro cercano. Mientras tanto, el reclamo del poema «Después de Safo» de féi hernandez resuena: «Los Estados Unidos siempre fueron míos».

Viet Thanh Nguyen,
ganador del Premio Pulitzer
y autor de *El simpatizante*

NOTA DE LAS EDITORAS

Queridxs lectorxs:

Es un honor presentar estas historias poderosas de resiliencia, tenacidad y esperanza. En nuestra juventud jamás habríamos pensado en poder crear un libro como éste, una colección singular de ensayos, poemas y obras gráficas por y acerca de gente como nosotras: inmigrantes indocumentadas o previamente indocumentadas. Ser parte de una comunidad muchas veces condenada a los márgenes de la sociedad —lugar en donde se nos obliga a vivir en la sombra y donde nuestras voces caen en oídos sordos— hace que la publicación de *Donde somos humanos* sea un sueño hecho realidad. Este libro es una celebración del espíritu inquebrantable y el talento increíble de nuestras comunidades.

Migramos en nuestra niñez, Reyna de México y Sonia de Ecuador, y fuimos a parar a costas opuestas, a California y a Nueva York, respectivamente. Crecimos sin papeles y afrontamos retos parecidos según luchábamos por encontrar nuestro lugar en los Estados Unidos. Afortunadamente para ambas —dos niñas de piel morena que vivían en Harlem y Los Ángeles—, hallamos en nuestras bibliotecas públicas un santuario, donde descubrimos el poder de los cuentos y desarrollamos un amor feroz por la lectura. Por desgracia, los libros que teníamos a nuestra disposición no incluían experiencias como las nuestras. Ansiábamos cuentos que reflejaran nuestra realidad como inmigrantes y la complejidad de no tener papeles, historias en las que nos sintiéramos visibles y escuchadas, y que reflejaran nuestra humanidad. Haber visto nuestras experiencias reflejadas en las páginas de un libro nos habría hecho sentir menos solas. Menos en el margen.

Con esta compilación, esperamos contribuir a la conversación en curso y que sigue desarrollándose en torno a la política inmigratoria y la justicia, enfocándonos en historias genuinas de inmigrantes. Nunca ha sido tan necesario un libro como éste, y nos hemos entregado a su escritura y edición como si nuestras vidas dependieran de ello. Y quizás así era el caso. Después de todo, la creación de *Donde somos humanos* surgió durante un momento en el que la DACA, la Consideración de Acción Diferida para los Llegados en la Infancia, era objeto de debate; durante la continua deportación de migrantes en todo el país y la encarcelación de personas en centros de detención; durante un aumento de las políticas anti-LGBTQIA+; durante un alza en la violencia xenofóbica y antiasiática; durante las manifestaciones en apoyo a las vidas negras; durante unas elecciones; durante una crisis climática, una inestabilidad económica y una pandemia global.

En momentos de tanta agitación, ¿cómo cambiamos la actitud de la nación hacia los migrantes por una enraizada en la humanidad y la justicia? ¿Qué historias sobre nuestras comunidades migrantes hace falta contar durante este tiempo de militarización de las fronteras, detenciones en masa y una severa legislación antinmigratoria? Éstas fueron las preguntas que sirvieron de guía al seleccionar los ensayos, poemas y obras gráficas que encontrarán en estas páginas.

El proceso de esta colección se realizó en dos fases. Primero, creamos una lista de las personas que queríamos incluir: voces destacadas que realizan trabajos innovadores en el activismo inmigratorio y dentro de áreas culturales y literarias. También queríamos destacar nuevas voces de inmigrantes de todo el país y de los que ya no vivían en los Estados Unidos porque decidieron irse o fueron deportados. Así que en octubre de 2020 lanzamos una convocatoria, que concluyó en diciembre del mismo año. La respuesta fue abrumadora, pero no nos sorprendió. Las oportunidades y la infraestructura para que los inmigrantes puedan contar sus historias en sus propias palabras son pocas. Terminamos con una amplia variedad de envíos sobre humanos que aman; que tienen relaciones complicadas con sus familiares; que participan en múltiples asuntos de justicia social, como, por ejemplo, el cambio climático y los derechos reproductivos y de la comunidad LGBTQIA+; que están en proceso de entender sus conexiones con sus países natales y su país adoptivo; que están explorando sus identidades, siguiendo sus sueños y adueñándose de sus verdades.

En esta colección queremos ir más allá de los datos, más allá de los estudios de casos o de los informes sobre políticas que suelen dominar el discurso. Las obras en esta colección son narraciones de primera mano de experiencias vitales que nunca han sido publicadas. Éstas son voces auténticas de escritores y artistas emergentes o establecidos, de líderes en sus profesiones o comunidades. A algunos se nos ha concedido Estatus de Protección Temporal o vivimos bajo el programa de la DACA. Algunos vivimos entre ajustes de estatus; otros somos deportados, exiliados o esperamos la aprobación de asilo. Algunos tenemos *green cards* o la ciudadanía estadounidense, y otros no cualificamos para solicitar ninguna ayuda real porque no tenemos la edad o estamos esperando una audiencia en el tribunal, atascados en los eternos y crecientes atrasos en los procesos judiciales. Esta variación era importante porque expone las políticas coloniales del conquistador sobre la inmigración y el sistema violento del que somos parte, en contra de nuestra voluntad y, en ocasiones, con nuestra complicidad.

Estos estatus creados por el gobierno no pueden captar la realidad de las vidas humanas en su totalidad. En este libro, tratamos, de manera individual y colectiva, de darles sentido a las zonas grises revisitando nuestros recuerdos y aprendiendo cómo la clase social, la raza, la religión, la sexualidad, el género, la nacionalidad, la estadidad, la capacidad y el idioma han forjado nuestras vivencias en los Estados Unidos. Exploramos nuestro conflicto interno de intentar aferrarnos a nuestras raíces, pero, a la vez, tratar de encajar; de intentar tener una mejor vida sabiendo que el precio que se paga es demasiado alto; de vivir en una realidad que, muy a menudo, fracasa en satisfacer nuestras expectativas; de tener que luchar una y otra vez por nuestro derecho a quedarnos y a crear un hogar aquí. Producimos arte, creamos, escribimos para darle sentido a todo ello. Para sanar y completarnos nuevamente.

Nota de las editoras

Donde somos humanos no está finalizado. Un libro no puede abarcar toda la multitud de experiencias migratorias. Pero este libro es único en el sentido de que fue creado sólo por inmigrantes que somos o fuimos indocumentados, desde su recopilación, edición, escritura y obras gráficas, hasta el hermoso diente de león impreso en la portada. A pesar de que la mariposa monarca se ha convertido en el símbolo de la migración como acto de sobrevivencia, escogimos el diente de león para simbolizar nuestros recorridos. A las mariposas se las quiere. No se puede decir lo mismo del diente de león, que, sin importar sus propiedades beneficiosas, se considera hierba mala. A menudo, a los inmigrantes se los mira con la misma negatividad. Por fortuna, las semillas de diente de león son fuertes y adaptables. Las hemos visto caer y florecer en los lugares más improbables. Como la semilla de diente de león, con todo en nuestra contra, los inmigrantes escogemos hacer nuestro mejor esfuerzo para crear una vida nueva y continuar existiendo sin importar dónde caigamos. Por ello, organizamos esta colección en tres secciones definidas por las tres fases de la travesía del inmigrante: migración, sobrevivencias y renaceres; una travesía no muy distinta a la del diente de león.

El título, *Donde somos humanos*, está inspirado en un verso de uno de los poemas de Sonia. Refleja la humanidad de cada individuo que se ha visto forzado a abandonar su patria y a buscar una nueva vida. Vivir en un país que a menudo deniega nuestra humanidad nos pasa factura, pero esta antología es una declaración de que, aunque no seamos percibidos como seres humanos en la ciudad, el país, el estado o dondequiera que vivamos, *somos* humanos en todo lugar y nadie puede despojarnos de nuestra humanidad.

Vemos esta colección como una ofrenda a nuestras comunidades de inmigrantes, pero también a aquellos que, fuera de ellas, quieran conocer más. Si eres inmigrante, esperamos que veas este libro como una celebración de quien eres, que las historias entre estas páginas te hagan sentir visto, escuchado y menos solo. Si alguna vez te has ido de tu casa, ya sea libremente o por la fuerza, esperamos que te unas a nosotras en nuestra búsqueda de un hogar, a medida que buscamos un futuro que no esté definido por fronteras.

Cada migrante tiene una historia, una vida, una familia, un rostro, una voz. Como el diente de león, nuestras historias son las semillas que transportan la vida y ofrecen nuevos comienzos dondequiera que echen raíz.

En solidaridad,
Reyna y Sonia

MIGRACIÓN

Sonia Guiñansaca

POEMAS

Antes

Comienza con un ritual matutino
Mama Michi le trenza el pelo a mi mamá
Le vierte agua fría con una taza descascarada
un bautismo en el lavamanos del baño
Al peine le faltan dientes
Separa y teje
los mechones de pelo
en un rezo
que sólo conocen
las abuelitas
Mi tía, Rocío,
espera su turno

Salen aprisa para la escuela
torpes y con la barriga llena de gelatina

¡Mada! ¡Chio!

DONDE SOMOS HUMANOS

Una compañera de clases llama desde el patio de recreo
Corren a encontrarse como hacen los niños
las mochilas les rebotan en la espalda
las mejillas rosadas teñidas del sol ecuatorial
Irrumpen en risas

Y cuando se convierten en adolescentes
la década de los ochenta cruza
la frontera del sur
en licras
El cabello de Rocío se eleva hasta el sol
tieso por la espuma
Con el hueco de la cuchara
Mami aprende a rizarse las pestañas
que se arquean con el metal
una suerte de magia
que sólo ellas pueden hallar en el campo

En algún lugar
eran así de gloriosas antes

En algún lugar
siempre han existido
antes de la migración

Sonia Guiñansaca

Reunión

Papá se fue primero

    Mami se va cuando cumplo un año

Les toma cuatro años ahorrar el dinero

Llego en avión   *Sin peligro*

Tengo cinco años y llego resentida

Cuando veo a papá, al principio lo llamo Rodrigo

Cuando peleo con mamá, le recuerdo que *no estuvo ahí*

A los dieciséis años
Aprendo a buscar la frontera en Google Maps. Me dice que
hay 4 906,7 kilómetros entre Ecuador y la ciudad de Nueva
York *en avión*. No calcula los pasos de dos adultos que cami-
nan desde Cuenca a Panamá a Guatemala a México a Texas
con litros de agua a cuestas. No mide la extensión de los
ríos que papá cruza en llantas viejas con un sobre que tiene
escrita una dirección en Manhattan. Metido en lo profundo
del bolsillo. Arrugándose con cada paso. No hay forma de
calcular todo lo que mami tuvo que gatear sobre la tierra
seca entre los matojos del desierto y el terror. Ningún mapa
marca donde llamaban a Dios cuando se ahogaban. No in-

dica donde el helicóptero de la migra los acecha como un
escorpión con alas

Ambos sobreviven   en parte humanos en parte milagros

Cuando por fin me cuentan de su viaje
sigo diciendo *por qué me dejaron*

cuando lo que quiero decir es *por qué no vine con ustedes*
cuando lo que quiero decir es *los extrañé*
cuando lo que quiero decir es *lo siento*

Sonia Guiñansaca

Después

Como el oro, un buen inmigrante no se mancha
Como el oro, nos extraen y nos pulen

Reluzco en la portada de una revista
Mami limpia las mismas escuelas en las que presento mi poesía

A papá Jerry le dicen que hay que extraer
El último diente de oro que se hizo en Ecuador

Con su nueva dentadura postiza
Papa Jerry no puede regresar a enterrar a sus padres

Aprieta los dientes de noche durante cincuenta y un años
Y sigue excavando

Me dicen que me ponga esta *green card* alrededor del cuello
Como una cadena de oro con mi nombre

Y luego
Después de convertirnos en oro   *qué excavamos*

Cuando éramos niños, debajo de las uñas teníamos tierra de
     los países que

                                                  cavamos

DONDE SOMOS HUMANOS

Después de losnúmerosdesegurosociallospapelesloscambiosde
estatuslaspolíticaseltrabajoelsueño

acaso no nos duelen las manos

Tal vez no queremos ser como el oro
Tal vez que nos entierren más profundo
en algún lugar cerca de los pies de nuestros ancianos

Tal vez estamos cansados
Tal vez quiero ser   tierra   *ceniza*   *humana*

Bo Thai

A dónde vamos (2018)

Bo Thai, o Boonyarit Daraphant, es un artista indocumentado. Su obra abarca desde la escritura y las artes visuales hasta el diseño de ropa. Sin la DACA y sin terapia, se inició en el arte como una forma de sanación y como parte de su trajín para crear dos líneas de ropa: ilegal Drip y BoThai. Desea usar el arte para retener espacios de apertura para sí mismo y los demás. A menudo improvisa sus flujos de conciencia y luego los refina para el público en general. Su inspiración creativa proviene de su cultura y su experiencia en Tailandia, y del animé y el surrealismo, entre otros medios.

Carolina Rivera Escamilla

Lo prometido

No esperaba que mamá y papá apoyaran que me fuera de El Salvador. Temía que se molestaran o se sintieran decepcionados conmigo por haber buscado a sus espaldas asilo político en cualquier país que estuviera dispuesto a aceptarme. Saqué el papel que les había ocultado durante todo un día, convencida de que nunca dejarían que me fuera. Nerviosa, se lo entregué a mi madre.

—Recibí esto de la oficina de ACNUR en Costa Rica.

—¿Qué es? —preguntó mamá.

—Un telegrama que dice que me han otorgado asilo.

—¿Por qué recibiste este telegrama? ¿Cómo saben quién eres? ¿Por qué no lo enviaron aquí a la casa?

—Era más seguro usar otra dirección, mamá.

Uno a uno, mis hermanos, mis hermanas y yo nos convertíamos en exiliados, inmigrantes, refugiados.

Había pasado más de un año y medio desde mi graduación de la escuela secundaria. Las fuerzas políticas y económicas nos estrangulaban a mí, a mi familia, a todo el país. Tenía que irme de El Salvador. Quería quedarme, pero no podía. A duras penas pude graduarme del Centro Nacional de Artes

11

—la escuela secundaria de artes teatrales a la que asistí— especialmente después de que los soldados la saquearon, destruyeron y arrasaron a fines de mi primer año de estudios. Ese mismo año, en noviembre de 1980, estalló la guerra civil.

Mi vida de estudiante de secundaria pronto se convirtió en faltar a clases para ir a una protesta, asistir a reuniones para aprender a crear pancartas y usar pintura en espray para pintar grafitis en paredes destacadas de la ciudad y denunciar la represiva violencia militar contra el pueblo, en especial contra estudiantes como nosotros y sus familias. Vivimos el asesinato del arzobispo Óscar Arnulfo Romero y la masacre en la Universidad de El Salvador, en donde bombardearon y quemaron vivos a estudiantes. El primer año de clases terminó con la violación, asesinato y hallazgo de las monjas estadounidenses, enterradas casi al alcance de la vista desde el aeropuerto nacional. Después de la primera sublevación de la guerrilla, los militares dejaron cuerpos de jóvenes tirados en las cunetas de la ciudad a la vista de todos. Cuando mi escuela secundaria fue saqueada y destrozada, me involucré con mayor conciencia en la lucha, porque se llevaban y hacían desaparecer a maestros y estudiantes, pero nadie podía decir ni una palabra en público por miedo a las repercusiones. Finalmente, cuando cerraron la escuela a causa de los daños sufridos, el Ministerio de Educación se apresuró a buscar lugares seguros donde pudiéramos terminar nuestros estudios. Los estudiantes nos convertimos en nómadas; íbamos a nuestras clases de un lugar a otro: en el miniteatro del Teatro Nacional, en una bodega vacía de la Sala Sinfónica Nacional, en una enorme sala de conciertos en el Departamento de Música. En una ocasión hasta tomamos clase en un parque. No había lugar seguro para nosotros. Nos desplazaban por todas partes en medio del intenso caos que se tragaba al país.

Luego, temprano una mañana, a mi hermana y a mí nos detuvieron a punta de pistola en el Estadio Nacional mientras ella entrenaba para una carrera. Varios hombres con gafas oscuras trataron de empujarnos dentro de una camioneta, pero logramos escapar. Tal vez fue el mismo escuadrón de la muerte que había perseguido a mi hermano mayor hasta casa hacía meses. Se metieron a la fuerza por la puerta de entrada de la casa, pero él ya había escapado dos minutos antes por la de atrás.

Más tarde, ese mismo mes, mi hermana y yo conocimos a una doctora en la pista de atletismo del estadio. Me dio la dirección del Consulado de Costa Rica y me animó a solicitar asilo político.

—Deben ir las dos —insistió, pero mi hermana dijo que, como era la hija mayor, tenía que quedarse con nuestros padres. A nadie le dije que escribiría la carta, ni siquiera a mi hermana. Sabía que mis padres nunca nos dejarían ir. Una vez mamá dijo: «Prefiero que se mueran aquí con nosotros a que las violen, asesinen o desaparezcan en otro lugar. Al menos aquí, recuerden, encontramos los cuerpos de sus primos y los enterramos».

Me la jugué y me salió bien la jugada. Mamá puso el telegrama sobre la mesa y me sorprendió al decir:

—Hija, es mejor que te vayas. Prefiero que estés segura allá a que el escuadrón de la muerte te torture o te mate y te deje tirada por ahí como una muñeca descuartizada. Mira cómo terminaron tus primos. Me da alivio que tus hermanos ya se fueron de aquí.

Esa noche, acostada en mi cama, miraba el techo de Duralita y pensaba en mi situación. Me di cuenta de que estaba a punto de dejar todo lo que había conocido: amigos, familiares, los desaparecidos, los que huyeron, los muertos. Sobre todo, me aterrorizaba perder a mi familia, mi hogar. Extrañaría todo lo que tuviera que ver con ellos: la yuca frita, los pastelitos con carne, las quesadillas dulces horneadas y hasta las pupusas que comíamos una que otra vez los fines de semana. ¿Encontraría en mi nuevo refugio esos sabores caseros que siempre compartíamos en familia?

Traté de imaginar una vida nueva en ese lugar seguro. Estaba convencida de que no encontraría las pupusas de doña Amalia. Allá no encontraría el olor de las sunzas, los mangos y los cerdos apestosos que se bañan en los charcos que deja la lluvia en el pavimento agujereado. Las flores rosadas y comestibles de los árboles de maquilishuat no derramarían sus pétalos sobre mi cabeza en noviembre. Los perros callejeros no me perseguirían cuando corriera cuesta arriba para agarrar el bus. El color del cielo, el perfume de los lugares conocidos —el Teatro Nacional, la Universidad de El Salvador, la Biblioteca Nacional—, el eco de la risa de mis amigos, el abrazo de la familia, no los encontraría allá.

La tarde antes de mi partida, caminé al puesto de revistas y agarré una vieja revista que tenía las montañas Rocosas en la cubierta. El titular decía: «Viaje a los EE. UU. y Canadá hoy». La montaña Alberta estaba totalmente cubierta de nieve, como una enorme minuta de hielo amontonado. Le prometí al encargado del puesto que le pagaría después o que le traería otra revista vieja. El señor no sabía —tampoco podía decirle— que me iba. Me contestó que le gustaban las revistas *Life*, en especial las que tenían mujeres rubias como Marilyn Monroe o grupos musicales como los Beatles, así es que aceptó el trato. Todavía se la debo. Mientras caminaba a casa miré el titular y me convencí a mí misma de que partía a un viaje grandioso.

—Miren —dije a mis padres según hojeaba las fotos de la revista—, ¡son lugares muy bonitos!

Intentaba hacernos sentir mejor. Esos lugares fríos me resultaban tan irreales como la modelo delgada y alta, cubierta de pies a cabeza en ropa y equipo de esquiar; una extraterrestre en un traje espacial. Más temprano, ese mismo día, nos habíamos enterado de que recibiría asilo en Canadá. Los EE. UU. no recibían refugiados de guerra de un país a cuyas fuerzas armadas financiaban. Mamá lloró y, agarrándome las manos, me hizo prometerle que me reuniría en los EE. UU. con mis hermanos tan pronto como pudiera. Le prometí que, de una u otra manera, buscaría la forma de encontrarme con ellos.

El 18 de junio de 1985 me subí a un avión. No sabía si alguna vez podría volver a estar con mi familia, regresar a mi país.

Durante los cuatro años que estuve en Canadá, la promesa que le hice a mamá me colgaba de las orejas como aritos pesados.

Solicité una visa de turista para ir a los EE. UU. a visitar a mis hermanos. Cuando finalmente llegué al aeropuerto de Los Ángeles en 1989, al pasar por los agentes de inmigración, me venía a la mente la imagen de los policías robóticos que había visto en las películas antes de aterrizar en Hollywoodlandia. La gigantesca construcción en cemento del aeropuerto me intimidó. Pero, mis temores se desvanecieron tan pronto como vi a mis hermanos y a mi primo con ramos de rosas amarillas, rojas y blancas para mí. Hacía más de cinco años que no los veía. Lloramos, reímos, nos abrazamos ahí mismo en la salida del reclamo de equipajes. En su apartamento, hablamos por largo rato, recordamos a la gente que conocíamos en la colonia y nos preguntamos si estarían bien. Nos fuimos a dormir a las tres de la mañana.

En Los Ángeles me recordaron nuevamente lo afortunada que era. «¡Qué suerte que pudiste tomar un avión a Canadá y luego hasta aquí!». Casi ninguna de las personas que me rodeaban tenía papeles. Escuché las historias de mis hermanos, mis primos, mis compatriotas, de sus huidas y de sus múltiples cruces fronterizos. Habían entrado a los EE. UU. escondidos en pequeños compartimientos falsos en algún camión o en el baúl o asiento trasero de un auto. Se habían arrastrado por los alcantarillados. Habían pasado noches en las montañas o cerca de ríos a la espera del momento preciso para cruzar la frontera. Las historias de injusticias agravaban sus viajes al norte.

Al cabo de la primera semana, sin pedirle permiso a nadie,

salí sola a explorar el vecindario. Llegué muy lejos, a la intersección de Western y Wilshire Boulevard, un lugar lleno de avenidas, calles y bulevares sin fin. Las palmeras altísimas tocaban el inmenso cielo azul que cubría la ciudad de Los Ángeles. Me daba vértigo ver tantos letreros de negocios, tantos autos que se movían a toda velocidad. Pero en esta ciudad tan grande apenas me crucé con otras personas a pie. El aislamiento y la soledad que sentí me hicieron preguntarme si quedarme en Los Ángeles sería la mejor movida. ¿No regresar a Canadá sería la decisión correcta? En medio de esos pensamientos me llegó la imagen de mamá sujetándome las manos mientras yo le prometía de nuevo: «Sí, mamá, buscaré a mis hermanos y me quedaré con ellos». El eco de su aprobación rebotó desde el ruido del tráfico y confirmó la decisión que tomé en la intersección de Western y Wilshire. Ése fue el instante en que decidí no regresar a Canadá y mejor comenzar una nueva vida cerca de mi familia. Dejé que mi visa de turista estadounidense se venciera y, como muchos inmigrantes indocumentados antes que yo, compré una *green card* falsificada en MacArthur Park.

Un pequeño restaurante salvadoreño que quedaba cerca se convirtió en mi lugar favorito para comer; a veces iba con mis hermanos, otras veces, sola. Los dueños, que venían de la zona rural de El Salvador, lo habían abierto hacía poco. El sitio parecía más bien un comedor interior en El Salvador: una cocina desorganizada e improvisada donde los obreros podían comer algo barato. Me gustaba. Disfrutaba comer frijoles recién hechos, plátanos fritos con queso duroblando y crema. Con el tiempo, probé todas las variedades de pupusas que vendían. Cuatro años de comer tocino canadiense y huevos sin sal me llevaron a este paraíso desordenado. Allí todo el mundo hablaba sobre El Salvador. Con sólo tres mesas dispuestas en un espacio pequeño, nos apiñábamos en una gran conversación.

Llenos de incertidumbre y de rabia, nos preguntábamos cómo terminaría la guerra, cómo podríamos reencontrar la normalidad. Mientras la guerra civil en nuestro atormentado El Salvador continuaba y miles de personas eran asesinadas y torturadas, contemplábamos nuestras contradictorias bendiciones.

Carolina Rivera Escamilla es una educadora, escritora, poeta y cineasta que vive en Los Ángeles, California. Nacida en El Salvador y educada en artes teatrales, se exilió a mediados de la década de 1980. Sus escritos se han publicado, entre otros, en *Analecta Literary and Arts Journal* (University of Texas, Austin), *Hostos Review/Revista Hostosiana* (Latin American Writers Institute, CUNY), *Strange Cargo: An Emerging Voices Anthology 1997–2010* (PEN Center) y *Collateral Damage: Women Write about War* (University of Virginia Press). Su libro de cuentos, titulado . . . *after* . . . se publicó en 2015. Becaria del programa PEN America/Emerging Voices, Rivera Escamilla también dirigió, escribió y produjo el documental *Manlio Argueta, Poets and Volcanoes*. Obtuvo un título de grado en Literatura Inglesa en la Universidad de California, Los Ángeles, con un enfoque en Escritura Creativa y Literatura Española.

Jennif(f)er Tamayo

& yo llegué por donde llegan los pájaros

I

McAllen, Texas, es conocido por sus pájaros. Las nueve estaciones del World Birding Center, «¡Destino de talla mundial para ornitólogos!», están ubicadas a lo largo de la ribera del río Grande, un cuerpo de agua en el que se detienen a descansar diversas especies de aves migratorias en su trayecto de norte a sur. El World Birding Center, alardea su sitio web, es «donde *verdaderamente* encontrará toda una nueva aventura en la naturaleza». La pestaña «Bird Information» tiene un cuadro de pájaros con sus respectivos llamados. Al que más me parezco es al ▮▮▮▮▮▮▮▮, pero sueno más como el ▮▮▮▮▮▮. Y el martín pescador, con su cresta azul-negra desmelenada, siempre ha sido mi favorito porque se ve *femme* y regio y sus ojos me ponen nerviosa.

19

II

En español, la palabra «pájara»
que se usa para referirse a la hembra
                también se usa despectivamente en la calle
para referirse a las lesbianas.
                Como cuando alguien dice: ¿ella?
... ella es bien pájara.

Eso lo aprendí en otro sitio web.

III

Mi madre y yo cruzamos por el mismo lugar por donde
cruzan los pájaros, por el río Grande, a pocos kilómetros
de la estación del World Birding Center en Hidalgo. A
partir de lo que he podido reconstruir, ██████████████
llegamos a ██████████ de algún modo y luego, después
de ██████████ debajo de un auto, cruzamos hasta
██████████ con la ayuda de otro animal, ██████████.
El camino que recorrimos desde Colombia hasta los
Estados Unidos a través de México sigue la ruta migratoria
del río Misisipí, famosa por sus deltas frondosos, sus ríos
y humedales. Las aguas de esta región —el río Bravo, el
Misisipí, el Golfo— guardan historias enredadas de huidas y
escapes. A mediados del siglo XIX, los cautivos negros usaban
el río, el «paraíso de las aves», como lugar de fugitividad. Lo
que en realidad significa que, aún antes de que yo naciera,

aún antes de que nacieras tú, los afroestadounidenses
abrieron caminos por el bien de nuestra seguridad.

IV

La última vez que mi mamá se permitió
contarme sobre nuestro cruce
fue hace pocos años;
a mitad de una oración,
mientras hablaba de otra cosa,
al azar se acord…

       el *flash*
       la tormenta de rayos que rasgaba nuestro cielo

                         ¿Te acuerdas?

En esos momentos, está lista
para permitir que alguna parte de la historia
abandone su cuerpo
y alzar el vuelo.
Sus ojos parecen voltearse
hacia el cielo.
Cuando hablamos sobre ello
—y casi nunca lo hacemos—
me convierto en un polluelo
en su regazo, que agarra los recuerdos,
    trocitos de un gusano húmedo y deshecho.

V

El World Birding Center es un lugar para las
familias: familias de aves & familias de turistas
blancos. La entrada cuesta $5 para los adultos,
$3 para las personas mayores. Los niños entran
gratis. Nunca he regresado a esa zona desde que
a mi madre y a mí nos detuvieron en otra famosa
estructura de McAllen: el cuartel de la Patrulla
Fronteriza a pocos kilómetros en la misma carretera.
Construido en 1921, este cuartel en particular
es uno de los más grandes de la región y protege
85 kilómetros de la frontera del río Grande de
«terroristas y armas de destrucción masiva». La
jurisdicción del cuartel interseca algunas de las
numerosas «torres de observación de aves» del World
Birding Center. Fue en ese cuartel donde un oficial
de la migra le dijo a mi madre que me dejara, a
su hija de cuatro años. «Mejor para ambas que se
separen. Las tratarán mejor», le dijo y, luego, como
el villano de una película cursi, le guiñó el ojo.

Cuando mi mamá libera esta parte de la
historia, cuando flota en el aire entre nosotras,
siento una especie de levedad por dentro, como
si yo también pudiera   elevarme
del suelo   y   alzar   el vuelo

VI

El año pasado, mi madre me obsequió el suéter de
lana que llevaba puesto cuando cruzamos: una cosa suave
de color turquesa y rosa brillante con flecos y enormes
hombreras al estilo de los ochenta, un regalo de mi padre,
que se quedó en Medellín. Corrección: un regalo de mi
padre que *pudo*, que se sentía lo suficientemente seguro en
su cuerpo como para quedarse en Medellín. Él era ███
██
pero ███████████. Ella me cuenta la historia poco a poco,
por años, por décadas, por generaciones; regalarme el suéter
es parte de ello. Pienso en lo que llevan puesto las aves
cuando migran. Lo que llevan consigo, aparte de la barriga
llena. Mi madre trajo el suave suéter de color turquesa
y una cucharita de bebé para rizarse las pestañas. Y a su
hija. Cuando me lo pongo, la lana me cuenta todo tipo de
historias. Cuando me lo pongo, me siento bien pájara, lista
para sacudir la cresta y ponerme alborotosa y salvaje, lista
para la venganza.

VII

Según una reseña en TripAdvisor, el mejor momento para visitar el World Birding Center es en abril. «No vayan en enero», comenta una usuaria. «NO vale la pena en esa época del año... En el patio de nuestra casa se pueden ver más pájaros... MUY decepcionada con esta atracción». Imagino a esta mujer y su familia (¡de ███████, por cierto!) con sus binoculares ridículos intentar capturar un bichofué desde una de las torres de observación. Este *lugar* es su «entretenimiento», su parque de diversiones. Los imagino con sus abrigos de North Face o su ropa de camuflaje. Miran. Miran. Miran hacia el valle frondoso... cuando, de pronto, una Protonaria citrea, un brillante pajarillo cantor, se lanza en picada hacia sus ojos podridos. La mujer grita, los chiquillos graznan y un hilito de sangre los sigue hasta su Subaru.

VIII

Las búsquedas subsiguientes en Google revelan, como era de esperarse, que el Servicio de Pesca y Vida Silvestre de los Estados Unidos, que es parte del Departamento del Interior de los Estados Unidos, es uno de los socios más importantes del World Birding Center. De hecho, el Departamento del Interior fundó sus «galardonados» edificios de latón, verdes y ecológicos, que a mí me parecen feísimos. «Se abrirán más de 4000 hectáreas», dice la sección About Us. «La observación de aves es un pasatiempo nacional que está en auge... también es un G-R-A-N negocio». El World Birding Center es, en pocas palabras, los Estados Unidos. Tras el discurso de protección y prosperidad se esconden con esmero actos de violencia. Coreografías de extracción, de robo de tierras, de vigilancia y patrullaje disfrazados de *hobby*, conservación y ecoturismo. ¡Por un bajo costo, tú también puedes venir a patrullar la frontera!

A veces,
la mayoría de las veces
esos hijos de puta son tan transparentes,
que me resulta insoportable.

IX

Mientras escribo esto,
      una llamada de Medellín
   entra:
         mi padre.
         No contesto.

Porque es ▮▮▮▮▮▮▮▮ para ▮▮▮▮
& ahora hablo en pájaro.
      Sólo puedo
      chillar
      y chuiiiiiii chuiiiiiii
      y graznar–graznar
      y hablar en pájaro.

X

Al sobrevolar la costa, el martín pescador tiene una
mirada muy particular, su propio historial de explorador.
La primera y única vez que he visto uno —una
hembra—, escuché su llamado antes de ver el ojito oscuro
y aceitoso en la rama. Su llamado cortó el aire y pude sentir
que era muy fuerte, tal vez demasiado fuerte. Me pregunto
qué llamados de pájaros escuchamos al cruzar; ¿acaso
los martines pescadores nos llamaron a mi madre y a mí
mientras atravesábamos el río? ¿Qué intentaban decirnos?
¿Qué advertencia nos hicieron?

O, tal vez, la advertencia éramos nosotras.

XI

No son sólo suéteres de lana y cucharitas de bebé lo que traemos las migrantes como mi madre y yo, no africanas o indígenas. Traemos nuestros propios recuerdos coloniales selectivos, nuestros propios hábitos, nuestro racismo contra la gente negra; nos guste o no, nuestros cuerpos al cruzar se hacen parte del robo de tierras de este río. Durante la cuarentena por la COVID-19, los afrofeminicidios han ido en aumento en buena parte de Colombia. Las mujeres están literalmente enjauladas en la violencia del patriarcado, de la blancura, del Estado. Las mujeres negras colombianas y las mujeres indígenas están sujetas a un desposeimiento particular que las migrantes como mi madre y yo perdemos de vista con demasiada facilidad cuando nos hallamos sumidas en el trauma de nuestro propio cruce. Es decir: ¿ese agente de la migra hubiese sugerido la separación o la hubiese forzado de haberse tratado de una madre negra? ¿El guiño habría sido más repugnante de haberse tratado de una madre que sólo habla náhuatl?

Quiero ser el tipo de ave que puede amar mejor, que puede amar con más ████████ en medio de toda la violencia.

XII

Cuando estoy bien furiosa, *tan* furiosa:

> *el flash*
> *la tormenta de rayos*, que rasgaba nuestro cielo

> No. No
> me acuerdo

XIII

Me meto a la fuerza en una prolongada espiral de Google y Wikipedia hasta el año 1921: el año de la masacre de Tulsa en Oklahoma; el año en que los Estados Unidos y Colombia trazaron líneas coloniales en nuestros mapas y decidieron el destino de los pueblos panameños; el año en que el Congreso pasó la Ley de Cuotas de Emergencia para restringir la inmigración «indeseable» a los Estados Unidos; y el mismo año en que la McAllen Station fue construida desde cero por tan sólo cuatro oficiales. *Cien años, lo que dura una vida larga y saludable.* Y luego pienso que, mucho antes de 1921, el río Grande fluía con otros nombres a través de la nación coahuilteca Tāp Pīlam. Y, por muchas generaciones antes y muchas generaciones después, ese río seguirá fluyendo. Y los martines pescadores, los tordos y los orioles seguirán cruzando por esos puntos. El sendero de bicicletas desaparecerá bajo las hojas verdes. La «Hawk Tower» se pudrirá y quedará cubierta de la caca perlada de los pájaros. Y los protectores de agua desmantelarán las represas y parteaguas que han interrumpido el cuerpo del río. Y ese río soberano fluirá y esos pájaros volarán en círculos en el cielo como siempre lo han hecho. Y esta mierda, esta maldición estadounidense terminará. O, al menos, se convertirá en algo diferente.

XIV

Y, quizás, yo también me convierta en algo
diferente. Una nueva especie de pájaro, un pájaro
sobrenatural. Mi amiga Laila, que vive entre El
Paso y Ciudad Juárez, me envía un mensaje de
texto: «Eres una pájara hermosa». ¿Te das cuenta de
que las mangas de mi camisa como que parecen el
nacimiento de un ala? Quizás me transforme en una
cría de cisne, salvaje y suave y *queer*. Bien fuckin
pájara. Quiero ser mala, como el tordo cabecicafé,
que es capaz de hacer cualquier cosa por amor. ¿Y
sabías que el garrapero asurcado pone los huevos
en un nido comunal? Imagínate el calorcito de esas
crías, los sueños sin domesticar que deben soñar
esos polluelos juntos. A veces, quiero ser un pájaro
monstruoso y tener un pico tan afilado que corte el
espacio–tiempo:

> hacia un lugar donde la carne no es una
>> frontera entre
> la vida y la muerte. Como la bendita paloma
>> bravía
> quiero una memoria bien fuckin larga
> una memoria como un rencor ancestral.
> Quiero que recordemos que
> han sido las estirpes de negros e indígenas
> las que nos han enseñado, generación tras
>> generación,
> a alzar el vuelo. A orientarnos

hacia la libertad.

Y la tierra,

fue ella

la que hizo posibles nuestros viajes.

Debemos transformarnos

en algo diferente, algo más ███████████

y más ███████████

si hemos de planificar

nuestra próxima ███████████

Nota de la autora: Los detalles y citas directas del World Birding Center se encuentran en theworldbirdingcenter.com. El Bentsen-Rio Grande Valley World Birding Center se ganó el premio a uno de los mejores diez proyectos del American Institute of Architects en 2006 y le costó al «estado» de Texas $3 500 000, sin incluir el terreno en sí, que sigue en manos del imperio colonial. Hay más información sobre la historia de los negros cautivos que escaparon a través de la frontera sureña en el ensayo de Russell Contreras «Story of the Underground Railroad to Mexico Gains Attention», publicado por la Associated Press News el 16 de septiembre de 2020. La breve historia de la McAllen Station y la frase «terroristas y armas de destrucción masiva» se encuentra en el portal de la U.S. Customs and Border Protection: cbp.gov.

El portal de World Birding Center no contiene información en español. Hemos traducido las citas directas tomadas de este portal.

Aunque menos exhaustiva que la versión inglesa, el Servicio de Aduanas y Protección Fronteriza tiene información traducida al español. Las citas directas en español se han tomado de este portal: helpspanish.cbp.gov.

Jennif(f)er Tamayo es artista, poeta y académica cuyos textos y obra teatral reinventan las narraciones sobre lo *queer* y la política de lo *queer* y personalidades indocumentadas de los EE. UU. Es autora de los poemarios titulados *[Red Missed Aches, Read Mistakes, Red Mistakes, Read Missed Aches]* (2011) y *YOU DA ONE* (2017). Sus obras más recientes son *to kill the future in the present* (2018) y *bruise/bruise/break* (2022). JT ha sido becaria del Cynthia Woods

Jennif(f)er Tamayo

Mitchell Center for the Arts, el Arts Research Center, el Hemispheric Institute y CantoMundo. Su obra ha subido a escena en el Brooklyn Museum, BAMPFA (Berkeley Art Museum & Pacific Film Archive), Midtown Arts & Theater Center Houston y en La MaMa Experimental Theatre Club, entre otros. En la actualidad JT vive en tierras Ohlone y Patwin y es doctoranda de estudios de performance en la Universidad de California en Berkeley. Sus investigaciones se centran en explorar la manera en que los poetas negros e indígenas contemporáneos usan prácticas vocálicas y sonoras para contranarrar historias de violencia colonial.

Javier Zamora

POEMAS

En todas las elecciones,

un candidato promete: papeles
papeles & más.
Nos regalan un Permiso Adelantado.
Queremos volar. «Está bien, pues,
háganse unas alas».
Lo hacemos. Algunos estamos al borde...
¡salten! Algunos ven a otros volar
& tienen miedo. Otros
son demasiado viejos para cualquier todo...
El candidato gana,
el candidato pierde, nosotros llenamos más formularios.
Consideramos casarnos con la prima de un amigo,
que cobra 20 mil, 30 mil,
bien fácil. No lo hacemos:
porque creemos
que algún día podremos volar. Ese día
alguien por fin verá
que somos más que
una simple firma azul o negra.

Hay un muro feat. la leyenda del merengue Kinito Méndez y su «Cachamba»

Hay un muro (hay un muro),
hay un muro con gente bronceándose en Speedos y bikinis,
   en una hamaca
arriba de un muro cerca del desierto mexicano.

Hay un Agente (hay un Agente),
hay un Agente (xicanx) que corre
hacia la gente en Speedos y bikinis, en la hamaca
arriba del muro en el borde del desierto mexicano.

Hay un Jefe (hay un Jefe),
hay un Jefe que le ordenó al Agente
«¡Arreste a la gente! en Speedos y bikinis, en la hamaca
arriba del muro a la orilla del río en el desierto mexicano».

Un Comisionado (un Comisionado),
un Comisionado que dijo «¡No!»
Un Secretario que dijo «¡Sí!»
al Jefe que ordenó al Agente correr
hacia a la gente en Speedos y bikinis, en la hamaca
arriba del muro a la orilla del río en el desierto mexicano.

Hay un Secretario (el Secretario),
el Secretario que le dijo al Comisionado «Aquí mando yo».
   Un Comisionado que le dijo

«¡No!» al Jefe
que le dijo al Agente «¡Arreste!»
a la gente que estaba bronceándose en Speedos y bikinis, en
    la hamaca arriba del muro
a la orilla del río en el desierto mexicano.

El Presidente (Ohh, el Presidente),
el Presidente que le dijo
«Estás despedido»
al Secretario que dijo «Aquí mando yo»
al Comisionado que le dijo «¡No!» al Jefe
que ordenó al Agente correr
hacia la gente que estaba bronceándose en Speedos y
    bikinis, en la hamaca arriba del muro
a la orilla del río en el desierto mexicano.

¡& el muro soy yo! (¡Sí, soy yo!)
Tengo puesto un Speedo (¡Lo tengo!)
Debajo de un bikini (¡Sí, señor!)
No soy mexicano (¡No lo soy!)
¡Dejen broncearme! (¡Por favor!)
Dejen que respire (¡Déjenlo!)
Que se joda la migra (¡Que se joda!)
Así, así, así mamacita, así.
Así, así, así mamacita, así... y ya.

Javier Zamora

En el puerto de entrada de Naco, Sonora, veinte años después de cruzar la frontera, pero esta vez con papeles

«Investigación»,
le digo al policía fronterizo mexicano
que me estampa el pasaporte.
Es la primera vez que regreso
a Sonora. Quiero encontrar
la ruta exacta que tomé desde Hermosillo
hasta Naco, el escondite de coyotes,
el albergue, para sentirme más cerca
de los que me acompañaron
cuando tenía nueve años.

«¿Y tú, a dónde vas?».

«Al sur.
A Aconchi», le digo.
Hace exactamente 20 años el helicóptero, el camión,
la celda de detención...

Oigo que a un muchachito
le dicen que no puede pedir asilo.

«Llegaron otros como él esta mañana».
El guardia mexicano me muestra sus notas. «Mira,
nomás hoy, casi 257,
todos niños. Llevamos un registro en papel».

Me quedo dentro de la oficina de inmigración mexicana,
lo miro a través de los cristales teñidos
el muchachito no me puede ver.

Está solo. Cuando crucé,
no estaban mis padres,
pero había otros adultos.
Nadie está verdaderamente solo,
pensaba antes,
cuando sólo podía leer las noticias
& no podía ni *estar* cerca
de la frontera sin papeles. Pero
él *está* solo. ¿Cómo?

Alguien del Grupo Beta le dice al muchachito
que no hay albergues de migrantes en Naco.
Los más cercanos: Agua Prieta,
Hermosillo, Nogales.
                    ¿Nada?
«Nada».
                    ¿No me puedo quedar aquí?
«No puedes.
¿Necesitas un aventón?
Podemos darte un aventón», dice el Grupo Beta.

A la gran puta.
Dije que no iba a chillar. Estoy aquí.

Estoy allá. Eso no importa. Eso
no importa.

El muchachito se sube a la camioneta del Grupo Beta.
Quiero ayudar, pero tengo los pies pegados al suelo.
Eso fue hace veinte años.

No podía estar en México
sin que me dijeran que debía
encontrar un refugio. Sin
sentir temor de los policías mexicanos
& los agentes de la migra estadounidenses. Desde entonces,
siempre miro por encima del hombro
por si hay uniformes, siempre
listo para huir, saltar,
escurrirme por debajo de los alambres, esconderme
entre los arbustos. Porque
alguna de la gente que iba conmigo
nunca lo logró, está en esta tierra
bajo tierra, & quizás sea por eso
que nunca he sentido la urgencia
de tocar las barras verticales de metal oxidado
del muro. Dibujar en ellas.
Pintarlas. Siquiera por ese muchachito,
que debe de estar hambriento y sediento,
cansado de que le digan que no puede seguir caminando
    hacia el norte,

a quien conducen lejos de la frontera
para pasar una noche más
pensando en que mañana cruzará:
Y yo no soy siquiera capaz de
protestar.

———————

Javier Zamora nació en El Salvador y migró a los Estados Unidos a los nueve años para reunirse con sus padres. Su primer poemario oficial, *Unaccompanied* (Copper Canyon Press, 2017), explora cómo la inmigración y la guerra civil salvadoreña (financiada por los Estados Unidos) han impactado a su familia. Zamora fue un Radcliffe Fellow en Harvard University en 2018-2019 y ha ganado las siguientes becas: CantoMundo, Colgate University (Olive B. O'Connor), MacDowell, Macondo, National Endowment for the Arts, Poetry Foundation (Ruth Lilly), Stanford University (Stegner) y Yaddo. En 2017 recibió una Lannan Literary Fellowship y el Narrative Prize, y en 2016 el Barnes & Noble Writer for Writers Award por su trabajo en Undocupoets Campaign. En el otoño de 2022, Hogarth publicó sus memorias, *Solito*. Vive en Tucson, Arizona.

Alan Pelaez Lopez

Un futuro, en otro lugar (2020)

Alan Pelaez Lopez es poeta y artista de instalaciones y adornos afroindígenas de la comunidad costera zapoteca de Oaxaca, México. Su obra se empeña en pensar con y a través de las experiencias de fugitividad, la insuficiencia del lenguaje, el dolor, los recuerdos ancestrales y el papel de las historias en los hogares de migrantes. Pelaez Lopez escribió *Intergalactic Travels: poems from a fugitive alien* (The Operating System, 2020), finalista del 2020 International Latino Book Award, y *to love and mourn in the age of displacement* (Nomadic Press, 2020). Desde 2011 ha estado organizándose con migrantes indocumentados y cofundó Familia: Trans Queer Liberation Movement y el Black LGBTQIA+ Migrant Project.

lois-soto lane

En busca de Atlantis

Cuando mi padre dijo que inmigraríamos a Atlanta, pensé que quería decir Atlantis. A los ocho años, aquello parecía algo lleno de promesas mágicas y posibilidades de diversión. Atlanta estaba en los Estados Unidos, ese lugar del que los adultos hablaban con entusiasmo. Y lo mejor de todo era que iríamos sólo mi padre y yo. Vivir constantemente rodeados de tías y parientes significaba que nunca podíamos estar solos. Él quería que yo estudiara en los Estados Unidos. Allá tenían un mejor sistema de educación, decía. Un diploma estadounidense es incomparable.

Después de que mi madre murió de parto, mi padre me envió a vivir por un tiempo con una tía lejana; se lamentaba de que yo necesitaba un toque femenino. Cuando me devolvieron a mi padre, mi madrina asumió las riendas de mi crianza. Lo único que hacía mi padre era disciplinarme y por eso empecé a odiarlo. Soñaba que mi verdadero padre venía a salvarme, porque me parecía imposible que mi padre pudiera amarme y, al mismo tiempo, lastimarme. Y la disciplina me hacía daño. Siempre era una golpiza o hacerme recoger granitos de arroz o arrodillarme con las manos hacia

arriba y los ojos cerrados. La disciplina nos convirtió en ene-
migos. Se alzaba sobre mí como un gigante, aunque a veces
también me permitía subirme en su regazo y frotarle y gol-
pearle la cabeza redonda y calva que relucía bajo el sol. En
esos momentos no parecía amenazante. Parecía más bien un
oso grande que había salido del bosque hacía tiempo y nunca
había regresado. Pensé que, una vez que estuviésemos en los
Estados Unidos, él y yo por fin podríamos formar un hogar
juntos.

Atlanta no era Atlantis.

Al nunca haber vivido por debajo de los 36 grados, el frío
era algo nuevo para mí. Esos primeros meses fueron duros.
Pasamos casi todo el tiempo intentando matricularme en una
escuela privada, y nos enfrentábamos constantemente al racismo. Recuerdo tener que tomar el examen de ingreso tres
veces porque los administradores escolares no creían que mi
puntuación pudiera ser tan alta.

En nuestra búsqueda de una escuela que admitiera a una
niña de Nigeria, tuvimos que contestar muchas preguntas.
Pero la que aún me duele es la de la directora de una escuela
chárter que le preguntó a mi padre: «Y su esposa, ¿qué tan
negra es la madre?».

Si hubo algún cambio visible en el modo en que mi padre
se contuvo, no lo noté. Pero con voz de acero dijo: «Mi esposa está muerta».

Mi padre hizo todo lo posible por protegerme del racismo
manifiesto de los adultos, aunque no podía hacer nada respecto a los niños con los que iba a la escuela, que se burlaban

de mi forma de hablar y de mi olor, que me preguntaban: «¿Duermes en los árboles y comes changos?».

Cuando mi padre me preguntaba sobre la escuela, aprendí a mentir inventando amigos y cuentos que deseaba fueran de verdad. No quería que se preocupara por mí. No quería causarle *wahala* y que se arrepintiera de haberme traído a los Estados Unidos. No me olvidaba de la gente que le dijo que me dejara atrás: ¿Qué tiene que hacer una niña en los Estados Unidos? Yo me esforzaba por sacar buenas notas para que se sintiera orgulloso de mí; devoraba todo lo que pudiera leer y practicaba las tablas de multiplicar en voz baja. Le gustaba evaluarme de vez en cuando y, a lo largo del día, de pronto me pedía que recitara hasta la tabla del 13. «Tu mamá era buena en matemáticas, le gustaban los números», me dijo una vez. «Era contadora». Eso fue lo más cercano a una conversación sobre ella que sostuvimos en toda la vida.

Luchar era algo nuevo para mí.

En Nigeria vivíamos cómodos, algunos incluso dirían que éramos ricos y teníamos una posición respetable en nuestra comunidad. Vivíamos en un recinto de tías y tíos cuyas manos y atención estaban siempre a mi disposición. Las criadas cocinaban y limpiaban y evitaban que hiciéramos travesuras. Cuando mi papá regresaba de algún viaje de negocios siempre traía regalos; mi favorito: una Barbie de tamaño real que llevaba conmigo a todas partes. Mirando hacia atrás, me doy cuenta de que el eje fundamental de nuestra riqueza provenía de vivir en una comunidad donde los recursos y el dinero pasaban de mano en mano sin dificultad. Ese conjunto de tías y tíos era como una red de seguridad. La inmigración nos sumergió en el anonimato y nos dejó en el aire, así que, cuando mi papá no pudo mantener el empleo que tenía en nuestro país, corrimos en busca del apoyo de una familia.

La familia llegó en la forma de una nueva esposa; mi papá volvió a aferrarse a la idea de que yo necesitaba un toque femenino. Me entusiasmaba la idea de participar en la boda esparciendo florecitas a mi paso, pero me incomodaba la nueva adición a nuestra vida. Me debatía entre desear una mamá y querer a mi papá sólo para mí. Pero el matrimonio no duró. Esos primeros meses, papá aún vivía entre Atlanta y Abuja intentado mantener su empleo como comerciante de petróleo para ExxonMobil. Más que una unión, su matrimonio fue un medio para alcanzar un fin. Su única meta era encontrar a alguien que pudiera ejercer de madre durante sus ausencias. Antes habían sido niñeras; ahora era una esposa. A decir verdad, creo que para él eran más o menos lo mismo. Su nueva esposa no estaba preparada para un marido ausente y peleaban; su única arma para atacarlo era yo.

Un hijo puede convertirse muy pronto en víctima entre dos adultos, y a mí me utilizaron en sus peleas de formas que no logro olvidar. Vivimos así hasta que mi papá perdió el empleo. Irónicamente, las peleas se intensificaron hasta que se separaron. A los ocho años, yo quería creer que era porque mi papá no podía estar con otra persona que no fuera mi madre; que ella era su único y verdadero amor. A los veintitrés, me doy cuenta de que los matrimonios por conveniencia no funcionan.

Siempre siguiendo a la familia y buscando la seguridad y el cariño de los parientes, mi papá hizo que nos mudáramos a Virginia donde un primo suyo se forjaba un futuro. Virginia sonaba a... Virginia. El lustro de nuestra aventura se había opacado desde hacía tiempo, tan pronto como me di cuenta de que ésta no sería la fantasía de padre e hija que imaginé.

En Virginia, mi papá consiguió trabajo como cuidador de enfermos a domicilio y tuvimos que acostumbrarnos a tener menos. Tener menos significaba que, cuando hablábamos con nuestros parientes, yo mentía y decía: «¡Todo está bien!». Tener menos significaba que no participaba en actividades extracurriculares como los demás niños de la escuela. Significaba que no había regalos, ropa nueva o viajes. Significaba que nunca aprendí a tocar un instrumento y que nunca fui a las excursiones de la escuela. Tener menos significaba que no invitaba a mis amigos a casa porque vivíamos en un sótano y yo dormía en el sofá.

La primera vez que invité a una amiga dijo: «Ahora conozco tu secreto. No tienes habitación». Me aterrorizó tanto que me dieron ganas de hacerle daño por haber visto. Y cómo se dio cuenta, me preguntaba, cuando la llevé a la parte más bonita de la casa, al piso de arriba con las sillas tapizadas, las cortinas brocadas y las alfombras mullidas. ¿Qué vio después de la limpieza a fondo que hice en anticipación de su visita? ¿*Qué* vio?

Lo que nunca le dije a nadie es que me avergonzaba, me avergonzaba de nuestra escasez, de nuestra necesidad constante. Me avergonzaba de mi padre de un modo que una hija nunca debería aprender a avergonzarse. Se había vuelto pequeño en su porte. Iba a trabajar y regresaba cada vez menos persona, como si parte de su espíritu muriera en el trabajo. Estaba acostumbrado a ser el hombre poderoso, un ejecutivo de alto nivel con una cuenta de gastos y alguien que se ocupaba de su calendario. Pero ya no. Me avergonzaba lo que las demás personas pudieran pensar. Me avergonzaban las palabras que salían de su boca con un marcado acento nigeriano, que ya no compartía con él. Sobre todo, me avergonzaba por él, pues podía sentir su propia vergüenza por no ser capaz de mantener el estilo de vida al que estábamos acostumbrados.

Me avergonzaba de mí misma y de mi padre y del lugar del que proveníamos. A causa de otra gente, aprendí a avergonzarme del mismo modo que aprendí que era negra. Aprendí a avergonzarme a causa de la imagen de Nigeria que existe en el Occidente, la imagen de todo África como un lugar atrasado, incivilizado y «tercermundista». Una imagen detenida en el tiempo sin contexto ni gracia.

Los niños en la escuela se aseguraban de que no olvidara ninguna de esas cosas. Se burlaban de mi nombre, del nombre de mi madre, lo único que me quedaba de ella. Me llamaban «Ebony», «Ibonbuneh», «Ibeanie», «Ibienem». Me llamaban cualquier cosa menos mi nombre, y yo se lo permitía porque había empezado a creerme la mentira.

También me avergonzaban otras cosas.

Me avergonzaba que me gustaran más las niñas que los niños. Me avergonzaba ser una hija sin mamá. Mi padre no hablaba mucho de ella y ahora entiendo su reticencia. Ella le pertenecía de un modo que jamás podría ser mía: un ser humano de carne y hueso. Para él, ella no era un sueño, sino un fantasma. También lo odiaba por eso.

Por momentos, también odiaba a mi madre. Me sentía marginada por haberla perdido. No sabía cómo explicar que extrañaba a alguien a quien nunca había conocido. No podía reclamar nada tangible o real. Ella era de mi padre; nunca fue nuestra. Era como si yo no tuviera derecho a ella. De adulta, sin embargo, he logrado reclamarla de un modo al que voy acostumbrándome poco a poco. La honro el día de su cumpleaños y tengo una foto de ella en mi altar. Es mía. Hablo de ella abiertamente y con frecuencia, y honro los sentimientos cuando y como se presenten.

De niña, sin embargo, todo lo que sentía por ella, tal como nuestro estatus de inmigrantes indocumentados, era un secreto. En aquel tiempo, siempre guardábamos muchos secretos.

Somos negros antes que inmigrantes, y pronto aprendimos que eso es una ofensa mortal. Nuestra negritud nos protegía de la amenaza de la deportación —las políticas del ICE y su implantación se enfocan en la frontera sur y en lxs latinxs inmigrantes—, pero no nos protegía de la violencia. Durante mucho tiempo, ni siquiera conocí a otros estadounidenses indocumentados. Eso es lo que pasa cuando vives en secreto: te aíslas. Aparte de mi padre, yo pensaba que era la única inmigrante indocumentada negra en los Estados Unidos. Ser indocumentados era el secreto de mi padre. Jamás me habló de política o de nuestra presencia en los Estados Unidos, ¿y por qué hacerlo? Yo era una niña. Lo que sabía de fronteras y ciudadanías cabía en el ojo de una aguja.

A pesar de todo, mi padre me inculcó el sueño de la educación. Me dijo que me aferrara a eso porque, cuando eres lista, nadie puede tocarte. «Cuando eres lista, llegas lejos», dijo. El sueño era que mi inteligencia me llevara hasta la universidad. «Mira a Obama». Pero el sueño no llegó muy lejos; Obama nunca fue un indocumentado. Mi padre no creía que nuestra condición de indocumentados pudiera impedirme realizar el sueño. Ni siquiera se permitía pensarlo. Habíamos venido tras un sueño y lo realizaríamos.

Nuestra migración afectó más a mi padre. Tuvo que armarse de valor para abandonar la única tierra que había conocido, la tierra que lo ataba a su cultura y lo había hecho triunfar. En los Estados Unidos, no era siquiera un hombre, era menos que eso. En mi propia ignorancia infantil, no me daba cuenta de lo que significaba para él ser un hombre negro en los Estados Unidos. No podía imaginar que el acoso que yo sufría a causa del Complejo Industrial Racial Estadounidense se tradujera a las relaciones entre adultos también.

Si buscan el nombre de mi padre, verán una foto policial de 2008, cuando pasó una noche en la cárcel sólo por ser un hombre negro en Georgia.

Mi padre era un hombre orgulloso y todas esas humillaciones le afectaron la salud. Pronto empezó a toser sin cesar y a comer ajo como un vampiro desesperado. Los médicos dijeron que tenía diabetes.

Eso es lo que pasa en los Estados Unidos: te enferman el cuerpo.

El verano antes de empezar en la secundaria, los Estados Unidos lo habían enfermado tanto que tuvo que regresar a Nigeria. Ésa es una de las versiones de la historia que me contó. Otra versión es que regresaba a casa para poder trabajar y ganar más dinero que en los Estados Unidos. Para mi fondo de estudios universitarios. La primera mención de nuestro estatus en los Estados Unidos surgió sutilmente al estilo negro de darle la vuelta a algún asunto en vez de discutirlo directamente.

—Cuando me vaya, no podré regresar.

Ninguno dijo la palabra «indocumentados».

Por el contrario, la presión que se había estado acumulando desde que inmigramos llegó a su punto máximo. Cuando se fuera, yo me representaría a mí misma, y también a él. No se discutió si yo lo acompañaría. Al igual que todas las decisiones que se tomaron en esos años, lo que yo quería no importaba. No creo que se le ocurriera que yo pudiera desear otras cosas.

—Sé una niña buena. Saca buenas notas. No te metas en líos. Mantente enfocada en la universidad. No me avergüences.

Ojalá pudiera decir que lloré cuando se fue, pero no nos conocíamos lo suficiente como para que la idea de extrañarlo me entristeciera. En algún lugar dentro de mí, sin darme cuenta, ya había pasado el luto por mi padre y le había hecho los ritos finales. Tenía trece años, y aún éramos los mismos desconocidos de antes de inmigrar, tal vez incluso más desconocidos, si se tomaban en cuenta los secretos que nos ocultábamos. Los Estados Unidos nos transformaron en algo completamente nuevo.

La manera en que lo he extrañado a través de los años nunca ha alcanzado para acortar la distancia que nos separa, pero sí me recuerda lo mucho que me dio. Mi padre me dio la risa. En cualquier lugar, siempre era el que hacía chistes con finales muy elaborados. Me dio el amor por las películas. Entre mis recuerdos más entrañables de Nigeria están las tardes en que nos llevaba a mis hermanos y a mí al cine y nos compraba todas las palomitas de maíz y los dulces que quisiéramos. Sobre todo, me dio la oportunidad de ser más que lo que pude haber sido en Nigeria.

He vivido en los Estados Unidos más tiempo que en Nigeria y, para mis compatriotas, me he americanizado. Y puede que sea verdad. Me he convertido en tantas cosas aquí: graduada, amante, escritora. A los veintitrés años, me he labrado una vida modesta y he encontrado una comunidad con la que luchar. Los Estados Unidos no han sido Atlantis. Ser negra e inmigrante aquí es vivir en un estado de emergencia perpetuo, pero he encontrado cosas dignas de atesorar y conservar mientras ayudo a forjarme un mundo mejor, que me acerque, junto con mi comunidad, al paraíso.

lois-soto lane

---

lois-soto lane es inmigrante transfemme negra, lesbiana, con discapacidad y enfermedad crónica, escritora anarquista y trabajadora comunitaria por nigeria que vive en tiempos mutables. lo que más le interesa son las historias que se forman en el brillo de las verdades indómitas y trabaja para resaltar el poder de las voces más calladas en su obra. por la gracia de su familia escogida y la guía de alá, construye su propio hogar en brooklyn donde trabaja en un proyecto archivístico de historias orales enfocado en las vidas de lxs inmigrantes indocumentadxs negrxs y las tradiciones de lxs negrxs trans/no binaries. su obra ha tomado diversas formas y se puede encontrar en varias publicaciones, entre ellas: *Plantin Mag, The Unplug Collective, Crossin' Borders Magazine* y *Hooligan Mag.* su obra explora las realidades de vivir en el desplazamiento, el mujerismo como religión, la disonancia en la identidad & otros asuntos de los que quiere que se hable más. ella apoya a todas las personas negras.

Jesús I. Valles

POEMAS

Quinceañera

Era siempre tu obsesión por las cosas que parecen suaves y no lo son. El tul, la crinolina, el tafetán almidonado, la textura de todas las cosas que siempre has considerado tan hermosas en medio del polvo.

Era siempre lo que comienza en la tierra, tu madre, Rosa, colgaba la ropa en el tendedero, los calzones blancos, el estampado descolorido de los paliacates de trabajo, las camisas corte A, que alguna vez fueron blancas y que al secarse parecen marfil, cosas color crema, pesadas y chorreantes, que había que descolgar después del trabajo, y un sinfín de sábanas, que tapaban la vista y se agitaban mientras el viento levantaba los terregales en los barrancos de Ciudad Juárez.

Una vez, un hombre intentó robarse esas sábanas. Cuando escuchó el revuelo del robo, los pasos nerviosos sobre la tierra, las piedras que se movían bajo las suelas de los zapatos, la silueta de un hombre a través de la ventana empañada del baño, tu madre salió de la ducha casi desnuda y persiguió al hombre con un ladrillo; el polvo y las sábanas flotaban alrededor de su enfurecido cuerpo, como un caparazón, como un maravilloso vestido de corte A, que se le ciñó al cuerpo justo cuando alcanzó a decir: «¡Pinche viejo ratero!».

Era siempre la arena, que envolvía los huesos de las mujeres que una vez fueron cuerpos, luego dientes, luego los rostros de las niñas brutalizadas con grapas en un poste de electricidad roído, luego las primeras planas en los puestos de periódicos, las páginas también flotaban, sujetas al cordón tenso por unas bocas accidentadas, la quijada de alambre de las pinzas de ropa, como si un cuerpo pudiese permanecer colgado.

Eran todas las fantasías de princesa que tenías de niño, todo lo brilloso y fluido y áspero estaba ahí, en ese polvo. Todo bien atado y fabuloso y bordado en seda. Era esa foto de quinceañera de tu hermana, Yesica: el sombrero blanco de ala ancha y los guantes y lo ridícula que se veía esa quinceañera con un sombrero blanco de ala ancha, y la peculiaridad de llevar guantes en Ciudad Juárez y lo cautivantes que eran esos guantes largos de un extraño satén fruncido, su brillo perfecto. Ella ayudó a criarte porque tu madre siempre estaba limpiando casas ajenas justo al otro lado del puente y a ti te encantaba el mundo que ella te mostraba cuando tu madre no estaba.

Los quince de Yesica fueron puro polvo e ingeniosidad. Yesica, a sus quince, hermosa. Y áspera. Como el tul y el alambre y el miriñaque y los broches que se zafaron en el entalle; pero ella siempre fue así. La pandilla de jotos de la vecindad constantemente a su alrededor. Tu madre insistía en que tuviera cinco damas en sus quince, pero ella se negó a compartir el protagonismo con nadie que no fuera su pandilla. Para su cumpleaños, le obsequiaron una recreación, paso por paso, del baile vogue que hizo Madonna en los premios MTV de 1990. ¿Alguna vez has visto bailar a unos jotos entre la arena y el viento? Sí. Divas en el polvo, sirviendo la corte francesa en suelo chihuahuense. Yesica flotaba en ese vestido, cada puntada, cada lentejuela, cada canutillo y cada bendito artificio nos distraía de las crueldades de la ciudad.

Es una ciudad extraña. Los quince significaban maquilas. Los quince significaban fiestas. Los quince significaban bizcochos. Los quince significaban que los hombres bebían. Los quince significaban bailar hasta tarde en la noche. Los quince significaban ir en autobús a las fábricas donde se confeccionaba el mundo. Los quince significaban que todo su pequeño mundo resultaba aterrador y estaba decorado con lentejuelas y respiraba y se asfixiaba al mismo tiempo. Quince y el miedo de que algún día se la tragara el desierto. Pero, chingados si no celebraba su maldita quinceañera en Ciudad Juárez. Chingados si no cumplía quince y con vida. Áspera y suave y fluida y hermosa en el polvo, como todas las cosas que siempre te han gustado.

Unas pocas semanas después de su quinceañera, Yesica cruza el río Bravo hacia El Paso. Sus guantes blancos se tornan amarillos y gomosos, y había perfumes de Jafra y tardeadas en Dallas, y limpiar casas ajenas; estaba vivita y coleando y la arena nunca se la tragó.

encuentras un hogar / y luego corres

un poeta dice / ella ve música en mi obra / «alcanzas una
velocidad / un movimiento / luego te detienes / luego sigues
/ como cuando / encuentras un hogar / y luego corres»

así es / como cuando / me encuentro a tu lado / quiero
dejarte en medio de la noche / o como me ama mi madre
/ pero no puedo curarla / así que me subo en un autobús
de todos modos / o como / todos los hombres que han
deseado abarcarme / luego la tierra se deshace / o como /
cuando me acosté encima del primer chico al que amé en la
vida / hasta que llegó el conserje / lo primero que hice fue
correr / o como que casi nunca llamo a casa / pero de lo
único que hablo es de mi familia:

¿así es?

unx niñx del desierto / quiero ver agua / añoro un Pacífico
/ que desemboca en el río Grande / y no sufrir por nada /
acaso es como las flores / acaso es como las rosas / acaso es
recordar todo el polvo como una extremidad / mi propia
pierna derecha errante / su gemela izquierda añora echar
raíces / o una casa en la que viví una vez / un hogar / luego
corres / como cuando Héctor era mi amigo en quinto
grado / la promesa de caminar seguro hasta casa / mi héroe
del parque de caravanas / hermoso entonces / y yo era una
cosa que parecía un palomo redondo / él / él / dios / era

tan chingonamente hermoso / luego / cuando le dio lupus
/ me habría convertido en médula ósea / para vivir dentro
de él / sostener su cuerpo / es como

una vez / se me acercó un hombre / me pidió que me
metiera dentro de él / vio mis uñas pintadas / dijo / me
harás eso / lo hice / cuando se le secaron las uñas / le dije /
tengo tacones debajo de la cama / lo besé entre las piernas /
hasta los pies / los coroné con tacones de charol negro / me
pidió un vestido / cubrí su cuerpo con el único vestido que
poseo / di a luz a alguien que emergió del único vientre
que poseo / esa persona era hermosa / se fue / después de
una larga noche / qué hermosura / las extremidades que
emergen del tul y el nilón / tela elástica / ¿es hora?

durante años / mi madre tomaba / la ropa que las mujeres
estadounidenses a quienes les hacía la limpieza / le daban
/ ropa de segunda mano / su basura / llenaba un ropero
/ durante años / vistió / a las mujeres que querían cruzar
/ la frontera por el puente / las vestía con los excesos de
las mujeres blancas / las arreglaba / les enseñaba a decir /
«American» / a cruzar el puente seguras / «American» es
un disfraz / mi madre y yo / quizás / tenemos mucho más
en común / tengo un veliz lleno de disfraces / camisetas
de fútbol / trajes de negocio / faldas de vinil / chalecos de
piel / me los pongo para los estadounidenses / encuentro
un hogar en un veliz / un veliz rojo que está siempre listo /
porque ningún lugar es como el hogar / como…

y si / la única parte de mi vida que encaja / en una foto de
pasaporte / es que mi madre me quiere / y morirá algún día /
una serie de fotos de pasaporte / siempre huyo de las cosas
hermosas / un muchachito regordete me amaba / Philip / me
hacía musubi con spam / lloraba por su madre / las piernas de
ella / recuerdo mi preocupación / al lado del cuerpo de él /
porque ella muriera pronto / porque no sabría qué hacer si
la madre de un novio muriera / así que probablemente esto
terminará pronto / me iré antes de que su madre muera /
¿es mi cobardía mi hogar? / ¿es así? / o es

que quiero a mis amigos / porque son el único país que
puedo conocer / México me quería muerto / este lugar me
quiere encarcelado / luego muerto / como tantos poetas /
añoro el desierto / el cactus / la luna / como si tuvieran un
hogar ahí / nací en la tierra / me crió un coro de fábricas / los
pulmones de todas las fábricas / estaban hechos de mujeres
muertas / de mujeres que lloraban a sus muertos / que a la
larga morirán / cómo escribo un soneto hermoso / sobre el
hecho de que una maquiladora / me creó / mi madre huyó
de ese lugar / mi padre me trajo a escondidas / a este país /
cómo le explico a mi amante / que no tengo país

así es / ¿así es? / es como que huyo de mis amigos / que
son mi único hogar / como Ryan que sostiene mi locura
en puñados / como carcajearme con Michelle por unas
pelucas torcidas / como las serenatas a Miss Taji a las 2 a. m. /
como Eddie que tiene mis planes fúnebres / O amados /

son / mi único país / me iré / tan pronto como se vayan
de este lugar / porque así son las cosas / o que esta ciudad /
es siempre una habitación / con una cama / el hombre al
que más he amado huyó de mi cuerpo / hizo un consulado
de mi boca / mis papeles apretados entre sus dientes / sus
papeles sujetos entre mis labios / como la última mañana /
que lo vi / me abrazó / «debemos volver a vernos» / nunca
lo hicimos / así que no tengo nada en mi habitación / sólo
la cama y los velices / «encuentras un hogar / luego echas a
correr» / así que…

luego encuentras un hogar / luego corres / luego corres
luego corres luego corres luego corres / sigues corriendo.

luego tú.

Jesús I. Valles es inmigrante *queer* mexicanx, maestrx, cuentista y artista performista que vive en Austin, Texas, originario de Ciudad Juárez, México. Jesús tiene una maestría en Comunicación de California State University, Long Beach, con especialidad en Performance y Métodos de Investigación Cualitativa. Jesús obtuvo la Undocupoets Fellowship de 2018 y una beca de Poetry Incubator 2018 de la Poetry Foundation y Crescendo Literary, fue finalista en el certamen de libros autopublicados de Button Poetry en 2017 y finalista en el certamen de poesía Write Bloody de 2016. Su obra ha sido publicada en *Shade Journal, The Texas Review* y *The New Republic*.

Danyeli Rodriguez Del Orbe

Pa' Nueva Yol

Cuando tenía cuatro años, papi tocó la ventana de la casa de mi abuela, donde yo vivía con mami.

«Ya me voy, Yeyi», dijo mientras se asomaba por la persiana y le hacía señas a mami para que abriera el portón de metal que le daba la vuelta al porche. Una vez dentro, papi me cargó y me llevó a la sala donde me senté en sus piernas y declaró que el día había llegado por fin: se iba pa' Nueva Yol.

En San Francisco de Macorís, República Dominicana, la migración era algo común. «Nueva York» y «los Estados Unidos» eran sinónimos que significaban «un lugar mejor que éste». Casi todo el mundo en el pueblo tenía al menos a un ser querido allá. De niña, empecé a conocer Nueva Yol como el lugar al que todo el mundo quería ir, pero del que casi nadie regresaba. Ya había aceptado que ése era el destino de papi y me eché a llorar en su hombro.

—Por favor, no te vayas, papi —supliqué entre sollozos hasta que mami tuvo que desenroscarme de su cuello.

Papi ya se había ido una vez en yola, un botecito mediano de madera que se usa para cruzar el traicionero mar Caribe desde la República Dominicana hasta Puerto Rico por el

Canal de la Mona. Una vez en Puerto Rico, los dominicanos compran documentos de viaje para llegar a los Estados Unidos continentales. Cientos de personas mueren anualmente en el viaje porque las yolas se pierden o se vuelcan en medio del mar y decenas de personas se ahogan o mueren de hambre si no las rescatan a tiempo. A papi lo habían deportado de Puerto Rico un montón de veces, pero ahora había encontrado la forma de migrar por avión directo de la República Dominicana a los Estados Unidos.

Dos años más tarde, una semana antes de mi séptimo cumpleaños, mami también se fue. Incapaz de mantenerme económicamente, fue agotándose y frustrándose cada vez más con la vida en la isla. Papi apenas le mandaba dinero desde allá para cubrir mis gastos y, cuando lo hacía, no duraba mucho. Sin muchas más opciones, mami se vio forzada a unirse al gran número de mujeres dominicanas que migran a los Estados Unidos. La mañana que mami se fue, me dio un beso mientras aún dormía, como hacía todos los días antes de salir a trabajar. Pero, esa misma noche, llamó del apartamento de tía Tina en Nueva Yol para decirme que había llegado a salvo a su nuevo hogar. Mami sabía cuánto había llorado y extrañado a papi cuando se fue, así que resentí que no me dijera que se iba. Que se tuviera que ir. Que no me llevara consigo. Tía Mamín me abrazó mientras yo lloraba para que mami regresara.

—Beba, ella te va a mandar muchos juguetes. Tú vas a ver —me susurraba al oído, pero yo estaba inconsolable.

Años más tarde le pregunté a mami por qué no se despidió y me contestó de la forma más natural:

—No me habría podido ir si me hubieras pedido que me quedara.

Después de que mami y papi se fueron, a menudo jugaba un juego con mi primo hermano Fonsito. Cuando alguno veía una pestaña suelta en la cara del otro, cerrábamos los ojos y pedíamos un deseo. «Irme pa' Nueva Yol», repetía en mi cabeza y me veía jugando en la nieve como esos niños blanquitos en las películas estadounidenses. La nieve suave y blanca me adormecía los dedos como los friofríos. Los edificios altos decoraban el cielo con luces más brillantes que las estrellas. El olor que despedía el equipaje de tía Tina cuando distribuía los regalos que traía de los viajes que hacía desde allá: una blusa para que mamá fuera a la iglesia, unos jeans para tía Damaris, un traje para mami y unas sandalias nuevas para mí. «Irme pa Nueva Yol, irme pa Nueva Yol», repetía en silencio una y otra vez.

Cuando cumplí ocho años, todos esos deseos se realizaron. Como un mes antes de abordar el avión para Nueva York, mami me explicó por teléfono que tenía que conocer a una señora que se encargaría de llevarme. Un par de veces por semana iba a casa de la señora, que me ayudaba a memorizar un nombre nuevo, los nombres nuevos de mis papás, mi fecha de nacimiento, algo de historia de los Estados Unidos y una lista de frases que se usan allá. No fue hasta que me hice mucho mayor que comprendí que había usado los papeles de otra persona para migrar. Las palabras y la historia que tuve que memorizar —por ejemplo, ¿qué significan las cincuenta estrellas en la bandera de los Estados

Unidos?— me servirían si algún agente de Aduanas y Patrulla Fronteriza me interrogaba. En septiembre de 2003, por fin me reuní con mami.

Mami tenía tres trabajos: mesera seis días a la semana en un restaurante dominicano entre Washington Heights y Harlem, *bartender* los fines de semana y, una vez a la semana, limpiaba mansiones en Eastchester. Como no hablaba inglés y no había ido a la universidad, no podía conseguir trabajos mejor pagados. Durante algunos meses, mami y yo nos veíamos de pasada por la mañana antes de que saliera de casa y en la tarde cuando regresaba para cambiarse y ponerse la ropa de *bartender*. Yo me pasaba unas horas sola después de la escuela hasta que mis primos, mi madrina o mi tía llegaban a casa de trabajar. Tanto soñar con reunirme con mami sólo para descubrir que la realidad de la migración no nos dejaba mucho tiempo para compartir.

Las cosas no fueron mejor en la escuela. Dos semanas después de llegar a los Estados Unidos, mami me matriculó en la P. S. 15, donde entré en quinto año. Como era una estudiante dotada, me habían saltado dos niveles en la República Dominicana. La diferencia de edad entre mis compañeros de clase en los Estados Unidos y yo, agravada por mi falta de inglés, propició un ambiente de crueldad en la escuela. Una vez, una compañera de clases trató de estrangularme contra la pared porque me colé sin querer en la fila del comedor. Ese tipo de abuso físico, mental y emocional continuó todo el año escolar hasta que tuve que matricularme en otra escuela. Los días en la escuela me resultaban interminables y agotadores, y seguido regresaba a casa suplicando que me mandaran de vuelta a la República Dominicana, al confort de la casa de mi abuela. El afán de vivir en Nueva Yol se me pasó pronto y se convirtió en un ansia de regresar.

Mi relación con papi aquí en los Estados Unidos no podía ser más diferente que en la isla. Convencido de que yo estaría mejor en la isla, cuando un amigo de la familia le dijo que mami me había traído a Nueva Yol, se apareció en casa de tía Tina enfurecido. Amenazó con llevarme y llamar a los oficiales de inmigración para que deportaran a mami. La relación de mis padres se volvió más tensa con los años y papi dejó de ser el padre atento y amoroso que solía ser. Entraba y salía de mi vida, llamaba una vez cada varias semanas o se aparecía una vez cada tantos meses. Cuando vi que la salud de mami empeoró por trabajar demasiado mientras papi se negaba a darnos ningún tipo de apoyo económico, empecé a sentir rabia y resentimiento. Ya de adolescente, no podía conversar con él sin señalar sus defectos.

En medio de la supervivencia, mami y yo perdimos la conexión con nuestro país y abandonamos toda esperanza de regresar en un futuro cercano. Mami tomó clases de inglés en el Bronx Community College y yo me enfoqué en pronunciar bien las erres y cambiar mi acento del Cibao por un español correcto. Mami y tía Tina suavizaron el lado campuno de mi lengua y se aseguraron de que no volviera a cambiar la erre por la «i», como lo hacían los campesinos de la isla. «Poique» se convirtió en «porque» y las palabras dominicanas como «guagua» se convirtieron en «bus». Con el tiempo, mi español sufrió otra transformación cuando me armé de valor para hablar más inglés.

Ya cuando terminé la escuela secundaria, era más domincanyork, más dominicana-estadounidense, de lo que era capaz de admitir. Dejé de ver los canales de televisión dominicanos y las telenovelas y, en su lugar, veía el Disney Channel y las comedias románticas. Vanessa, mi mejor amiga, y yo solíamos ir a casa después de la escuela y cantar canciones de pop y rock alternativo en el karaoke hasta quedarnos roncas. Pensaba que, si me obligaba a que me gustara la «música blanca», sería más estadounidense. Sentía que mientras más me pareciera a los blancos menos importaría que fuera indocumentada. En mi ingenuidad pensaba que los legisladores algún día sabrían de mi asimilación y afirmarían: «Eres una estadounidense de verdad. Mereces legalizar tu estatus».

No obstante, ser indocumentada y saber que no regresaría a casa en un futuro cercano me enseñó a apreciar las formas limitadas en las que Nueva York me ofrecía acceso a mi país natal. Nueva York, donde vive la población más numerosa de dominicanos fuera de la isla, era especial por muchas razones. Tenía un pequeño cine en la esquina de la 181 y Broadway que presentaba películas dominicanas. Siempre que íbamos a ver una, mami y yo sentíamos más cercanía, una normalidad y pertenencia que sólo habíamos sentido en la isla.

Los fines de semana, mami me compraba habichuela con dulce, un postre dominicano que suele prepararse en la Cuaresma, y que una señora dominicana vendía en un carrito en la esquina de la 181 y St. Nicholas. Comíamos comida dominicana auténtica en restaurantes como El Malecón y Caridad en Washington Heights. Comer entre dominicanos, oír a los cocineros gritar las órdenes desde la cocina en acento cibaeño, ver a los meseros dominicanos hablar con las manos y el ruido de los platos mezclado con el merengue o la bachata que sonaba por las bocinas era un bálsamo de confort y familiaridad que me aliviaba el dolor de la nostalgia por mi país natal.

De adulta, empecé a ir a Dyckman en Inwood, Manhattan, el bar que le ofreció a mami su primer trabajo de *bartender*. Durante el día, la mayoría de los establecimientos de Dyckman son restaurantes familiares donde la plática es interrumpida por la música a todo volumen. Pero después de las 10:00 p. m., los restaurantes se convierten en discotecas donde los DJ tocan *dembow*, bachata, merengue, salsa y hip hop, y agitan a la multitud gritando: «¿Dónde están las mujeres que no tienen marío?». Esas discotecas son indudablemente caribeñas, en específico, de dominicanos y puertorriqueños. En Dyckman, yo podía tocar mi país con sólo ponerle la mano sobre el hombro a cualquier hombre que moviera las caderas al ritmo de las tamboras. Podía oler el aire salado como si estuviera conduciendo por la playa en Nagua con las ventanas abiertas. Con cada *dembow*, cada recuerdo de Aventura y cada canción de Toño Rosario, sentía como si pudiera caminar sobre el océano, volver a casa descalza, con los tacones en la mano, y treparme en la cama de mi abuela en mitad de la noche como hacía cuando tenía seis años.

Por un tiempo, fingí que esto era suficiente. Tenía que hacerlo. Ya había pasado casi toda mi niñez y mi adolescencia extrañando mi hogar y maldiciendo mi destino. Pedirle más a la vida era asegurarme un desencanto. Mami y yo esperamos por años una ley, cualquier legislación que abriera un camino a la legalización, pero lo único que vimos fue a los políticos discutir sobre nuestro estatus migratorio en las noticias de las 5:00 p. m.

Cerca de 2013, una década después de migrar, una abogada con la que trabajé de interna revisó mi elegibilidad para el alivio migratorio. Ya entonces las cosas con papi se habían deteriorado y la abogada determinó que, debido a mi relación inestable con él, era elegible para el Estatus Especial para Inmigrantes Menores (SJIS). Después de no haber tenido contacto con él por más de dos años ni haber recibido apoyo económico de su parte por más de cuatro, los tribunales determinaron que papi me había abandonado, lo que satisfacía el requisito para el SJIS. La mañana de mi graduación de la universidad, el Servicio de Ciudadanía e Inmigración de los Estados Unidos (USCIS) me entrevistó y aprobó mi estatus legal permanente.

Fue así como, una semana después de cumplir veintiún años, me monté en un avión rumbo a la República Dominicana, más de una década después de la primera y única vez que había viajado en avión. Una vez en mi asiento, abrí la mochila y saqué una copia de *Questions for Ada* de Ijeoma Umebinyuo y encontré la página que había marcado con una *sticky note* en la que escribí hacía años: «para el retorno a casa». Me maravillaron sus palabras: «regresaré a casa a cinco tumbas / a los ancestros que me cargaron de bebé / que me decían quién fui en mi vida anterior / nunca una extranjera / siempre hija de su gente», y dejé escapar toda la añoranza que había guardado bien apretada en el pecho durante doce años.

———

Danyeli Rodriguez Del Orbe es una organizadora comunitaria, escritora y artista de *spoken word* nacida en la República Dominicana y criada en el Bronx. Su trabajo emana de la conciencia en torno a los temas de raza, género y migración. Su obra se ha presentado en el Bronx Museum of the Arts, el San Francisco Museum of the African Diaspora y *People en Español*, entre otros. En diciembre de 2019, autopublicó su primer poemario, *periódicos de ayer, a lover's archive*. Danyeli también es cofundadora y coanfitriona de *loose accents*, un podcast latinx que presenta las experiencias de los inmigrantes en las costas este y oeste. Además de su trabajo artístico, Danyeli se ha convertido en ávida defensora de los derechos de los inmigrantes, por lo que recibió el New York State Dream Activist Award, una Immigrant Justice Corps Justice Fellowship y una New York Immigration Coalition DREAM Fellowship.

Rita E. Urquijo-Ruiz

La primera visita

—Mi amá llora por ti casi todas las noches desde que te fuiste —dice tu hermana mayor. A menudo, tú también luchas contra las ganas de llorar, en especial los domingos por la tarde cuando tu familia en México se reúne y la vida allá continúa sin ti. Hace cinco años que cruzaste la frontera persiguiendo el sueño de aprender inglés y, después, poder trabajar de secretaria bilingüe en tu ciudad natal. En ese entonces tenías dieciséis años. Ahora tus metas son más grandes. Es la primavera de 1992 y eres estudiante de segundo año en la Universidad de California, Riverside. Jamás pensaste que llegarías tan lejos. Y no quieres arriesgarte. Pero cada día sientes una creciente nostalgia de ver a tus seres queridos, en especial a tu mamá. Ha criado sola a tus diez hermanos desde que murió tu papá, pero con una educación de sólo hasta el tercer año de primaria no gana lo suficiente para mantener a todo mundo. Tu sueño es graduarte de UCR, ayudar a tu familia y tal vez librar a tu mamá del destino de seguir trabajando como sirvienta cuando esté vieja.

Has querido ir a México desde hace tiempo, pero que te atrapen en la frontera al regreso, que te deporten y pierdas la oportunidad de tener un diploma de una universidad estadounidense es demasiado riesgo. Y ni hablar de que arruinarías la oportunidad de legalizar tu estatus.

Al señor Porter, tu maestro de matemáticas en Artesia High, en Lakewood, California, le conmovió tanto tu situación de indocumentada que él y su familia te alojaron en su casa durante tus últimos dos años de la preparatoria. Con su apoyo y miles de dólares en honorarios de abogados, empezaste un proceso de siete años para conseguir tus papeles.

Sin embargo, sabes que no podrás esperar tanto. Algo te mueve a ir a ver a tu familia en Sonora. Pero ¿cómo regresarás?

Tu amigo de UCR, Alex, dice:

—¡Hazlo! Sólo tienes que decirle a la migra en la frontera que eres ciudadana estadounidense.

En los dos años de inmersión en el inglés con los Porter se te ha pegado su acento del sur de California y tus amigos bromean diciendo que te oyes como una gringa cuando hablas inglés. Suspiras profundamente, sonríes y dices:

—¡A la chingada, me voy a México!

Así que lo haces.

Estás nerviosa cuando los González, la primera familia con la que te quedaste al llegar, te recogen en su camioneta en el apartamento del campus donde tienes tu propia habitación espaciosa con una puerta que se cierra con llave. Lejos están esos días de tu infancia en los que compartías una habitación sin puerta con diez personas. Le dices «hola» a todo el mundo, metes tu equipaje en la cajuela y te sientas un poco apretada en el medio. Hablas sin cesar y estás inquieta porque estás emocionada y nerviosa de viajar a casa. No le prestas mucha atención al viaje de once horas en carro excepto cuando los viejos y hermosos saguaros del desierto de Sonora empiezan a aparecer al borde de la carretera solitaria; son los primeros en darte la bienvenida a casa.

Cuando llegas ese sábado, todo el barrio sale a verte. Irene, tu mejor amiga de la infancia, te sorprende con un lindo ramo de flores. Recibir rosas no es algo común en tu barrio, sobre todo si no se trata de un funeral. Vas por tu cámara para captar el momento, pero tu tía Rita te detiene.

—Mijita, busca una sábana limpia y cuélgala en el tende- dero como trasfondo.

Quiere que cubras el patio feo, los muebles inservibles, las latas viejas de estaño y aluminio, las cajas de cartón listas para reciclar y la basura que se llevarán pronto. Te imaginas mostrándoles las fotos a tus amistades en California y te ale- gras de que a tu tía se le ocurriera esa idea, así que corres a buscar la sábana y ayudas a colgarla. Cinco años de carreteras pavimentadas y casas lujosas con jardines y patios bien cuida- dos te han ofrecido demasiado confort. Te reprochas ser «tan gringa». Habías jurado no quejarte de nada que avergonzara a tu familia.

Alrededor de treinta personas —familia, amistades y veci- nos— posan contigo. Llevas un peinado de los noventa y lentes grandes, e intentas quedarte en el clóset un poco más cuando te preguntan si tienes novio. (Años más tarde notarás que en una foto tu mamá sonríe orgullosa y te abraza fuerte por la cintura. Disfrutarás ese momento de ternura y lo recordarás cuando la extrañes. Si cierras los ojos, aún puedes sentir su mano fuerte y firme al acercarte a ella; casi puedes oler el perfume de Avon que se puso ese día para celebrar tu llegada).

Durante el almuerzo, todos se sientan afuera, en sillas prestadas de los vecinos, para escuchar tus aventuras «en el otro lado». Tu prima Blanca te pide que digas algo en inglés, pero no la complaces para no «presumir», aunque le hieras sus sentimientos. Luego le regalarás un llaverito con la playa y el atardecer californiano para contentarla.

Tu Nana te recibe con su bendición. Te permite disfrutar y conversar con todo el mundo, pero, después de comer, sabes que tendrás que enfrentarla. Por fin la escuchas decir:

—Díganle a la Rita Elena que quiero hablar con ella.

Se te encoje el estómago cuando vas a verla. Su cocina de adobe es más chiquita de lo que recuerdas; hay montones de chucherías, bolsas y latas de comida sobre todas las superficies planas. Uno de tus objetos favoritos es la azucarera de peltre despostillada con tres rosas descoloridas que está sobre la mesa. Las dos agarraderas te recuerdan a tu Nana cuando se pone las manos en la cintura antes de regañar a alguien. Por suerte ese alguien nunca fuiste tú. Te espera sentada frente a la vieja mesa cubierta con un mantel de plástico azul con flores. Su corte de santos y estatuas de vírgenes se muestra orgullosamente en un altar a su derecha.

—¿Cómo te fue en tu viaje, mijita?

—Me fue bien, Nana. Se me hizo corto.

—Es una bendición que tengas a los González y los Porter en tu vida. Les estoy muy agradecida.

Asientes con la cabeza y sonríes nerviosa anticipando las preguntas más difíciles. Trazas con el dedo índice las grandes flores amarillas del mantel de plástico y miras a tu Nana unas cuantas veces.

—¿Y tienes novio, mijita? Sé que ya eres mayor, pero debes tener cuidado porque los hombres nomás una cosa quieren.

—¡Ay, Nana! No diga eso. Usted sabe que quiero terminar de estudiar primero. —Las mejillas se te calientan y bajas la mirada hacia las flores que tienes enfrente—. No, no tengo novio ahorita, pero tengo una foto de mi ex del baile de graduación de la prepa.

Metes la mano en tu mochila y, mientras buscas una copia de la foto, ya ella está meneando la cabeza. Recelosa, agarra la foto de 5x7 en la que apareces con tu ex. Lleva puesto un esmoquin con una faja brillosa color rosa pálido y un corbatín que combina con el vestido de tafeta que te prestaron. Te esforzabas por encajar con tus amigas heterosexuales. Incluso les permitiste que te maquillaran y te esculpieran el cabello con Aqua Net. (Deseabas haber sido tú la que llevara ese corbatín, así que, años más tarde, los corbatines serán parte de tu estilo de moda cuando presentes tus investigaciones académicas en congresos y otros eventos públicos). Cuando le cuentas a tu Nana que ese muchacho ya no está en tu vida, rechaza la foto.

—No, gracias, mijita. Dáselas a tus hermanas y a tus amigas.

El novio de mentira no funcionó. Cómo quisieras poder hablarle de Pilar, tu novia en Riverside.

Tu Nana dice que le preocupan tus papeles, así que le cuentas que tu mejor amigo, Lalo, se ofreció a casarse contigo si el plan de legalización de los Porter toma demasiado tiempo.

—¡Pues esa idea sí me gusta! Si te casas, especialmente por la Iglesia, quiero una copia de esa foto. Voy a estar más tranquila cuando tengas a un hombre que te cuide. Por fin voy a poderme morir en paz.

No reniegas con ella por su machismo anticuado. Ni siquiera los cursos que tomaste sobre «La mujer chicana» te prepararon para convencer a tu abuela de lo capaz que eres de cuidarte tú sola. Tocas suavemente el reloj que Pilar te regaló y piensas en ella con nervios, pero de todas formas sonríes mientras te preparas para salir.

Tu Nana te da una estampita enmicada de «La sombra de San Pedro» para que te proteja en el viaje de regreso y siempre. Cuando te despides de ella, te preguntas qué diría o qué oración rezaría si supiera de Pilar.

Los días te parecen demasiado cortos y, después de visitar al menos a sesenta personas, en su mayoría familia y amistades, el viernes por la tarde por fin estás con tu mamá tú sola. No has podido pasar mucho tiempo con ella. Sus patrones de clase media dijeron que les daba gusto tu visita, pero no podrían pagarle esa semana a menos que trabajara. Sentada a la mesa de la cocina, tu mamá fuma mientras prepara la cena. Los frijoles pintos están cociéndose en la primera estufa de gas que se compró ella misma cuando murió tu papá. Aun después de una pintada con pintura barata, se puede ver el hollín en la esquina donde estaba la vieja estufa de leña. El aroma de los frijoles inunda el espacio. Afuera hay mucha luz, pero la ventanita de la cocina no deja pasar mucha. Escuchas los sonidos habituales de tu barrio —los vecinos que hablan en voz alta, las cumbias y las norteñas que compiten entre sí, los niños que juegan en la calle— y regresas a tu niñez. Recuerdas a Concha, la lesbiana masculina a la que todos llamaban «marimacha» y cómo te detenías y te la quedabas mirando. Ella te guiñaba un ojo y te sonreía en secreto cuando pasaba a tu lado con sus pantalones de mezclilla apretados, sus botas color café, su camisa vaquera y su sombrero. Huías asustada, pero también intrigada, mientras tus amigos y tus hermanos te hacían burla.

Tu mamá ya casi ha terminado de hacer la comida y te mira:

—Elena, ¿cómo te va en «el otro lado»? ¿Te tratan bien? Dime la verdad, ¿estás contenta?

Es la única persona que te llama por tu segundo nombre, sobre todo, cuando quiere ser cariñosa.

Sentada a la mesa, la miras, dudosa. No estás tan nerviosa como cuando hablaste con tu abuela, pero sientes que no puedes decirle la verdad:

—¡Todos me tratan bien, Amá!

Te tragas el nudo que se te ha formado en la garganta y desempeñas bien el papel porque no quieres que se preocupe. Te callas el sinnúmero de veces que has cometido algún error y has temido que te regresen. Le aseguras que ustedes dos tomaron la decisión correcta cuando te alentó a que fueras tras tus sueños.

—¿Estás segura?

—Sí, Amá. Se lo juro.

—Pues me da gusto, mijita. ¿Oye, y tienes novio?

—No, Amá. No quiero novio. Estoy concentrada en mis estudios.

Te esfuerzas por contener la sonrisa cuando vuelves a pensar en tu Pilar y en la fugaz posibilidad de salir del clóset ante tu mamá.

—¡Qué bueno, mijita!

No te mira mientras pica la cebolla. Después de un ratito, te armas de valor y le dices:

—¿Sabe qué, amá? Yo no quiero casarme con un hombre. Tal vez tenga uno o dos hijos, pero no quiero casarme.

Sin pensarlo, tu mamá te mira:

—Bueno, siempre y cuando termines tus estudios, Elena, no vas a tener necesidad de casarte con nadie. Te vas a poder valer por ti misma y, mientras más estudies, más preparada vas a estar para vivir la vida que tú quieras.

Ella fríe unos ajos y la cebolla y el aroma promete un delicioso platillo mexicano de arroz, frijoles y enchiladas sonorenses. Sonríes porque, según tú, tu mamá acaba de darte la bendición para que seas tú misma, lo que en tu mente significa ser gay. Sabes también que es probable que éste sea tu mejor intento por salir del clóset con ella.

La mañana del domingo llega demasiado pronto. Debes regresar con los González a la frontera de San Diego. Antes de subirte a la camioneta, te paras frente a tu mamá y tu Nana y ambas te hacen una señal de la cruz sobre la frente. Han empacado tacos y unas grandes tortillas de harina sonorenses que han hecho especialmente para el viaje al norte. Tu Nana te da un santito extra, una estampita de San Peregrino para que la lleves en la mochila y regreses a salvo. (Décadas más tarde, cambiarás esos santitos a cada billetera marimacha que lleves en el bolsillo trasero de tus pantalones).

Habías llamado a tus amigos de UCR el miércoles para asegurarte de que todo iba de acuerdo al plan. La camioneta te dejará a unas cuadras del cruce de la frontera y tomarás un taxi a la calle Revolución, donde te estarán esperando Kuka, Teto y Alex.

Cuando llegas, ya tenían planeado emborracharte porque saben lo cobarde que eres y no quieren meterse en líos. Kuka tiene su *green card* lista y ensaya su historia de que fue a visitar a unos parientes a Guanajuato. Es la mejor actriz de tu grupo Teatro Quinto Sol, así que puede hacerlo perfectamente. Después de dos tragos de tequila puro y un *popper* de tequila, estás lista. Kuka y Alex te agarran de los brazos, te dicen «no aguantas nada» y se ríen de tus chistecitos tontos de borracha mientras te dirigen al estacionamiento. Cuando te metes al carro y te sientas al lado de Kuka, te ves nerviosa y luego te quedas muy callada. Empiezas a sudar y se te hace difícil respirar. Kuka te agarra la mano y te da un suave apretón. Eso te ayuda. Teto conduce y Alex se sienta en el asiento del pasajero. Kuka se sienta detrás del conductor para que los oficiales de la migra la puedan ver bien. La fila de carros parece interminable. Pero cuando sólo queda un carro enfrente, el corazón se te acelera y te sientes sobria a pesar de todo el tequila que te tomaste. Sientes que el rostro se te calienta mientras el migra gringo pregunta:

—¿Nacionalidad?

Teto, Alex y tú contestan «Estados Unidos» y Kuka desempeña un hermoso papel. A ella le toca contestar todas las preguntas después de decir «México» y entregarle su *green card* al oficial. El hombre entra en la caseta, mecanografía algunas cosas, le devuelve a Kuka su tarjeta y les hace una señal para que prosigan. Después de subir las ventanas y de pasar despacio por los topes, todos ustedes respiran profundo, ríen y se chocan las manos. Hay congestión en la autopista I-5 cuando salen de San Ysidro. Llegarán a Riverside esa noche.

Poco después de tu primera visita a casa, a tu mamá le van a diagnosticar un cáncer pulmonar que se la llevará en seis meses. Pero, por ahora, sientes que las plegarias de tu familia surtieron efecto y que tus sueños siguen estando a tu alcance. Pilar se alegrará de verte y la abrazarás un largo rato mientras descansas en sus brazos esta noche.

Rita E. Urquijo-Ruiz es una educadora, escritora activista y performista mexicana/chicana *queer* nacida en Hermosillo, Sonora, México, y criada en el sur de California. Sus intereses académicos son las literaturas, las culturas, los géneros y las sexualidades de las comunidades mexicanas y chicanas, así como los estudios de teatro y *performance*. Al provenir de las tierras fronterizas de México y los Estados Unidos, su acercamiento a la enseñanza y la escritura es, por naturaleza, interdisciplinario y su obra se centra en las historias de las comunidades marginadas socioeconómicamente en ambos países. Es la primera de su familia en obtener un título universitario y, en 2019, se convirtió en la primera profesora chicana/latina en alcanzar el rango más alto de catedrática en Trinity University en San Antonio, Texas. Recibió la distinción de Trinity de servicio universitario, comunitario y profesional por sus contribuciones locales y nacionales. Es la directora inaugural de Global Latinx Studies y codirectora de la Iniciativa Latina de Liderazgo.

Kaveh Bassiri

POEMAS

Caravana

Con sus «medio orientales desconocidos»,
sus raíces persas,
esta kai wan viene desde hace tiempo.
Ha cruzado desiertos patrullados por el tiempo
agarrada a las jorobas de las monturas del sánscrito
secuestrada por las cruzadas y las notas al calce.
Desde donde el sol eleva su casco de luz,
hay granos de arena atrapados en la boca de un barco,
en camiones, trenes y transbordadores,
los peregrinos apretados como una armadura,
las gotas de sudor parecen conchas.

Vienen a contar sus historias,
de que no hay nada nato en la palabra asesinato,
de la larga sombra de Lincoln.
Trabajan el turno nocturno sobre el lomo de La Bestia
a través de campos del color de la orina,
corren con los coyotes y las nubes,

cruzan las villas donde las madres esperan
con bolsas de arroz y frijoles,
llevan banderas como toallitas,
para limpiar mesas,
para recoger aguacates, frutillas, libros de texto
como invitados de los mosquitos y las estrellas
empapados en las playas del mediodía,
duermen en orillas de asfalto,
empuñan las armas de sus pedars y madars,
saborean tus sueños.

Vienen a construir muros y *software*,
se refugian bajo el cielo color pasaporte,
de pie a un lado de la carretera
en la cola de las cajas registradoras en los supermercados,
con las pupilas profundas como pozos de petróleo:
los rostros maduros muestran las semillas de las calles.

Todos esperan: las familias, los policías, los ladrones.
Los celulares vuelan en círculos como moscas.
Las celdas son su sala de espera y su caravanserai:
serai, un palacio persa, el protector.

Vienen como refugiados, residentes extranjeros, soñadores,
brotan del pasado indocumentado
para traducirse,
los pulmones repican en la caravana del cuerpo,
entierran sus palabras en el abono,

más allá de los contadores que marcan la hora en las aceras,
marchan como un paquete de cerillas
golpeando y golpeando el asfalto.

Vienen con o sin papeles
para reescribir sus historias,
para olvidar el himno del guacamayo escarlata,
para comer alitas de pollo picantes,
para traducirnos.

Las huellas de sus pasos son como vientres vacíos,
una historia como las manchas de las farolas
para hacerte saber que no estás solo.
Tras ellos, el río de botellas plásticas
y platos de poliestireno.
Tras ellos, los estantes vacíos,
sueños en estampida
como ondas de luz dispersas.

La canción del inmigrante

Seguimos el rastro del sol migrante que arrastra el día y
preguntamos, guardamos nuestras preguntas, las llevamos a
  casa del salvador.

Una canción, no para la luna que abandona a Teherán cada
amanecer; mañana se enmendará y regresará a la orilla, a
  casa.

Encontramos The Gap y Borders. Targets en todas partes.
¿Por qué sigo quejándome, trocando un hogar?

Y ahora vivo con celulares, microondas, computadoras
portátiles, Y, sin embargo. Son polvo y hojas lo que traigo a
  casa como mentores.

Cuán ricos —seguros— son el polvo y las nubes que se
entregan. Viven tan libremente sin necesidad de una verja o
  un hogar.

Los anuncios en el subterráneo invitan a dieciséis millones
de ojos. ¿Así pensamos asegurar nuestros hogares?

La contrición llena mi copa, vacía para ti, no el amor o el
vino. Se derrama porque no te tengo a ti ni tengo mi hogar.

Kaveh Bassiri

Entierro los dedos de las manos y los pies, plumas peludas,
en la cama para escribir los sueños del hogar del arrendador.

Las habitaciones que amueblas con sustantivos foráneos,
Gharib, se pierden, si nadie recuerda, vive en tu hogar.

Simulacros de aprendizaje

Antes de que la revolución fuera una calle,
un día feriado, antes de que los pigmentos de la guerra
se borrasen de los dormitorios silenciados,
se escuchaban los pasos de las páginas
recorrer las aceras blancas y negras.
La luz del día aún cambiaba los canales, la radio
subtitulaba las horas, traía la yesca nocturna.

Era una época en que el espinazo de Lazy Bones
era sustituido por la luz de una linterna
y los Comandos del espacio telegrafiaban
mensajes codificados.
                 Abuela nos cuenta
eso y se remonta a los tiempos del genio,
de puntos tan distantes que los trazabas
en el cielo, y espadas tan cercanas que saboreabas su sudor.

A medida que el día abandona los jardines y la noche
se reclina en los patios, las habitaciones arden como
    luciérnagas.
El diván, abierto como un libro en blanco, nos mantiene
juntos, mientras contemplamos las estrellas,
escuchamos nuestra pistola eléctrica, observamos
con un remoto, los capítulos nocturnos de Escape
Your Shape, Total Perfection, Creating Wealth.

Kaveh Bassiri

Kaveh Bassiri es un escritor y traductor iraníestadounidense. Es autor de dos libros autopublicados: *99 Names of Exile* (2019), ganador del Anzaldúa Poetry Prize, y *Elementary English* (2020), ganador del Rick Campbell Chapbook Prize. Su poesía se ha publicado en *Best American Poetry 2020*, *Best New Poets 2020*, *Virginia Quarterly Review*, *Copper Nickel*, *Beloit Poetry Journal*, *The Cincinnati Review* y *Shenandoah*. También recibió una subvención para traductores de la National Endowment for the Arts. Sus traducciones han sido publicadas en *The Common*, *Blackbird*, *Chicago Review*, *Denver Quarterly*, *Colorado Review* y *The Massachusetts Review*.

Azul Uribe

10

La prohibición de diez años que me dieron tras mi deportación ha vencido. He estado fuera de los Estados Unidos durante 4110 días; más de una cuarta parte de mi vida. Mis padres y hermanos se quedaron en Texas para regar todos los altramuces por mí.

Todo el mundo pregunta cómo es que fui la única de mi familia a la que deportaron. Las leyes de inmigración estadounidenses no tienen ton ni son. Son al mismo tiempo un juego de azar, bendiciones y circunstancias, o, en el caso de los muy ricos, cuotas de entrada. En mi caso, fue un trabajo de niñera que salió mal y resultó en una acusación de delito menor. Al cabo de tres difíciles años de luchar en los tribunales, perdí y me obligaron a firmar una orden de salida voluntaria y conjuntamente me prohibieron reentrar en los Estados Unidos durante diez años.

Todas las historias de llegada a los Estados Unidos se parecen. Las del retorno a la patria son diferentes; ningún retorno es igual. Te vas o retornas, autodeportada o deportada, cada acción sienta diferentes bases para el futuro.

Después de que me deportaron, intenté hacer un hogar de

Hermosillo y Cancún hasta que me establecí en Mérida en el cuarto año de la prohibición. Mi colchón estuvo directamente sobre el suelo hasta el séptimo año, que me compré una cama. No compré un árbol de Navidad hasta el noveno año. En los Estados Unidos, a estas alturas, debería tener un diploma universitario, un marido, hijos y un aumento de sueldo. Por el contrario, tengo un gato, un novio, tres pares de chanclas y dos pares de sandalias de vestir. También he aprendido a aceptar las pocas y míseras posibilidades de empleo en México para los que retornan y hablan un inglés perfecto, el sueldo que no alcanza para cubrir el costo de vida básico: como representante de servicio al cliente para compañías estadounidenses que subcontratan a compañías mexicanas; como maestra de inglés en una de las muchas escuelas privadas de enseñanza de idiomas; o como intérprete médica para una compañía mexicana que paga una miseria y no ofrece beneficios a sus empleados, gente demasiado cansada y traumatizada como para exigir más. No he progresado en el sentido tradicional de la palabra. Las cosas que tengo aquí no cualifican como éxito, pero he aprendido a ser feliz.

Un día, mientras hago mandados, veo una iglesia que no había visto antes. Por regla general, en mi nueva vida suelo hacer un repaso mental de posibles trampas; es un mecanismo de defensa rápido y saludable. ¿Habrá gente nueva? Conocer gente nueva significa que tengo que explicar cómo acabé en la península de Yucatán. Hago un acto de fe y me arriesgo a ir al servicio religioso del domingo. En el sermón del padre Jose resuenan Jesús, Marx y Judith Butler. Dice: «No es importante que crean en Dios. ¿De qué le vale a un Dios todopoderoso que crean en él? Lo importante es que entiendan que Dios cree en ustedes y los ama». Le brillan los ojos y siento que sus palabras me asientan, me arropan como una manta. Dios es una calidez que puedo entender.

Tiene un acento, y luego descubro que es de Portugal; el padre Jose también es un inmigrante. Es un psicólogo. Recuerdo mis muchos fracasos con psiquiatras y terapeutas aquí en México, especialistas que, aunque bien intencionados, me aconsejaban cosas como: «No te deprimas porque te deportaron. ¡Para eso están Skype y Facebook!». Cuando el padre Jose cita a James Baldwin en otro sermón y dice: «Es fácil proclamar que todas las almas son iguales a los ojos de Dios; lo difícil es hacer que todos los hombres sean iguales en la Tierra a los ojos de los hombres», me armo de valor y le pido una cita.

Paso la primera sesión recordándome a mí misma que debo respirar porque me desbordo, me salen tantas cosas. El padre Jose más bien se limita a escuchar mis frases rápidas y nerviosas. Le menciono que se aproxima la fecha del fin de la prohibición de diez años para entrar en los Estados Unidos; que cada vez que intento mirarla de frente se desvanece. Le doy vueltas al hecho de que siento rabia, en verdad, no, es complicado, porque he cometido errores y ¿qué derecho tengo a molestarme por los resultados? Me interrumpe una vez para decir: «Vaya, eso es un fuego sagrado». El padre Jose es paciente, su tono, moderado: «Muchos profetas realizaron

la obra de Dios desde un lugar de rabia sagrada. Es sagrada.
Tu rabia es un don». Y me siento por dentro como una habitación a la que le han abierto las ventanas después de décadas
de mantenerlas cerradas. Puedo respirar. Cuando nos despe-
dimos, me quedo sola, me repito lo que me dijo. La rabia es
un fuego sagrado. La rabia es un don.

Mi mayor logro en la vida que me he construido —con la
felicidad como enfoque— se centra en las amistades que han
florecido y sobrevivido en mi travesía de mormona deportada
a persona retornada y abandonada por la Iglesia y, finalmente, a
episcopal con un signo de interrogación. Después de diez años,
por fin puedo hablar de que me deportaron, a veces sin llorar.

Abinadi, Vanessa y Saúl están entre los primeros amigos
que encontré en Mérida, todos hispanohablantes, todos nacidos, criados y sembrados en México, que han vivido toda la
vida dentro de los límites de este lado de la frontera. Nuestra
amistad se fortalece a medida que se aproxima el aniversario
de la década: ¡nueve años! Es un conteo regresivo que me
alegra. Salimos a pasear en auto y nos ponemos al día. En un
momento de silencio, la voz de Abinadi interrumpe: «Ya casi
se cumplen tus diez años, ¿no?» en medio de una discusión
sobre la política mormona.

La deportación no es comprendida universalmente, incluso a los que la hemos sufrido nos resulta difícil hablar
sobre ella. Les cuento lo que me pasó, que me acusaron de
un delito menor de abuso infantil después de haber cuidado

a diez niños. Una corrió al desierto. Los detalles de esa tarde son borrosos: fui tras ella, me golpeó la cabeza con una tabla. Intenté sujetarla y empezó a darme cabezazos en el pecho. Hubo un momento en que empezó a llamarme «cerda asquerosa» y me deseó un infarto al corazón. Me pellizcó los muslos y los brazos tan fuerte que la piel se me arruinó con un lenguaje secreto de cortaduras de papel. Le di una bofetada. Los padres llegaron a casa después de los hechos, me vieron vomitar de ansiedad y temblorosa, y se rieron: «A veces se pone así» dijeron. Y: «¡Ah, debimos habértelo dicho!». Y: «No pasa nada». En ese momento, pensé que no entendía el chiste, todo el mundo reía y yo tenía que calmarme un poco.

Una semana después del incidente, la familia me dio la tarjeta de un detective de la policía: «Sólo quiere conversar». Luego supe que me echaban la culpa a mí para distraer a la policía y que no se fijara en ellos y su propia negligencia. Me hicieron creer que la reunión era sólo para conversar. La familia aparentaba no darle importancia y el oficial incluso me dijo por teléfono que sería una conversación breve, que no duraría más de diez minutos. El mormonismo se fundamenta en una noción cultural bien arraigada de confiar en la autoridad y, puesto que el detective era mormón y la familia era mormona, no tenía motivos para dudar de ellos, a pesar de que estaba aterrada.

Unos días más tarde, me reuní con el detective y, en pocos minutos, me fichó y me pasó donde otro oficial que, en el proceso, me hizo quitarme la ropa para registrarme. Nunca me había desnudado delante de alguien que no fuera una mujer de mi familia; me estaba guardando para el día en que me casara.

Mientras luchaba con sentirme sucia y monstruosa, el detective llamó al ICE y me llevaron de la cárcel de Iron County en Cedar City, Utah, al centro de detención de inmigración localizado en St. George, a cuarenta y cinco minutos de allí. Los agentes del ICE que conducían la camioneta escuchaban a Rush Limbaugh mientras las esposas que me pusieron en las muñecas y los tobillos matraqueaban en el asiento de atrás. Ese día cumplía veintidós años. Vi la línea de los gárments del templo bajo sus camisas, distintivos de la vestimenta mormona, y pensé que, en otras circunstancias, me habrían llamado «hermana Uribe». Pero esta vez, ni siquiera me trataron como a una persona cuando me subí a la camioneta, ni durante el largo viaje, ni cuando me bajé en St. George para que me registraran y me retuvieran en el centro de detención de inmigración.

El proceso de mi deportación y mi posterior éxodo ocurrieron en Utah, un estado mayormente mormón. Durante los tres años que duró mi caso, iba y volvía de la ciudad de Utah en la que estuviera viviendo al Tribunal de Inmigración localizado en un centro comercial en Salt Lake City, cerca de una sucursal de Wells Fargo. Mientras tanto, la aprobación de la Proposición 8 —una ley de California que confiere derechos matrimoniales a parejas del mismo sexo— estaba en pleno apogeo. Pensaba en esto cada vez que oía a un líder religioso decir que la Iglesia no era política y, sin embargo, era la misma Iglesia la que más peleaba contra la Proposición 8. Pero nunca se había opuesto a las leyes antimigratorias. Me dolía la poca importancia que Dios le daba a mi situación ¿Por qué la inmigración no era una causa merecedora de acción por parte de la Iglesia?

Por un instante reina el silencio en el auto y, por primera vez, no lloro.

La casa del padre Jose tiene un cuarto con libreros negros que cubren las cuatro paredes; tienen cuatro metros de altura y aún no llegan al techo. Es mi cuarto favorito de la casa. Es mi segunda sesión y voy directo al grano de mi ansiedad actual: estoy convencida de que me estoy muriendo y no sé cómo. Llevo dos semanas con tos y me han diagnosticado acidez estomacal y recetado un tratamiento de jarabe con codeína, omeprazol y un enjuague especial para hacer gárgaras. El padre Jose me escucha decirle que siento que me estoy muriendo, que es posible que tenga algo que ver con la prohibición. He pensado en la prohibición todos los días durante la pasada década.

Le cuento que cuando eres pequeña y el dentista te saca un diente, te pasas la lengua por el hueco donde solía estar el diente, aunque el dentista te diga que no lo hagas, y el recuerdo de ese diente se insinúa en cada sorbo o cada vez que masticas descuidadamente. Mi prohibición es ese hueco, le digo, y ahora no tendré ese hueco para pasarle la lengua.

En el tiempo que he estado lejos, mi hermana menor se casó y se divorció, y mi hermano tuvo tres hijos más. He sido testigo de estos acontecimientos a través de la pantalla del celular, de la computadora portátil o de fotografías, todas con el calce: «¡Eras la única que faltaba!» acompañado de un: «¡Te extrañamos tanto!».

Mi sobrina tenía tres años cuando me obligaron a irme. Le gustaba Dora la Exploradora y jugar a que era un perrito. Sonriendo, me hizo un gesto con la mano, sus deditos me decían «adiós». Ahora tiene catorce años, lee tanto como yo y ordena sus cosas por placer. Me he perdido una década de su vida. Me perdí toda la vida de su hermano, mi sobrino. Murió hace unos años. Asistí a su funeral por Skype, el pequeño ataúd era una serie de pixeles de alta resolución. En ese momento, mi sobrina tenía diez años y pronunciaba mi nombre con claridad mientras me llevaba de un lado a otro en la pantalla de un iPad y le decía a la gente: «Es mi tía Azul», como intentando explicar la obscenidad de esa pantalla brillante en el cementerio en un día nublado.

Le cuento al padre Jose estas cosas, que la prohibición está a punto de terminar, pero esas cosas me atormentarán, una década de huecos por los que he de pasar o caminar, las sombras de donde debí estar. Esto no es vida. No me siento suicida, pero de seguro me estoy muriendo.

Es una especie de muerte, me dice. Algunas cosas deben morir y de ellas es que renacemos, pero tenemos que entender qué partes de nosotros están muriendo y a qué estamos renaciendo. La recámara cubierta de libreros de cuatro metros es un útero y aquí estoy, gestándome. No había pensado en esas cosas: otras muertes, vidas nuevas. No había considerado que podía renacer o que alguna parte de mí, que no era mi cuerpo, estaba muriendo.

Lograremos entenderlo, dice.

Las explicaciones del padre Jose son historias, primas de las parábolas. Me dice: hay un hombre que nació en las islas Azores, su nombre era Manuel y, cuando murió, le pusieron un poco de arena en una mano y un poco de tierra en la otra, para que llevara consigo un pedacito del hogar que tanto amó. Cuando llegó desnudo a las puertas del paraíso, san Pedro le dijo: «¡Ah, nos alegra que estés aquí! Pero debes tirar esa arena antes de entrar». Y Manuel le contestó: «No puedo, es de las Azores, de mi hermosa isla, mi hogar, de donde son mi familia y mis ancestros». Así que el santo le dice: «Déjame ver qué puedo hacer» y va a hablar con Jesús. San Pedro le dice a Jesús que Manuel está ahí, pero que Manuel insiste en que no puede entrar sin la arena de las Azores. «Déjame ver qué puedo hacer, iré a hablar con alguien», dice Jesús y va a hablar con Gabriel, pero, en realidad, sólo le arranca una pluma de las alas y se la entrega a san Pedro. Cuando san Pedro regresa donde Manuel, le hace cosquillas con la pluma y, como Manuel es muy cosquilloso, suelta la arena y, por fin, las puertas del cielo se abren frente a él. Y ¿sabes lo que había dentro? Todas las islas de Azores.

La voz del padre Jose está llena de alegría y me entran ganas de llorar porque veo a Manuel mirar su amada isla y escuchar las olas del mar llamarlo a su hogar. Ya he llorado mucho en esta sesión. Así que fijamos fecha para nuestra siguiente cita y el padre Jose me besa ambas mejillas antes de despedirme. Me pregunta si tengo cómo llegar a casa y le aseguro que sí.

Hay una falsa creencia de que los que retornan añoran regresar a vivir a los Estados Unidos, pero yo sólo añoro la movilidad: subirme a un avión e ir a ver a mi familia, volver a experimentar la nieve y luego regresar a México y dormir meciéndome en mi hamaca, los pies bronceados con la marca de las chanclas. Tengo fantasías de mi vida después de la prohibición: que me dan una visa y paso las Navidades con mi familia; que abrazo fuerte a mis sobrinas y sobrinos; que les veo los hoyuelos de las mejillas cuando sonríen. Me veo lavando los platos después de cenar juntos mientras escucho a mi familia compartir historias de la niñez sin tener que lidiar con el desfase de la videollamada. Sueño con visitar a mis amigos y conocer a sus parejas, verlos abrazar a sus bebés, fundir la parte de mi ser estadounidense con la de mi ser mexicano en un cuerpo, no ya fragmentado, sino entero.

Una persona más grande que una frontera. Un hogar tan grande como el mundo.

Azul Uribe es una escritora bicultural, *queer*, deportada y portavoz, cuyas palabras se han publicado en *Los Otros Dreamers*, *The Daily Dot*, el «Texas Standard», entre otras. Nacida en Cancún, México, fue deportada en 2009 durante la administración de Obama tras haber vivido quince años en los Estados Unidos. Escribe sobre la vida posdeportación enfocada en reformular la experiencia de la inmigración para convertirla en un espacio más inclusivo y diverso. Actualmente, trabaja en sus memorias, próximas a publicarse, y reside en Mérida con su gata, Chloe.

féi hernandez

Después de Safo

Con el carruaje uncido a vuestros veloces corceles alados

amá arrastró la desgracia del amor y Bellatrix con
    nosotros,
nuestros parientes pi'mas no nos reconocieron desde su
    suroeste al otro lado de la frontera norteña:

éramos zopilotes de patas fuertes desesperados por
    recordar el sendero de nuestra migración.
Las nubes estrato nos envolvían con brazos divinos,
    nuestras visas bajo la lengua, visas del tamaño de una
    estampita de la oración del Sagrado Corazón de Jesús.

Conocí la húmeda enfermedad de la fiebre reumática a
    los 8 años. Sin seguro médico, pero amá
me llevó al Harbor UCLA Medical Center rezando que
    hubiera suficiente arena para secarme.

Yo era demasiado *Abronia angustifolia* para
sobrevivir la migración a Los Ángeles.

Mami no podía cargar mis huesos colgantes al hospital,
pero nunca dejó de disculparse por toda la Yuca Elata
que pateó para llegar

aquí.

Nuestro carruaje no era de oro, sólo de plumas de
correcaminos y flores de ocotillo.

Sé que mami puede ser el cerro Mohinora cuando está
activa, rabiosa y llena de lava,
pero últimamente, está extinta, arrastra los pies, incapaz
de correr. Es

humo,
un volcán sin cráter,

vida latente.

La migración que nos obligaba a reservar el último aliento
para las emergencias.

La migración que sólo recuerdo en la memoria celular, la
lechuguilla me habla de ella en sueños.

Una lágrima que corre por mi pasaporte mexicano me da
   permiso para retornar.

¿A qué renunciamos para retornar?
Alhena está muy lejos, pero me instiga a retornar
a un tiempo anterior al cuerpo, un lugar púrpura sombreado
   donde mis extremidades eran nébulas, mis ojos

      luz de estrellas.

Las nubes Cirros peinaban el cielo, cuando yo, la hija
   pródiga,
fui extraída de la tierra herida; una simple cortadura a lo
   largo de la barriga

      me abrió a mami.

No necesitaba que Aquila me convenciera para traerme de
   vuelta a mi

      cuerpo ictérico,
      amarillento e incubado.

Quería llorar. Quería despertar al mundo. Quería
   reconstruir mi cuerpo
como hacen los mapas. Línea por línea, una mentira —Madera,
   Anahuac, Cuauhtémoc, una Atadura— nacimiento,

mío
para reorganizar.

¿Fracasé en ceder como Vega en una vida anterior?

¿Los gobiernos de las naciones son mi castigo?

Una vez sobrevolé Barrancas del Cobre como un cuervo
chihuahuense tras Amá y luché contra la
terrorífica maldición de una luna creciente seguida de una
luna menguante.
Siempre lograba llegar al otro lado del dolor de la tierra,
sedienta.

Amá me dio espacio para recuperar mis mechones de
cabello que perdí a través
del desierto; me dio todo el
tiempo.

A orillas de un río al otro lado, una mujer tarahumara, me
dijo, que me habían mezclado con ceniza. Dijo

la única forma de entender la justicia: es saber que el
diablo y una diosa antigua son

lo mismo.

No recuerdo mi asiento de bebé, la peste a petróleo en las carreteras, la migra. ¿Un tercer avión?

Recuerdo crecer como Aquiles, Nikes y pantalones de pana, overoles limpios y camisas con estampados de los noventa.

Los Estados Unidos siempre fueron míos.

cómo / contamos los eventos \

la furia de la montaña / un niño hecho un ovillo / se mece / hacia delante y hacia atrás \ es / mi cielo / el horizonte \ mi hermano mocoso sin nombre / se enrosca / la tierra \ sus talones rojos nonatos / patean la tierra \ doy vida a unos huesos vibrantes / tierra herida sin carne \ a mi derecha / un espejo retrovisor / un mechón de canas / telarañas sacudidas por el viento del desierto \ desde la ventanilla del pasajero / la roca preñada de una madre radiante \ la piedra sostienes \ la leche no sale \ la nube padre / una tormenta de truenos se desplaza en espiral hacia la hormiga / hacia nosotros \ ¿cuántas veces tendremos que luchar contra un torbellino de polvo para regresar? / no me atrevo a bajar la ventanilla por miedo a que el viento me secuestre / me enseñe a volar \ te prometo que no exagero / ¿cuántas horas nos faltan para llegar? \ el parabrisas chirrea con la lluvia de arena \ el cielo es una herida que quiere llevarme / pero no creas nada de lo que te cuento / todo es un espejismo ardiente que flota sobre la brea negra de la carretera \ tengo el ceño fruncido / concentrado \ el respiradero del auto suspira un susurro frío y sobrenatural \ mi / tierra natal / una abuela rabiosa sin canto / que perdió la voz después de años de alcanzar graves correazos \ la programación nocturna / un cordón umbilical sucio / atraviesa a tropezones un azul infinito \ nuestra estrella del sur / nos jala hacia nuestro hogar \ debo ayudar a amá a conducir / pero ya tiene tres Coca-Colas sudorosas / en la sangre / un

ponche hirviente / borbotea historias / una alegría pega-
josa y forzada / debo buscar en google el nombre de la nube
que se extiende a nuestro lado / un fantasma diurno / tengo
sueño / mami ya no conduce / es un millón de palomas /
jenny rivera se eleva una octava por encima de su dolor / no
interrumpo su ascenso / su conjuro / es voz estridente y alas
/ sujeta el volante como si fuera su botella / gira bruscamente
/ pobre animal atropellado \ no me creas cuando te digo que
el viaje por carretera tiene un motivo \ una gente traslúcida
camina por el desierto \ sostuvimos la respiración al cruzar /
sobre / o a través de / bienvenidos a méxico / legalmente \
amá se arranca una piel endurecida / la cáscara de la memoria
/ su primer cruce torcido \ sobre / o a través / de un sueño
en el que caminaba / hasta que despertó \ nuestro silencio se
iluminó ante nuestros ojos / no había más canciones que cantar / un disco triste detrás de otro / de canciones populares
norteñas \ ave cautiva / o / por las calles de chihuahua \ un
olor a desierto húmedo envuelve las llantas / un olor a pólvora nos recibe en / nuestro / ombligo \ un perro cansado /
nuestro auto / ladra / nuestra llegada \ abuelita / el atole más
dulce del mundo / nos recibe detrás de la puerta de metal del
porche / es un gif recurrente que saluda / temerosa de que la
muerdan se mantiene lejos / su mente no se ha movido desde
la última vez que nos detuvimos / en / su manzana / olvida
/ cómo amá me robó hace una vida \ para querernos \ yo
también la abandoné / creo que tuve opción / en una vida
anterior / pero no me creas / abuelita y yo podemos estar
de acuerdo en que escribimos una nueva historia \ dentro

del fósil turquesa de su hogar / abuelito chupa el hueso de
un animal / bajo la luz de una lámpara / el ceño fruncido /
nos saluda / una sonrisa ensayada de recuerdos en anáhuac
\ a todo el mundo le diagnostican la misma enfermedad /
cuando nos encontramos por primera vez en meses / todos
los pechos brillan al ritmo del latido suave de la medicina
del tiempo / alimenta el tiempo / tiempo / dale tiempo al
tiempo \ te digo \ no me creas / no le creo a tu abuela \
tampoco / por eso la quiero

la luz de un viejo porche / brilla
la oscuridad de calles que no estábamos listos
para recorrer \ las altas
siluetas puntiagudas / los fantasmas de
las montañas / aún rondan
nuestra historia / susurran sobre
lluvias como lágrimas \ una tormenta que pasa / derriba
madres \ las convierte en ríos / preñadas y todo

coloco mi pasaporte estadounidense \ en chihuahua / el
más grande de méxico / un hipo me trajo a la vida \ interrumpida / ¿entiendes lo que quiero decir? \ fuera de la
ventana / un azul como brazos ahogados / piernas / un pie
aquí \ una cabeza allá \ el rabo rosado del atardecer \ la nube
padre regresa / pisando fuerte sobre el suelo nativo / antes
de que el estado masacrara a nuestra gente \ se escurre tras
el hombro del valle \ apá dejó de acecharnos / cuando nos
convertimos en cazadores \ éste es el principio y el fin \ así

es como contamos las historias / comenzamos con la tierra
en que naciste \ recorremos el camino al revés / andamos /
rápido / y / despacio \ seguimos a la gente hecha de piedra
\ abrazamos a los niños que salieron disparados de las grietas
del desierto / escuchamos a las madres deshechas / converti-
das en ríos / padres destrozados / caen / una caída eterna al
abismo / como la lluvia que revierte a la noche \ o descansa
y recuerda \

Concepción

Inspirado en «En otra vida» de Janel Pineda

La migración nunca ocurrió, pero tú y yo aún existimos.
Como la rosa del desierto
conocemos sólo el recuerdo de los pétalos cristalinos y no
    los vuelcos de la traición que
nos creó a

nosotros. Olviden a la mujer embarazada casi muerta a tiros,
    la esposa celosa, el
caldo de res.
No hay camión hacia las maquiladoras.
No hay frontera. No hay ahogados. Hay

solamente ocotillo y tortillas hechas a mano. La casa rosada
y el muro del jardín decorado con losas azules y amarillas
    rotas.
Un plato lleno de buñuelos y café con canela hecho por
    abuelita esperando a
desaparecer en nuestras barrigas.

En esta vida, nuestra gente no es cosas de Chihuahua City,
    sino mundos
enteros que viven entre Sierra Madre, Basaseachic y
    Samalayuca.

DONDE SOMOS HUMANOS

En todas partes, somos antílopes cuando nos cansamos de
   nuestra anatomía:
jugando sin cazadores, animales con piel, bien alimentados.

Tronadera no significa tiroteo y las tunas nacen en todos
los lugares donde hay galones de agua
abandonados.

Mi nombre seguirá significando fe, esta vez en una lengua
que me reconoce,

una lengua nativa que sé hablar. Mi abuela sigue siendo
cantante, aunque yo
no escriba. En esta vida no tengo que hacerlo. De algún
   modo, este poema
aún existe. Se encuentra

en las canciones nativas de mi madre y ella disuelve el dolor
   como limón
en miel tibia, la garganta
aliviada y libre de silencios. Tú y yo no nos separamos
al cruzar la frontera, aferrados

con rabia contra el corazón del otro buscando un *quédate*.
   Nos encontramos en los campos verdes
cerca del lago el Rincón, mis brazos
de mojarras del Siroco y casetes de Vicente Fernández y de
   la mano rozamos las nubes

que pasan delante del parabrisas de tu camioneta Ford de
1966. Vemos el atardecer sobre

Naica que llamamos nuestra y no tememos el despojo.
Muerdo tus labios, suavemente, chupo
el color de la sustancia, mordisqueo el recuerdo de la
concepción de hoy.
Nuestra risa hace eco

sobre la superficie del lago, en el que no tememos que nos
encuentren. No
tenemos que escondernos aquí.
No tenemos que escondernos en ningún lugar.

---

féi hernandez (elles) nació en Chihuahua, México, y se crio en Inglewood, California. Artistx, escritorx y curadorx trans no binarie, féi es autorx de *Hood Criatura* (Sundress Publications, 2020). Sus escritos aparecen en *Poetry*, *Oxford Review of Books*, *Frontier*, NPR's «Code Switch», *Immigrant Report*, *Nonbinary: Memoirs of Gender and Identity* (Columbia University Press, 2019), *Hayden's Ferry Review*, *BreakBeat Poets volumen 4: LatiNEXT y PANK Magazine*, entre otros. féi es espiritualista y utiliza un acercamiento descolonizador para la sanación energética ancestral de (TGI) BIPOC. Colecciona peluches de Pokémon. Preside Gender Justice LA y cofundó la ING Fellowship.

SOBREVIVENCIAS

Girum Seid Mulat

POEMAS

Cuando sueño con la madre (patria)

i.
Inshallah
Los rayos del sol apelotonan el pueblo
Los ancianos nos bendicen como cada mañana
Las palmas derechas hacen sombra sobre la frente
    Bekeñ Yaweleh
    Que Dios te mantenga en el lado correcto

Mi madre gira en torno a la mesa donde
hierve el café Harar que mezcla
en la yebená de barro negro y acuna
el humeante brebaje/perfuma
el aire con tonos de nuez & tierra fusionados
con fuego y hace arder una melodía
en toda Debre Zeit/Los sueños flotan
junto con el vapor cantante, haciéndose
realidad en cada mordisco de pan, buna kurs, de
    acompañamiento

& partí
huyendo
de celdas carcelarias que oraban
mi nombre como los hombres que no conocía
y preguntaban a mi madre dónde me escondía/
Partí
huyendo
del abrazo abrasador que nos regalaron
los brazos del dictador/Apartándome
de la casa de mi madre/
La que está junto al lago donde crece la ruda/
Donde me sentaba
en un banco de tres patas/
Partí
huyendo
para convertirme en rodadora que cruza el mar por viento

ii.
Es diciembre/El pie derecho se baja
de un avión & el pie izquierdo busca a
Etiopía/Mi cara rasguñada/
El pulmón magullado por la ráfaga de témpanos de hielo/
Mi mente aún elongada
en torno a las redondas caderas de mi madre, permitiéndoles
a mis cachetes de cedro derretirse en su piel de canela/
Deseando escuchar la voz de mi madre preguntar
   Leje metah? ¿Hijo mío, estás ahí?

Un sótano con un frío penetrante mi único refugio/
Tres compañeros de casa/Un baño/Sin habitación/
Pasan los meses/
    Me levanto para trabajar 12 horas al día/
    Me levanto para desear un trabajo de verdad/
    Me levanto para leer mensajes de familiares que piden
        dinero/
    Me levanto para preocuparme por mis papeles/
    Me levanto para cuestionar las preguntas en la solicitud
        I-589/
    Me levanto para pensar dónde voy a encontrar dinero
        para someter mi caso/
    Me levanto para comprender que inmigrar es caro/
    Me levanto para decidir que debo saltarme el almuerzo &
        enviar dinero a casa/
    Me levanto para preguntarme cuándo puedo regresar a casa/
    Me levanto para preguntar si todo esto vale la pena/

iii.
& sólo al dormir puedo sentir las paredes bailar/contraerse
sobre mí según oigo a los ancianos bendecir
mis amaneceres/Huelo
el café tostándose mezclado con el fir-fir de mi madre
& inyera fresco/Pero parpadeo demasiado pronto/
& los ancianos no están ahí/
& mi madre no está ahí/
& ahora parece un sueño/

DONDE SOMOS HUMANOS

12 horas de trabajo se convierten en 8/
Menos del salario mínimo se convierte en un salario/
Almorzar o Western Union se convierten en lo mismo/
Los autobuses se convierten en comprar un auto/
Rentar una habitación se convierte en ser dueño de una
 casa/
Estoy totalmente solo se convierte en tengo familia aquí/

& todavía mi caso sigue pendiente/
& todavía mi pueblo se reúne a tomar café/
& todavía mi madre hace inyera fresco/
& todavía echo de menos a mi madre/
& todavía sueño/

¿Qué mejor que una madre patria?
Me duermo entre arrullos

> *Man ende enat, man ende hager*
> *Yet yegegnal mesoso ena mager*
> *Man ende enat, man ende hager*
> *Yet yegegnal mesoso ena mager*

Girum Seid Mulat

De un niño etíope que vive en los Estados Unidos

Un país africano rebosa de uranio & petróleo
    mientras el ópalo es señal de riqueza para los extranjeros
Hay una piscina de oro del tamaño de 10 000 campos de
    fútbol
Está bordeada con diamantes, pero mi padre trabaja
desde el alba hasta que los grillos cantan
& las ranas croan, junto con colegas amputados
De camino a la escuela, paso por el lado de
compañeros de clase zambos, maleficio de los pesticidas
    un regalo de dueños de granjas chinos & holandeses
    que criaron rosas de arcoíris para nuestro dictador & sus
        amantes transfronterizos
Yo nunca vi la cosecha con mis propios ojos
El oro, los diamantes, el petróleo o el ópalo
Yo nunca vi el uranio, pero sí leí sobre las nubes tóxicas
    que tallaba haciendo arder el cielo
Yo sí hui de los disparos
Yo sí vi a musulmanes & cristianos comer por separado
Yo sí vi a la gente de Gambela ser apartada
    por su negritud como leprosos aislados por su piel

& en los Estados Unidos,
una mujer blanca rehúsa aceptar el billete de $10 que llevo
    acunado
en la palma de la mano derecha. Un policía me detiene en
    mi calle

¿Qué haces aquí?
¿Esta entrada es la de tu casa?
¿Éste es tu hogar?

El retrato de George Floyd & las canciones de Hachalu
    Hundessa arden
sobre mi cuello, haciendo que mi corazón lata más rápido.
    Maleficio de nuestra piel.
Mi inglés no florece. Se entrecorta
en pronunciaciones que mi boca no cosecha
aún. Luego, vi los campos de algodón por primera vez
    hace menos de un año.
El verano agoniza en Carolina del Sur. El sol se arroja
    sobre las
nubes de cemento como tallos del color del café coronados
    por bolas de nieve.
Están solas & sólo la brisa está ahí para rasgarlas.

Hoy, una oficina de esquina está rotulada
con mi nombre. Los colegas dudan de que yo sea su igual.
Regresa a tu país reemplaza *Que tengas un buen día.*
Han pasado ya seis años, pero aún no conozco la libertad.
& me doy cuenta de que ser negro & inmigrante
es un cuerpo bañado en canela & endurecido con cedro.

Girum Seid Mulat

Girum Seid Mulat nació en Etiopía y ocupa un lugar prominente en las artes dentro de la comunidad de habla amárica. Su primer poemario, *Passengers of the Coin* (2019), fue publicado en los Estados Unidos y en Etiopía. Su obra sirve como testimonio de su creatividad y atención al detalle, a la vez que ensalza la tradición y hace un guiño a la nostalgia que sienten los africanos del África Oriental. En la actualidad, Girum actúa en la zona de Washington, D.C. y sus alrededores, realiza charlas en la comunidad y se desempeña como activista a favor de los derechos de los inmigrantes. Girum también es fundador y presidente de la Ethiopian Arts Society in North America.

Aline Mello

Caber

1

Ocupo un espacio que le pertenece a un ciudadano estadounidense.

No recuerdo cuándo fue la primera vez que lo escuché, pero se ha convertido en una carga que llevo a mis espaldas. En la universidad: estoy ocupando un lugar que pudo ser el de un ciudadano. En mi trabajo: ocupo un puesto que debería ocupar un ciudadano. Pero mi sobrepeso es lo que ofende, lo que lo hace mucho peor. Ya que voy a estar en los EE. UU. como indocumentada, ¿no debería al menos ocupar menos espacio? Debería ocupar la menor cantidad de espacio posible; quizás si el ciudadano estadounidense y yo fuésemos lo suficientemente delgados podríamos caber los dos.

El trauma con mi peso nació en Brasil y se crio en los EE. UU., igualito que yo. Allá, cuando tenía siete años, *mamãe* vigilaba todo lo que comía, y las tías y las señoras de la iglesia a menudo decían que más me valía que perdiera peso antes de que me hiciera señorita. La obsesión de mi madre con mi cuerpo era un reflejo de su propio trauma. Cuando joven, luego de que su mamá muriera, se fue a vivir a casa de una tía que no le daba de comer si le parecía que se veía gordita. La comida no era sustento sino un premio. Con sus hijas, la neurosis de mi madre encontró un nuevo blanco. Mi hermana y yo tomábamos tés de dieta y pastillas para adelgazar incluso antes de alcanzar la pubertad.

Cuando estaba en sexto grado —vivíamos ya en Georgia—, me puse en fila con mi grupo de la escuela para sacar unos libros de la biblioteca. Alguien me dio una nalgada, me giré y me encontré con Bruno 4, el cuarto y peor Bruno que entró en nuestro grupo, que me miraba con cara de engreído y casi parecía molesto.

—¿Por qué? —fue lo único que pude decir. Los únicos que me habían dado una nalgada en la vida habían sido mis padres y, alguna que otra vez, mi hermana cuando jugábamos. Bruno 4 se encogió de hombros.

—Tienes un trasero grande.

—Oh —giré la cabeza para echarle un vistazo, como si fuera la primera vez que me daba cuenta de ello, como si fuera una extremidad adicional que había crecido de la noche a la mañana.

De ahí en adelante, no podía dejar de pensar en mi trasero. Comencé a colgarme los suéteres de la cintura. Lo comparaba con el de mis amigas. Las palabras «culo grande» me obsesionaron. En la cultura brasileña, tener un trasero grande es normal, pero yo ya no estaba en Brasil. Estaba en los Estados Unidos, donde tener el trasero más grande significaba que eras una persona gorda. Nadie quiere eso, sin importar a cuál cultura uno pertenezca. Ser indocumentada y tener un cuerpo más voluminoso ponía énfasis en los problemas.

Control. Invisibilidad. Eran cosas a las que debía aspirar en mi cuerpo y en mi existencia por causa de mi estatus inmigratorio.

Caber significa ser lo suficientemente pequeña.

2

Mi mamá me apuntó en los Weight Watchers cuando estaba en octavo año de secundaria. Era la más joven en las reuniones grupales y me avergonzaba de que mis amigas en la escuela se enteraran. Hubo momentos durante los cuales no pensaba que hubiera nada malo con mi cuerpo, que quizás mi tamaño era normal. Después de todo, casi nunca comía comida chatarra, no tomaba refrescos y nunca comía fuera de casa. Pero esos pensamientos eran eclipsados por el conteo de calorías y la búsqueda de un ideal que en realidad no podía visualizar.

En preparatoria, *mamãe* decidió que ya no me compraría ropa de mi tamaño. En cambio, comprábamos pantalones que me quedaban pequeños como incentivo para que perdiera peso. Una vez le expliqué este sistema de recompensas a mi amiga Jessica y me miró como si estuviera loca, no como si fuera innovadora y lista. Así que dejé de mencionarlo a los demás. Perder peso era bueno, pero hablar sobre perder peso no lo era.

Si no estaba haciendo la última dieta de moda, sabía que existía. Incentivada por mi madre, leí los libros, tomé las pastillas dietéticas, medí el arroz y las habichuelas, me aseguré de que el pedazo de carne que comía no fuera más grande que la palma de la mano.

Desde luego, la táctica para perder peso probó ser un acto fútil una y otra vez. Perdía peso, pero lo volvía a aumentar y con creces.

Mi clóset estaba lleno de ropa demasiado pequeña que se burlaba de mí.

3

Crecer como indocumentada en Georgia hizo que ansiara seguridad sobre todo lo demás. Las estrictas leyes antinmigratorias del estado están creadas para hacernos la vida tan intolerable a inmigrantes como yo que terminamos por autodeportarnos. Por ejemplo, cuando era adolescente, la Junta de Regentes decidió obligar a todo estudiante indocumentado a pagar la matrícula de los estudios superiores como si fuera no residente del estado. Aun cuando el presidente Obama firmó la DACA, el liderato de Georgia rehusó cambiar su política. Por fortuna, pude costearme algunos cursos en un *community college* después de terminar la escuela superior. Cuando fui a la orientación, el consejero intentó convencerme de tomar clases de inglés como segundo idioma, aun cuando tenía cursos avanzados de inglés. Terminaron obligándome a tomar la prueba de competencia en inglés a pesar de que sabían que había estado en el sistema educativo público de los EE. UU. desde segundo grado. En cada paso que daba, los estudios superiores parecían un logro inalcanzable.

En su campaña publicitaria, nuestro actual gobernador se monta en una camioneta y dice: «Tengo una camioneta grande por si hace falta que haga una redada de criminales ilegales y los lleve yo mismo al lugar de donde vinieron». Arranca la camioneta y muestra su sonrisita burlona a la cámara. «Sí, eso mismo acabo de decir».

Nunca me he sentido parte de mis clases de estudios superiores, ni siquiera de las de un *community college*. Este país y este estado me lo han dejado muy claro. Cada vez que he estado dentro de un salón de clase, en un congreso, en espacios en los que mis padres jamás han estado, ha sido porque yo misma me he hecho un hueco ahí y he llevado mi propia silla. Es difícil pensar que el sistema cambie. Aunque ahora nuestros senadores en el Congreso son ambos demócratas, el gobierno local de Georgia sigue siendo republicano y antinmigrante. Siempre ha sido más fácil imaginar que yo cambie que lo contrario. Puedo practicar y hablar sin acento. Puedo mantenerme invisible. Puedo adelgazar, hacerme más pequeña y menos amenazante.

Puedo asegurarme de que no haya razón alguna para que me teman.

4

Mi trastorno alimentario empeoró en la universidad. *Mamãe* empezó a pagarle a Kelly, una mujer blanca de la iglesia sin ningún tipo de cualificación que se hacía llamar «entrenadora», para que vigilara mi alimentación y ejercicio. Mezclaba versos bíblicos con el entrenamiento y me recordaba que la delgadez era señal de autocontrol y que ser gorda era glotonería. Yo repetía la 1.ª de Corintios 9, 27 como un mantra: «Disciplino mi cuerpo como lo hace un atleta, lo entreno para que haga lo que debe hacer. De lo contrario, temo que, después de predicarles a otros, yo mismo quede descalificado». Una persona gorda no puede predicar a los demás sobre Dios, decía la entrenadora. Su gordura es una señal visible de pecado. Ser flaca era ser santa; ser gorda no. Bajo su tutela, me convertí en mi versión más delgada: una talla 9 holgada.

Yo misma me pesaba todos los sábados y enviaba los resultados a Kelly. Si el número no disminuía lo suficiente, sollozaba. Los hombros me temblaban como si hubiera perdido a un ser amado. Las mañanas del sábado decidían si tendría un fin de semana divertido o si me encerraría en mi habitación, lejos de toda comida y de la gente.

Un sábado exitoso, cuando *mamãe* estaba sentada en la computadora del pasillo, le dije:

—Mira —mostrándole cómo por fin los pantalones me servían—. El plan es llegar a una talla 6 para que, si engordo un poco, todavía no alcance la decena.

—Minha flor —dijo mirándome. Estiró la mano y me tocó la cintura—. Si decidieras dejar de perder peso ahora mismo y te quedaras en ese tamaño serías perfecta.

No podía respirar. Confundida, me fui corriendo a mi habitación. Esto, que mi madre me dijera que no tenía que perder más peso, era lo que había ansiado escuchar toda mi vida. ¿Qué no? ¿Entonces por qué no me sentía aliviada?

Me miré en el espejo. Dijo que esto era suficiente. Que era perfecto. Aún me rozaban los muslos, siempre lo harían. Mi hueso pélvico apenas sobresalía. Cuando me acostaba sobre la cama a dormir sentía las costillas sobre el colchón. Mi trasero seguía siendo grande, pero nadie me llamaría «culona». Quería correr afuera y gritar o chocar contra algo con mi cuerpo entero. Quería explotar con toda la rabia que llevaba contenida. Pero me la tragué.

Engordé de nuevo, claro que sí. Igual que antes y mucho más.

5

Mi trastorno alimentario nunca tuvo nada que ver con vomitar. Oh, claro, lo intenté. Pero era cantante y había leído que vomitar hacía daño a las cuerdas vocales y, como era una buena niña cristiana, no iba a hacerle daño a mi instrumento adrede. No vomito nada de lo que como, así que es difícil saber cuándo los síntomas del trastorno están volviendo a manifestarse durante la recuperación. Son como reflejos aprendidos. Y se sienten bien.

En ocasiones, siento punzadas de hambre y, gozosa, las ignoro. Espero a sentirme hueca y liviana. Cuando tomo agua, puedo sentirla chapotear en el vacío. Así deben de sentirse los huesos huecos de un pájaro: la ligereza, el dolor, como si te estiraran hacia arriba en un vuelo. Cuando espero tanto tiempo, comer se siente incómodo. Cualquier cosa sólida se siente como piedras que me lastran.

En las cuentas de redes sociales brasileñas para fomentar la delgadez hay una moda nueva llamada barriga negativa. Las mujeres —siempre son mujeres— se retratan con un ajustador deportivo para mostrar cómo sus costillas sobresalen más que sus estómagos. La piel se hunde y luego surge de nuevo sobre el hueso pélvico.

Como la curva de la luna cuando está menguante.

6

Ocupo un espacio que le pertenece a un ciudadano estadounidense.

La primera vez que supe que tenía un trastorno alimentario estaba en un grupo de terapia y la terapista dijo: «Todos en este grupo tienen un trastorno alimentario», usando un tono directo. Todo el mundo asintió como si ya lo supieran. Pero yo me sentí expuesta. Un trastorno alimentario sonaba como una etapa vana y risible que experimentaría un adolescente. Los trastornos alimentarios dejan a las mujeres demacradas; huesos con piel colgante. Pero yo no era ni siquiera una delgada normal. Ni siquiera era suficientemente buena en mi padecimiento de un trastorno alimentario.

Sorprendentemente, si Donald Trump no hubiera sido presidente, yo no habría comenzado a recuperarme de mi trastorno alimentario. En 2015, cuando comenzó a hacer campaña, decidí sincerarme con todos sobre mi estatus inmigratorio. Comencé a decírselo a mis amigos más cercanos, luego a conocidos, luego lo publiqué en las redes sociales. Pensaba que la gente no tenía referentes y que mientras más aprendiera, menos odio mostraría. Sobre todo, pensaba esto de mis amigos y colegas cristianos. Sin duda, una fe que me había criado para ser hospitalaria y mostrar bondad hacia los desconocidos habría inculcado los mismos valores a mis hermanos creyentes, ¿no? Sin embargo, los resultados electorales me hicieron ver lo equivocada que estaba. Caí en un abismo y me vi obligada a buscar terapia profesional, no sólo consejería cristiana.

En terapia aprendí que los trastornos alimentarios no siempre significan perder o ganar peso. En realidad, no tienen nada que ver con la comida. En mi caso, mi trastorno surgió de la necesidad de controlar algo. De tener el poder de decisión sobre algo en mi vida. Y el deseo de ser delgada, sí, incluso raquítica, era una necesidad de invisibilidad. Yo quería poder caber debajo de mi cama. Yo quería esconderme tras un poste, escurrirme en un borrón como hacen los tramoyistas en una obra de teatro. Eso era seguridad. Ser indetectable es ser un inmigrante seguro en los Estados Unidos.

Pero mi cuerpo nunca me lo ha permitido.

7

Pertenezco a cualquier espacio en el que estoy simplemente porque lo ocupo.

Esto es algo que aún intento aprender. Crecer indocumentada, desde los siete años hasta el presente, me ha causado mucho más daño del que hubiera anticipado. Sigo yendo a terapia con regularidad, y mi terapista dice que el hecho de que yo sea indocumentada es un trauma complejo, una experiencia abusiva, traumática, de gran alcance y continua que causa efectos a largo plazo. Haberla clasificado de esa forma valida los problemas verdaderos que ha traído. Después de todo, mi trastorno alimentario no se puede separar del hecho de que yo sea indocumentada.

Luego de años de terapia, ahora comprendo que no existe una versión perfecta de mí que este país pueda aceptar. No existe número en la báscula. Nunca seré lo suficientemente pequeña. Pero quizás se supone que mi inmensidad me haga menos apologética en cuanto a ocupar este espacio ilícito. Como si mi cuerpo se rebelara antes de que yo lo hiciera. Quizás es un «vete al carajo» al Hombre ese. Al darme paso a mí misma, podría extenderme en mi inmensidad, vestir sólo enormes estampados, listas horizontales, telas vaporosas, sin nada que me detenga. Podría alcanzar con toda mi anchura el mundo que me rodea, sin correas, sin muros, sin fronteras, y romper las costuras y los ríos.

Quizás así sea como voy a caber.

Aline Mello es escritora y editora, y vive en Atlanta. Su primer poemario, *More Salt than Diamond*, fue publicado en la primavera de 2022. Inmigrante brasileña, es becaria de Undocupoet y sus poemas han sido publicados en revistas como *The Georgia Review*, *The Indiana Review* y *The New Republic*, entre otras. Dedica gran parte de su tiempo a servir en las comunidades de inmigrantes y a preparar a estudiantes indocumentados para que puedan acceder a estudios superiores.

t. jahan

Cualquier día de éstos

Retumba como un tren que se aproxima.
Escucho los golpes en la puerta.
Nos encontraron. Salgo por la ventana en un camisón
andrajoso con manchas de sangre seca entre rosas
púrpura. Comprimo mi cuerpo rollizo y
pequeño a través del hueco
sobre el aire acondicionado destartalado.
Corriendo por la oxidada salida de incendios, de escape,
escapo y miro por encima del hombro izquierdo. Aún
me persiguen. Saltando balcones, invadiendo hogares y
pasando de techo en techo, miro por encima del
hombro derecho. ¿Dónde está mi familia?

Despierto jadeante.
El mismo sueño una y otra vez, y otra vez.
Tengo cuatro años,
quizás cinco,
quizás seis,
quizás veinte.

t. jahan

Cualquier día de éstos, ahora, cualquier día
de éstos, ahora, voy a regresar
al lugar de donde vine.

[<<] FLASH [<<]
Fotografías tamaño pasaporte
Sin sonreír. Sin atreverte a pestañear.

[<<] BACK [<<]
al lugar de donde vine
Escribe tu firma así. Párate derecha así.

Mary Janes en los pies, inversos.
Tengo ocho años.

Es la primera vez que llevo los zapatos al revés y —suspiro—
llevo horas de pie. Pero, shhhhh, hasta que las autoridades
migratorias me den permiso ni me siento, ni descanso, ni
respiro, ni hablo.

Todavía no, todavía no. Ni testigo ni víctima.

Aunque PRESENTE
(en mi cabeza le grito a mi maestra de tercer grado
que por fin ha aprendido a pronunciar mi nombre)
me han marcado AUSENTE en la escuela.

Mami y papa, sus largas sombras a mis espaldas.
Estoy de pie ante el juez de inmigración.

¿Eres niño o niña?
escucho en un inglés contrariado e incómodo.

তাড়াতাড়ি, *rápido, ponle una diadema a esa niña.*
oigo en un bengala ansioso e inquieto.

Porque ellos son los que deciden,
ellos son los que deciden, ellos son...

[>>] FLASH [>>]
[>>] FORWARD [>>]
a esa noche,
a la noche siguiente y a cada noche después de ésa.

Estoy en la cama, los ojos cerrados, apretados, las
manos entrelazadas. Estoy cansada, pero tengo que
convencer a El Único. Escúchame. Te lo suplico. Por
favor, por favor, por favor, permite que me despierte en
otro lugar. En cualquier lugar. Anímame y transfórmame
en el personaje principal, una niña joven en Kanto con
nombre de flor de cerezo. Una niña con un corazón
cariñoso y ambicioso que reclamará sus alas y el derecho
a su destino. Amante y amada por la gente. Protegida,
pero libre para volar.

t. jahan

El mismo sueño que se repite y se repite.

      Tengo nueve años,

          quizás diez,

              quizás once,

                    quizás diecinueve.

Porque la imaginación ya no me sirve. Porque la biblioteca sólo me deja sacar 25 libros a la vez. Porque los cuentos no tienen por siempre jamases. Porque es domingo y la televisión nacional intenta venderme *wondermops* y *superfryers*. Porque la luz roja parpadeante de mi *gameboy* indica que me voy a quedar sin baterías.

Por eso, deja que me duerma y que me despierte en un lugar totalmente distinto y que sea por siempre.

[<<] UNA [<<]

[<<] Y OTRA VEZ [<<]

tengo tres años y medio.

En la esquina de una fotografía aparezco de pie en un apartamento atestado en la ciudad de Nueva York, sin saber a dónde pertenezco tras haber sido transportada de un hermoso y frío país en Europa que no me ha dado ningún derecho natural. En el centro, aparece papa sentado, sudoroso y sonriente, el asalariado oficinista convertido en trabajador de chapuzas. Acunado en sus brazos firmes, un bebé-ancla y el pasaporte-santo-grial.

[>>] SALTAR [>>]

a cuando tengo siete años.

Mami y papa nos enseñan a mi hermano y a mí con un
sentido de urgencia:

1. *Los amigos no son importantes.*
2. *No se encariñen demasiado, que quizás tengamos que irnos.*
3. *Debemos mandar todo el dinero más allá de este lugar que
   quizás no nos permita quedarnos.*

[>>] SALTAR [>>]

a cuando tengo diez años.

*Olvídate de esas cosas que te hacen sentir bien, como el
Nintendo 64, las clases de piano y los* poptarts. *Tenemos que
drenar las aguas de nuestra madre patria y construir un edificio en
algún lugar de una ciudad abarrotada de gente, llamada Daca, y
llamarlo «La torre de los sueños».*

[ ] SALTAR [ ]

a nunca.

Nunca viviré en La torre, aunque mis fotografías adornarán
sus paredes como si fuera de la realeza. Los sueños nocivos
avivados por el espíritu empresarial 'murrican que construyó
un escape, un escondite disfrazado de éxito. Qué romántica
esa forma de supervisar una fosa de chabolas de hojalata.

[>>] UNA [>>]
[>>] Y OTRA VEZ [>>]
tengo diecisiete años.

En una empinada loma de hormigón, poco antes de una
partida esperanzadora a la madre patria, comienza una hostil
contienda de poder contra el amado hombre que una vez
llamé «papa». Me aferro al santo grial,
    suéltalo, suéltalo, suéltalo. Y él tira de los derechos
de propiedad de La torre de los sueños,
    devuélvelo, devuélvelo, devuélvelo.

Papa huyó antes de que llegara la policía. *Tú te quedas aquí
y yo me voy allá*, un trueque violento en el que nadie gana.
Una mujer empática sonsaca las faltas de nuestra familia
disfuncional. Me envían a la ya familiar sala de emergencias
para que me enderecen el meñique. Otra Orden de
protección sale del Tribunal de familia de Queens hacia
alguien que ha renunciado a sus sueños de ciudadanía.

[>.<] ¡CÓMO! [>.<]
[>.<] Y ¿POR QUÉ? [>.<]
tengo dieciocho años.

Mary Jane en la cabeza, al revés.

Me envuelven anhelos y preguntas. Los espíritus burlones
encuentran tierra fértil en mi cabeza y se enraízan en ella.
Sueños, inalcanzables, se convierten en humo y vapor. Me

estrangulan. Busco ayuda, por si las manos sanadoras se
escabullen.

[>>] Y ENTONCES [>>]
[>>] Y ENTONCES [>>]
tengo veintiún años.

Y sé que soy una de las afortunadas, todavía.

En algún lugar de Long Island, me convierto en
ciudadana naturalizada.

En algún lugar de «La torre de los sueños», me convierto
en la hermana mayor de un medio hermano al que nunca
he conocido.

[__] Y AHORA [__]
[__] Y AHORA [__]
hago una pausa en mi mente y ralentizo
[>>] [.5x] [>>] mi respiración.

Dicen que nuestras almas están equipadas con todo lo que
pueden cargar. ¿Qué tal si escogiera esta vida como si fuera
una niña con todo el dinero del mundo en una juguetería?
*Aquél. Aquél de allá. Qué mucha mierda. Éste definitivamente me
gusta.* ¿Qué tal si éste fuera el mundo que me concediera la
entrada luego de tanta súplica?

¿Efectivamente? Nos podríamos
preguntar sin entender.
Efectivamente, te pido que lo pienses.

Porque recé cuando ni siquiera entendía a El Único
y le pedí que me convirtiera en un puñetero personaje
animado cuando tenía nueve años. Porque pedí desafiar a
la naturaleza y a la física cuando tenía diez años. Porque lo
que buscaba era escapar, descansar, cuando tenía dieciocho
años.

Pero eso me habría sacado de mi ruta, de mi propósito,
de mi vida.

Oprime [>>] *fast forward* [>>] en mi alma,
Me he despertado, las manos aún entrelazadas,
animada y transformada.
A veces era jodido, sé que no todo fue
mi culpa, pero qué tal si...

Salgo por la ventana   con
                        rosas púrpura.   mi
    cuerpo   pequeño   sobre   el aire

Corriendo por   incendios

                                        Saltando
            pasando

Despierto

DONDE SOMOS HUMANOS

Tengo cuatro años,
quizás cinco,
quizás seis,
quizás veinte.

ahora,   ahora,   *regresar al lugar de*
donde vine.

[<<] FLASH [<<]

sonreír.   *atreverte a pestañear.*

Escribe tu firma   *Párate*
derecha

en los pies,   versos.

Es la primera vez que

me siento,   descanso, ni respiro, ni hablo.

Estoy de pie ante el   juez

Porque ellos son los que deciden,
ellos son los que deciden, ellos son...

t. jahan

---

t. jahan, quien forma parte de la diáspora desi, escribe, enseña y sueña con transcender todas las barreras políticas y lingüísticas. Por estos días, escribe una novela que transcurre durante la década de 1970 en Bangladesh, un libro de cuentos para niños y narraciones y memorias, con el fin de concienciar sobre las experiencias inmigratorias y de diáspora de las personas asiáticas. Su obra ha sido publicada en *The Margins*, la antología *DREAMing Out Loud* de PEN America, *The Journal*, entre otros medios. Es pianista autodidacta y se toma muy en serio los aforismos de las bolsitas de té.

Julissa Arce

No era de su mundo

Mis compañeros analistas y colegas sénior de Goldman Sachs se quedaron sorprendidos cuando les dije que nunca había ido a esquiar.

—¿CÓMO? ¿Hablas en serio?

—¿Cómo es posible, J?

No podían imaginarse que hubiera gente que no creció gastando una pequeña fortuna yendo de vacaciones a Aspen. Muchos de ellos aún tenían tarjetas de crédito de sus padres o vivían sin pagar renta en segundas viviendas en Manhattan, mientras que yo compartía con una compañera un apartamento de una sola habitación. Ni se me ocurriría decirles que, de pequeña, tuve suerte de poder ir a las playas sucias de Corpus Christi, el pueblo de Texas en el Golfo de México, y quedarme en un Motel 6. Cuando mi familia podía derrochar el dinero, quedarse en La Quinta Inn era como, *¡guau!*

Wall Street era un mundo de fiestas lujosas, el parqué, los viajes de negocios que incluían estadías en hoteles de cinco estrellas, tan distinto al mundo en que yo me crie. Sin embargo, bien conocía la importancia de encajar. El éxito en los Estados Unidos no se obtiene únicamente trabajando con empeño. Hay que aprender a encajar. A pesar de que ocupaba el mismo puesto que mis colegas blancos, a menudo me confundían con la ayudante de oficina. Compraba en las mismas tiendas de alto nivel, pero me recibían con sospecha. En una ocasión una vendedora me quitó un collar de las manos y me preguntó: «¿Tú sabes lo que es Prada?». En una salida con el equipo del trabajo a un restaurante lujoso un grupo de gente blanca me pidió que les llevara agua cuando regresaba a mi mesa después de ir al baño porque pensaron que yo era la mesera.

No quería quedar atrapada en el vano atolladero de dinero y más dinero de Wall Street, pero tenía que averiguar cómo actuar como rica y blanca. Estaba cansada de sentirme constantemente incómoda y fuera de lugar.

Pero aprender a encajar en este mundo era más difícil de lo que pensaba. En verano, mi jefe invitó a un pequeño grupo a dar un paseo en vela al atardecer por el río Hudson en la bahía de Nueva York. Como nunca había estado en un velero, me mareé y me pasé la mayor parte de la tarde tratando de no vomitar la comida y tomando *ginger ale*. Quizás fue bueno que me pasara la mayor parte del tiempo en el caluroso baño pues fue una buena excusa para escaparme de las conversaciones sobre los paseos primaverales en barco por las Bahamas o las quejas de que la vela no fuera un deporte universitario oficial.

Necesitaba encontrar la manera de conectar con mis colegas y armonizar en los momentos de socializar. Hice un repaso mental de todas las actividades que había escuchado mencionar a mis colegas o las que había observado que la gente blanca rica hacía en las películas. Pensé que me gustaría el tenis, pero las clases eran muy caras. Tenía problemas de espalda, así que montar a caballo, otra experiencia que se salía de mi presupuesto, tampoco era posible. Cuando mis colegas me contaron sobre sus planes para las vacaciones de Navidad —los hidromasajes calientes después de un largo día de esquí, el vinito frente a la chimenea, la emoción de deslizarse por las montañas— decidí que esquiar era lo que debía intentar.

Sabía que mi amigo Harry era la persona ideal para pedirle que me acompañara a mi primera aventura en esquíes. Era un esquiador apasionado, con él no tenía que fingir y esconder mi verdadera yo, y confiaba en él.

—Te va a encantar —me aseguró.

En un momento en el que luchaba por encontrar dónde afirmar el pie dentro de un ambiente nuevo y distinto, Harry llegó como caído del cielo. Nos conocimos en 2004 durante nuestro internado de verano, y ahora, un año más tarde, éramos analistas en Goldman Sachs. En una actividad de *networking*, cuando alguien se quejó por el vino, me susurró al oído «Es gratis. ¿A quién le importa?». Y me di cuenta de que devolvía su copa usada a la bandeja en lugar de dejarla sobre la mesa para que los empleados la recogieran.

Harry venía de ese mundo, pero no era de su mundo. Había trabajado en la construcción todos los veranos durante la preparatoria para ahorrar para la universidad, no porque lo necesitara sino porque quería. Cuando le dije que yo vendía buñuelos para poder ir a la Universidad de Texas en Austin quedó genuinamente impresionado. «Yo no quería pedir a mis padres dinero para mis gastos», dijo: «¡pero tú te pagaste toda la carrera universitaria!». Cuando me dijo que su abuela vivía con sus padres le dije: «Eso es bastante mexicano de su parte. Nosotros no llevamos a nuestros padres a hogares de ancianos».

Harry me llevó a las carreras de Belmont Stakes para las que me puse un enorme sombrero y un traje de domingo en colores pasteles. Me sentí tan sofisticada sentada en las gradas, mirando a los caballos salir en carrera y dar largas zancadas en la pista. Hicimos varias apuestas, y la suerte de principiante tocó dos veces a mi puerta.

Me enseñó a bandearme dentro de la élite estadounidense con pequeños gestos. Insistió en que viéramos horas de películas y programas de TV clásicos y bromeaba: «Si no, ¿cómo puedes decir que has vivido?». Tengo que confesar que sentarme en la sala de su pequeño apartamento en Manhattan y ver *Casablanca*, *Butch Cassidy and the Sundance Kid*, *Cuando Harry conoció a Sally* y todos y cada uno de los episodios de *Seinfeld* realmente me hizo sentir que había nacido de nuevo en los Estados Unidos. Las referencias que nunca había entendido de pronto cobraron sentido. Una vez un exnovio me dijo: «Siempre tendremos París», y en ese momento había pensado *¡pero si yo jamás he estado en París!*

Harry me ayudaba a sobrevivir en un lugar que en todo momento me hacía sentir como forastera sin importar lo que hiciera. Ver películas clásicas estadounidenses, desarrollar el gusto por vinos caros, vestir ropa que apenas podía pagar

—pensaba yo— eran cosas necesarias para ayudarme a encajar, a encontrar un sentido de pertenencia incuestionable.

Cuando llegué a los EE. UU. a los once años, pensé que aprender inglés me ayudaría a pertenecer a mi nueva escuela. Había practicado pronunciar las palabras igual que como las pronunciaban las niñas rubias en mi salón de clases. Las imitaba tan bien que luego la gente me decía que me escuchaba como niña blanca, algo que siempre consideré como un halago. Pero un día, en octavo grado, estábamos leyendo sobre animales y apareció la palabra «crocodile» en la página. La pronuncié «cocodrile», parecido a como se dice en español. El salón se llenó de risas. No importaba que fuera estudiante del cuadro de honor: un movimiento en falso y volvía a ser la niña mexicana tonta que era incapaz de hablar inglés. Aún recuerdo cómo mi rostro ardía por la humillación. No quería que eso me sucediera aquí en Goldman Sachs.

Un sábado en la mañana, antes de que el sol asomara el rostro sobre los rascacielos, Harry y yo nos encontramos en Union Square para tomar un camión que nos llevaría a Hunter Mountain en las Catskills al norte de Nueva York. Harry llegó con un *bagel*, un par de guantes adicionales para mí y unos calentadores de manos que yo no sabía que iba a necesitar.

Una vez que llegamos a la montaña, los niñitos güeros en sus adorables mamelucos rosados y blancos me pasaban volando por el lado. Sus caras pálidas y mejillas coloradas relucían de la emoción. Mientras tanto, yo parecía una salchicha congelada dentro de la ropa de esquiar de mi amiga, unos pantalones azules y un abrigo blanco que me quedaban muy apretados. Había ahorrado dinero durante semanas para poder darme el viaje con Harry, pero no tenía lo suficiente como para poder comprar la ropa y desempeñar el papel a cabalidad. Mi salario anual durante el primer año como analista era de $55 000. Eso era muchísimo dinero para una recién graduada de la universidad, pero no suficiente para vivir en la ciudad de Nueva York y hacerme cargo de mis padres, que vivían en México. En el trabajo comía en restaurantes con estrellas Michelin, navegaba en yates y me codeaba con millonarios mientras que en casa raspaba la olla para sobrevivir. A menudo mi compañera de apartamento y yo compartíamos un especial de Sbarro de dos pedazos de pizza de queso y una Coca-Cola para la cena y así poder llegar a fin de mes. Me preguntaba si esos niños en la montaña sabían lo afortunados que eran de crecer en este mundo adinerado: no tener que sentir vergüenza de sí, no tener que cambiar para poder encajar y no tener que sentirse como una vendida por querer encajar.

El instructor, que parecía sacado de un episodio de *Salvado por la campana*, insistía en llamarme «Julie» a pesar de que hice grandes esfuerzos para recordarle que mi nombre era Julissa.

—Es como Julie y Lisa combinados —insistí.

—Okey, Julie —contestaba.

Eso me hizo cuestionarme si la gente en el trabajo me llamaba «J» porque no podía recordar cómo pronunciar mi nombre. ¿Quién sabe? En aquel momento tenía que concentrarme en no morir en un extraño accidente de esquí a los veintipocos.

—Si te asustas, sólo tienes que juntar la punta de los esquís. ¡Como un pedazo de pizza! Eso te va a frenar —dijo el instructor antes de dejarnos hacer nuestra primera prueba.

Me alegré de que Harry no estuviera allí para que no viera lo avergonzada que estaba de comer nieve de desayuno. Lo había convencido de que se fuera e hiciera unas «pistas negras» (término que me explicó durante el viaje en bus a Hunter Mountain) mientras aprendía a ponerme bien las botas.

Luego de que el instructor con cara de niño terminó de explicarme cómo fijar los esquíes, frenar y levantarme cuando me cayera, estaba oficialmente lista para lanzarme montaña abajo. Harry estaba esperándome cuando terminé la lección. Tenía la nariz y las mejillas tan coloradas como las de los niños que me pasaban por el lado volando esa mañana.

—¿Lista? Tenemos tiempo para hacer varias bajadas antes de que el sol derrita la nieve y se hiele —dijo Harry según tomábamos el telesilla que nos llevaría a la parte más fácil de la montaña con pistas de esquí de no más de 25 grados.

—Ajá —contesté nerviosa mientras miraba los pinos cubiertos de nieve y las docenas de personas que se balanceaban de derecha a izquierda según descendían con elegancia montaña abajo.

Harry me explicó que una de las cosas más difíciles era aprender a bajarse del telesilla. Hice lo que me dijo: agarré los bastones con una mano y con la otra me impulsé para bajarme de la silla. Entonces, como si lo hubiera hecho un millón de veces antes, usé mis esquíes como patines para navegar sobre la nieve plana hasta el inicio de la pista.

—¡Tienes talento natural, eso era lo más difícil! —dijo Harry. Titubeé un poco antes de apuntar con los esquíes en dirección montaña abajo—. Tú sólo mírame a mí, y tus esquíes harán el resto —dijo. Esquiaba de espaldas mientras yo lo miraba fijamente y mi cuerpo, no sé cómo, se desplazaba hacia donde él iba. El casco le tapaba el cabello castaño y los lentes de esquí escondían sus ojos verdes, pero una sonrisa cálida templaba su rostro mientras nos deslizábamos sobre la nieve que caía de los árboles.

Según descendía, pensaba en el rocoso estado de Guerrero, México, donde crecí. Mi pueblo natal, Taxco, fue construido sobre una montaña y está rodeado de hermosas colinas verdes. De pronto me di cuenta de que nunca había visto una montaña cubierta de nieve y aquí había docenas a mi alrededor. Algunos picos estaban cubiertos de nubes y el sol hacía que la nieve pareciera escarcha.

Un subidón de adrenalina y un leve cosquilleo, como de incredulidad, me sobrecogieron según me desplazaba más y más rápido montaña abajo. Quería gritar de la emoción, pero contuve la estampida de sensaciones. Mi cuerpo me exigía toda la atención según me balanceaba de derecha a izquierda.

No fue sino hasta que llegamos abajo que mi corazón explotó triunfalmente. ¡Acababa de bajar una montaña esquiando por primera vez! Levanté los bastones al cielo y eché una carcajada tan ruidosa que todos los que estaban a nuestro alrededor nos miraron.

En la oficina, mi jefe me había sugerido que me riera un poco más bajito. Me pareció absurdo que por encima del ruido de las groserías que se gritaban, de las docenas de teléfonos que timbraban y de hombres que daban manotazos en sus escritorios fuera el nivel de mi risa lo que causara alboroto. Y aquí en la pista de esquí, las cejas arqueadas y las miradas de reojo me decían que mi felicidad ofendía a los que me rodeaban. No me importó. Todos deberían haber estado riéndose y brincando de alegría luego de la gloriosa experiencia de descender una montaña.

Luego de varios remontes nos trepamos en un telesilla distinto que nos llevó a un nuevo mundo de posibilidades: las pistas azules. Mientras más subíamos, más hermosas eran las vistas. La población de las pistas se asemejaba al parqué de Goldman Sachs: mayormente hombres, blancos y rígidos. En esas alturas, me preguntaba si alguien pensaba que yo, con mi traje de salchicha y risa ruidosa, no pertenecía aquí. O si presumían, al igual que mis colegas en Goldman, que, si estaba aquí arriba y me codeaba con ellos, ¿sería porque formo parte de su universo? No hacía remo ni jugaba hockey sobre hierba ni squash. Mis padres no habían ido a la universidad. Fueron vendedores ambulantes que vendían de todo, desde joyería hasta *funnel cakes*, para mantener a la familia. El tío de Harry había sido socio en Goldman Sachs. El padre de otro de los compañeros de pasantía era el jefe del jefe de mi jefe. Ser la primera en mi familia en ir a la universidad en los EE. UU., tener este trabajo y estas experiencias era por lo que había luchado toda la vida. Y a pesar de todos los retos que representaba ser indocumentada, estaba aquí haciendo el mismo trabajo que mis privilegiados colegas. Ahora también había alcanzado el pico de la misma montaña.

Pero, aunque me maravillaba la belleza de la blancura que me rodeaba, sabía que no quería que me tragara. No quería que mi risa se desvaneciera. Ya mucho me había costado obtener este trabajo, esta vida que me prometía seguridad económica, pero ¿a costa de qué? Ya había pagado un alto precio por estar en este país y cada día temía más que alguien averiguara que era indocumentada y que trabajaba en Wall Street con documentación falsa. Constantemente me sentía una fuereña en este lugar que era mi hogar. Y lo que no sabía yo ese día en la montaña era cuánto más tendría que sacrificar. Como cuando mi padre falleció en México unos años más tarde. Puesto que aún era indocumentada, si me subía a un avión para estar a su lado, para sostenerle la mano en su último suspiro, podría hacérseme imposible regresar a los EE. UU. Pude haber muerto tratando de cruzar el desierto como muchos otros. Así que me quedé en mi apartamento en el rascacielos del distrito financiero, buscando la aceptación de los blancos ricos a mi alrededor. No pasa un día en que no lamente no haber tomado un avión para estar junto a mi padre. Malditos sean el trabajo, el dinero y el sentido de pertenencia a este país.

Según bajaba por la montaña sentía a la vez una inmensa sensación de tristeza y de alegría. Sentía que tocaba el cielo con las manos. Y desde allá arriba, ¡cuánto más bello se veía el mundo! Según Harry y yo hacíamos nuestra última bajada por la pendiente más inclinada que esquiamos ese día, me centraba en el *zum, zum* que hacían mis esquíes al cortar la nieve. Estaba enganchada. El subidón de adrenalina que recorría mi cuerpo era excitante, terrorífico y liberador.

El lunes después de que Harry y yo fuimos a esquiar, me moría de ganas de compartir mi experiencia con mis colegas. Luego de agarrar un café y un pan tostado con crema de cacahuate, le pregunté a otra de las analistas, una mujer con dientes blancos perfectamente alineados, qué tal había estado su fin de semana.

—Estuvo bien, nada muy extremo. Cené en Nobu el sábado en la noche —dijo—. El tuyo, J, ¿qué tal?

—Pasé el día en Hunter Mountain. ¡Fue maravilloso! —dije con emoción.

—¿No te pareció malísimo? —dijo haciendo una mueca—. Sólo se esquía de verdad en el oeste o en Canadá. Pero para un viajecito, Hunter está bien. Supongo.

Con el pasar del tiempo, y según me acercaba más a mis raíces, me di cuenta de que no importa cuánto empeño ponga en mi trabajo, cuánto éxito logre o cuántos dólares acumule en mi cuenta bancaria, pertenecer a un mundo de blancos no es parte de los dividendos que este esfuerzo rendirá. Cada vez que pensaba en que había hecho lo necesario para convertirme en uno de ellos, me recordaban que la mona, aunque se vista de seda, mona se queda. Y doy gracias a Dios por eso, porque si hubiera seguido queriendo convertirme en uno de ellos, no me habría liberado. En cambio, busqué un sentido de pertenencia más cercano a mis raíces. Me mudé a El Barrio, donde comer tacos no era una excursión cultural. En cuanto salía del *subway* y pisaba la Calle 116, me sentía en casa. Leí libros escritos por autoras latinas brillantes que no se enseñaban en la escuela. A la larga, hasta dejé Wall Street. Sí volví a las montañas otra vez, pero en esta ocasión con mis amigos latinos. Hicimos mucho ruido y fue extraordinario.

Julissa Arce es escritora y activista mexicana y estadounidense. Es la autora *bestseller* de *Entre las sombras del sueño americano* y de *Alguien como yo*. Sus escritos han sido publicados en el *New York Times*, la revista *TIME*, *Vogue*, entre otros medios. Su libro, *You Sound Like a White Girl: The Case for Rejecting Assimilation* (Flatiron, 2022), es un manifiesto en contra de las maneras en que los Estados Unidos exigen la asimilación, pero, a la vez, deniegan la pertenencia, y un grito de guerra para crear un espacio en donde verdaderamente seamos auténticos. Julissa emigró a los EE. UU. de México cuando tenía once años y estuvo indocumentada durante casi quince años. Se nacionalizó como ciudadana estadounidense en agosto de 2014. Antes de convertirse en escritora, desarrolló una carrera exitosa en Wall Street. Fue nombrada una de las «25 mujeres más poderosas de 2017» por *People en Español* y Mujer del año en 2018 por la ciudad de Los Ángeles. Julissa vive en Los Ángeles con su marido y sus dos gatos.

Mariella Mendoza

Montaña a Montaña

En agosto de 2014 monté mi tienda de campaña en la East Tavaputs Plateau. Tenía veinticuatro años. Era la primera vez en mi vida que acampaba. Siempre había sentido curiosidad por la justicia climática y me había apuntado a este viaje que organizó la Utah Tar Sands Resistance para aprender más sobre el proyecto de minería a cielo abierto de la US Oil Sands. Al sureste de Salt Lake City, enclavada entre las Uintas y Moabs, Tavaputs había sido seleccionada como posible lugar para extraer arenas alquitranadas, una sustancia compuesta de más carbono que la mayor parte de los carburantes fósiles que se producen en América del Norte.

La meseta, en peligro de destrucción, era hermosa; los altos y delgados álamos me hacían sentir como si estuviera dentro de un hongo, con sus troncos blancos en contraste drástico con el verde de sus hojas, del cielo abierto azul. Una pequeña quebrada dividía un monte cubierto por dientes de león de otro cubierto por una alfombra de hojas de álamo. A diferencia de los Andes, sobre cuyas montañas crecí andando, la Tavaputs es seca. Sin embargo, estar a esa gran altitud me recordaba aquellas potentes montañas lluviosas.

Los activistas locales de Salt Lake City me habían prestado todo lo que pudiera necesitar: botas de montañismo, un saco para dormir, una tienda de campaña pequeña, pero espaciosa. Tenía la costumbre de dormir sobre la tierra, pero no con tanto aparato. Era una sensación lujosa y poco familiar. Esa noche hicimos una hoguera e intercambiamos historias. Hablaron de sentadas y protestas para proteger los árboles y yo les conté sobre mi vida: la separación forzosa de mi madre cuando tenía doce años por causa de un familiar tirano, mi migración de Perú y mi visa expirada. Sobre dejar ese hogar abusivo sólo para quedarme sin techo a los diecinueve años, obtener estatus de la DACA y encontrar estabilidad por primera vez en mi vida.

Los activistas hablaron también sobre sus familias y me preguntaron cómo me había interesado en la justicia social. Les conté que mi mamá me buscó durante años y que no podía llamar a las autoridades porque yo no tenía documentos y por su propia ignorancia de las leyes de los EE. UU.; de cuánto nos echábamos de menos y de la distancia infranqueable que nos separaba. Los activistas y yo nos quedamos hablando hasta que salió la luna. Había olvidado cómo se sentía ver las estrellas en la noche, rodearse de fuentes infinitas de luz. Estaba oscuro, y una brisa esporádica irrumpía en la noche tibia.

Preparé un altar con semillas de huayruro y un cuarzo rosado. Mi abuela solía decir «nosotros nos acomodamos». Encontramos dónde encajar, construimos un hogar a pesar de todo. Acomodé mis cobijas alrededor del grueso saco de dormir mientras leía las instrucciones que colgaban de la cremallera. Ya me sentía como en casa dentro de la pequeña tienda de campaña anaranjada. Para los inmigrantes indocumentados, «hogar» es un concepto extraño. Para una persona migrante, no binaria y previamente sin techo, el hogar es un cuento de hadas que, al principio, no te crees. Pero ese día, el hogar me encontró a mí, ahí, rodeada de álamos y bajo un cielo alumbrado de estrellas. Al enfrentarme a un proyecto petrolero de miles de millones de dólares contra el cual lucharía durante los dos años siguientes (y más), encontré mi hogar, mi refugio, en la resistencia, en hacer lo imposible, en dejarme sostener por la mano de la tierra.

Al día siguiente nos dirigimos hacia Book Cliffs, más allá de la quebrada, en dirección al lugar de la mina que mis nuevas amistades habían venido a explorar. «No hace falta que vengas si no quieres», me dijeron. «Últimamente han estado arrestando a gente aquí, así es que puede ser arriesgado». *Es aún más arriesgado cuando no tienes papeles*, pensé. Seguí caminando. Quería ver con mis propios ojos por qué habíamos venido. Supe lo que era en cuanto lo vi. Una herida en la tierra, profunda como una quebrada, llena de una sustancia negra siniestra, brillosa y alquitranada. La palabra «maldad» me vino a la mente. Un hueco en la tierra que no debería estar ahí. Se me llenaron los ojos de lágrimas según los activistas a mi alrededor tomaban muestras y hacían fotos. Podía ver en sus rostros la misma repugnancia de verse confrontados con esa monstruosa grieta sobre la meseta. «El dinero», dijo un activista. «El dinero y el petróleo van de la mano».

Regresamos al campamento y nos aprestamos para regresar a la ciudad. Recogí mis cobijas y me las acerqué al rostro. Sentí el olor a tabaco y fogata según las doblaba con cuidado. Recogí el saco de dormir y el altar improvisado que había hecho y me despedí de los álamos. «Volveré» susurré, «lo prometo».

Dediqué los siguientes dos años de mi vida a ayudar al equipo local de la Tar Sands Resistance acampando en el lugar y facilitando talleres en la ciudad. Luego, en el verano de 2016, la mayor parte de los defensores de las tierras indígenas que conocía y yo lo dejamos todo y nos fuimos a Dakota del Norte. A finales de agosto, nuestros amigos nos pidieron que fuéramos al Campamento de Oceti Sakowin para llevarles leña y comida, pero a los pocos días de llegar nos dimos cuenta de que no podríamos irnos. Desde principios de abril, las tribus locales y aledañas habían comenzado a reunirse en la Reserva de Standing Rock para oponerse a la Dakota Access Pipeline que iban a construir debajo del río Misuri y a través de tierras de enterramiento lakota. Ya en septiembre, la llamada a la acción del movimiento #NoDAPL había movilizado a miles de personas a acampar directamente sobre el recorrido del oleoducto, incluso a mí. Mi madre me llamaba seguido y me rogaba que regresara a Utah, lejos de la violencia y brutalidad policíacas dirigidas a los protectores de las aguas, pero yo sabía que no me iría.

Sabía que necesitaba estar allí.

Gente de todas las condiciones sociales de Dakota del Norte daba apoyo a los protectores de las aguas. Había científicos que tomaban muestras de las tiendas de campaña, organizadores que evaluaban los daños causados por los químicos que la policía nos echaba, artistas que creaban pancartas y serigrafías para ayudar a que otros divulgaran lo que pasaba. Por mi falta de estatus legal, a menudo me asignaban tareas dentro del campamento y me pedían que ayudara con la estrategia en los medios de comunicación. He aprendido a lanzar reportajes a los medios con intencionalidad porque sé demasiado bien cómo una narración puede ser malinterpretada. Con muchísima frecuencia los medios de comunicación dominantes se enfocan en una persona en específico o en una situación en lugar de hacer énfasis en la relación entre nuestras comunidades. Cuando separan los problemas e ignoran la manera en que se interconectan, compartimentan nuestras luchas y nuestras historias. No soy sólo una persona migrante que organiza y trabaja en asuntos migratorios; puedo ser una persona migrante que organiza y también se dedica al cambio climático y a apoyar la soberanía de los pueblos indígenas.

Cuando la gente me pregunta por qué me uní a esta lucha medioambiental y me señala que esta tierra ni siquiera es mía, olvida que luchar por la defensa de la tierra y por proteger lo sagrado no es una lucha individual, sino más bien una lucha vinculada con muchas otras. Cuando escogemos combatir este oleoducto, hacemos valer nuestro derecho de defender la tierra sagrada indígena y, a la vez, nos involucramos solidariamente, de manera amplia y práctica, con las comunidades tribales. Si miramos la defensa de la tierra a través de un cristal internacional en lugar de centrarnos en los Estados Unidos, veremos que esta lucha es tan antigua como la colonización misma, al igual que lo es la defensa de nuestra cultura. Todos nuestros ríos se conectan —incluido el Huallaga, el río donde mi abuelo creció en el bosque tropical amazónico— y todas nuestras luchas se conectan, demasiado a menudo, a través de la misma gente que construye el oleoducto y que convenientemente lucra de la opresión de comunidades marginalizadas. No puedo seleccionar una sola de mis identidades, y no podemos ignorar las conexiones entre nuestros opresores y los legados del genocidio. Y si queremos vivir, el capitalismo tiene que morir. No podemos ignorar las conexiones entre el cambio climático, el racismo medioambiental, las grandes empresas y el desplazamiento de migrantes en todo el mundo.

Mi madre no lograba entenderlo de esta manera, aunque la misma lucha se libraba en Perú cuando el gobierno les quitaba la tierra a los andinos nativos para vendérsela a otros países. Me rogaba que regresara a casa. Yo siempre contestaba: «¿A qué casa?». ¿Cómo me podía ir? Entre los inmigrantes que defienden la tierra tenemos un dicho que dice: «La tierra no se vende, se ama y se defiende».

En sólo unos meses, Oceti Sakowin pasó de ser un pequeño campamento a ser una ocupación a gran escala, con banderas de más de cien comunidades indígenas que bordeaban la carretera principal y varios miles de campistas que habían aprendido a arreglárselas, cada cual a su manera, para acampar bajo el frío invierno de Dakota del Norte. Con temperaturas bajo cero, la mayor parte de las tareas incluían cortar leña, forrar tiendas de campaña de tela finísima con cobijas de lana para que los campistas no pasaran frío y palear nieve. Había días que eran más difíciles que otros. Hacia el final del invierno, la gente se cansó y se puso nostálgica. A medida que las tiendas de campaña de plástico caían con las fuertes nevadas, comenzamos a compartir las tiendas de campaña de lona grandes. Luego de cuatro meses de vivir allí, ya tenía una rutina. Me llevaba a la cama una botella de agua y, en la mañana, luego de echar un par de leños al fuego, hervía el agua para derretir el hielo que se formaba en la boquilla del tanque de agua que se había congelado durante la noche. Sólo así podíamos acceder al resto del agua. Había aprendido a siempre preparar café primero. (Como dice mi amigo Mark: «Los protectores de las aguas bebemos muchas cosas, pero lo menos que bebemos es agua»). A pocos minutos de haber puesto la hornilla alguien venía y preguntaba: «¿Cuánto falta para que el café esté listo?». Cuando estaba colado ya había fila en la entrada. ¿Qué se puede hacer? Hace falta estar despierto para luchar contra un oleoducto.

Una noche oscura, la policía decidió atacarnos con cañones de agua colocados sobre el puente de Backwater, algo que nunca antes había hecho. Nos bañaron con agua helada y proyectiles de goma mientras las granadas de gases lacrimógenos nos sobrevolaban la cabeza. Regresamos al campamento por la autopista 1806 ensopados y algunos nos quedamos dormidos codo con codo compartiendo un inhalador. Varias veces nos despertamos cuando alguno resollaba buscando aire. El daño a nuestros pulmones por causa de los químicos del gas lacrimógeno había afectado nuestra capacidad para respirar.

La mayor parte del tiempo suponíamos que el resto del mundo nos había olvidado. «¿Siguen luchando contra ese oleoducto?», imaginaba que preguntaban. En la Tavaputs me había acostumbrado al silencio de los medios de comunicación; en Oceti Sakowin ese silencio era ensordecedor. En medio de este silencio, mi madre rezaba por mí y por mis amistades. Una mañana fría de diciembre le hice una videollamada desde el asiento del pasajero de la camioneta de un amigo. Lloraba.

—¿Qué pasó? ¿Qué sucede? —preguntó. La pantalla se empañó cuando le dije de un solo golpe—. Mami, me voy a casa. Se acabó. Van a construir el oleoducto. No pudimos detenerlos.

En febrero de 2017 se otorgó al Cuerpo de Ingenieros de los EE. UU. una servidumbre para taladrar debajo del río Misuri y se decidió que no era necesario ningún análisis adicional sobre el impacto medioambiental del oleoducto. Las fuerzas de la ley publicaron órdenes de desalojo y comenzaron a atacar el campamento. En una pantalla de televisión en Salt Lake City vi cómo la policía arrestaba con violencia a las personas con quienes había vivido durante meses según destruían el campamento de Oceti Sakowin.

Después de que me fui de Dakota del Norte, mi madre vino a visitarme a mi casa en Utah desde Perú. Su visa había sido aprobada y teníamos ganas de vernos luego de habernos separado hacía más de una década y tras haber pasado los últimos dos años tratando de conocernos por teléfono. La separación de las familias causa mucho dolor. No es fácil reparar un corazón, no se puede coser de nuevo. Los corazones son como montañas, no se recuperan así de fácil de la destrucción. Entre mi madre y yo se había formado un profundo barranco.

Hicimos planes de ir a Moab durante su visita. Quería mostrarle las cosas que me hacían quedarme en esta zona del suroeste, quería que me entendiera. Antes de irnos de Salt Lake, caminamos al pozo de la Sixth Street y llenamos una enorme botella de agua. Caminamos a Liberty Park mientras me escuchaba hablar sobre medicina herbolaria, brutalidad policíaca y la vida en la calle. Con las montañas Wastach a nuestro alrededor, suspiró:

—Este sitio me recuerda mucho los Andes. Es frío, pero no demasiado, y el cielo es tan azul. —Hizo una pausa—. Puedo entender por qué luchas tanto por esta tierra. Es tu hogar. Tu abuela creció en los Andes al igual que tu padre y ahora tú estás en una cordillera distinta, en un valle distinto. —Me miró y frunció el ceño—. Me gustaría que te quedaras en casa en lugar de ir a esos campamentos. Cuando obtuviste la DACA pensé que ya, que eso era todo, pensé que tendrías seguridad después de tantos años sobreviviendo. Pero, al contrario, sigues buscando nuevas batallas, ¿y para qué? ¿Para la gloria de quién lo arriesgas todo?

A la mañana siguiente, antes de ir al Parque Nacional de Arches, me preparó jugo de papaya y café. Desayunamos y me comí un pedazo de choclo que trajo desde Lima.

—Es lo que he decidido —dije entre mordiscos—. Me preguntaste por qué sigo arriesgándolo todo. Es porque es lo que he decidido y vale la pena. Cuando no tenía casa, eso no lo decidí yo, pero en esta ocasión soy yo quien toma esa decisión. —La miré a los ojos y añadí—: No quiero vivir en un mundo donde tenga que esperar a ser libre. Quiero que vivamos en libertad todos y cada uno de los días de nuestra vida, con o sin ciudadanía. Quiero que nuestra gente sea libre, quiero que nuestros familiares sean libres. Estas fronteras partieron en pedazos la tierra y nuestras comunidades y trataron de arrancarnos nuestra identidad y cultura, pero vale la pena luchar por esta tierra. Y por nuestra tierra también.

Más tarde ese día, fuimos al Arches. Mi madre miró con asombro cuando se paró debajo del Arco Delicado. Observé cómo caminaba sobre la arena roja y vi su sonrisa triunfal una vez que llegó a la cima. Las enormes dunas de arena nos rodeaban como torres y el cielo se convertía en una infinidad de tonos de amarillo, luego rojo y después púrpura. Las rocas rojas se perdían en el horizonte sin importar a dónde miráramos; fue reconfortante levantar la mano y ver el color de mi piel en la tierra.

Un par de semanas más tarde estábamos de vuelta en el aeropuerto, despidiéndonos con abrazos, al igual que lo habíamos hecho diez años atrás cuando me fui de Lima. Observé cómo desaparecía por la puerta de embarque y comencé a llorar. Cerré los ojos e imaginé el avión volar sobre las montañas Wasatch, pasar los acantilados Book, sobre la meseta de Tavaputs y los álamos, más allá de las minas de arenas alquitranadas sin terminar; sobre el Arco Delicado, más allá de las fronteras que me atrapaban aquí. En mi mente dibujé una línea a lo largo de la extensa cordillera que conecta Norteamérica con Sudamérica, desde la cordillera del Yukón hasta los Andes, y hasta mi madre, de montaña a montaña.

Mariella Mendoza es artista multidisciplinaria y estratega de medios de comunicación con raíces en los Andes y el bosque de la Amazonía. La obra de Mariella explora su experiencia como migrante *queer* indocumentadx y ha sido publicada en entornos locales, tanto en grabados como en murales. Durante los últimos ocho años, Mariella ha trabajado con múltiples grupos locales y nacionales para desarrollar estrategias de justicia medioambiental, entre ellos el People's Climate Movement, Another Gulf is Possible y la Utah Tar Sands Resistance. En la actualidad, Mariella estudia Diseño Gráfico en Salt Lake Community College y coordina la movilización comunitaria y los medios de comunicación en Uplift, una organización de jóvenes, liderada por jóvenes, que busca justicia climática, con sede en la región suroeste de los EE. UU.

Laurel Chen

POEMAS

TÚ DICES «CIUDADANÍA», YO DIGO QUE UN PAÍS ES UNA CATÁSTROFE

Al modo de Jasmine Reid

Vivimos en una casa más silenciosa que nuestro pánico.
Las ventanas de enfrente son altas y blancas. El cristal
    se retuerce por nuestro deseo.
Cubrimos las ventanas con cortinas, pero el deseo aún
    inunda la casa en verano.
Abro las puertas del refrigerador cuando se caldea por
    nuestro anhelo.
Me arrastro adentro hasta que mis padres dicen que se acabó
    el tiempo.
El anhelo silba, más cálido que el viento o la fe.
Mi padre apaga el refrigerador una noche cuando chirría
    demasiado como las cigarras.
La casa está tan silenciosa, a veces puedo oír los tubos
    enmohecerse dentro.

Mi madre y yo nos cortamos el pelo para que nuestros
flequillos ondulen como banderas.

Me pinto los labios color carmín y sólo uso tonos oscuros de
verde y azul.

Mi hermano espera pacientemente junto al buzón, el anhelo
encorva su figura.

Cuando suena el teléfono, siento cada nota torcerse en el
aire.

Hasta el sonido se tuerce preso al anhelo.

Si extiendo la mano, casi lo puedo tocar cuando silba de esa
manera.

Aguantamos la respiración hasta que nuestros pulmones
vibran como refrigeradores.

Laurel Chen

alborada de la autodeportación

extranjera en cualquier lugar es extranjera en todo lugar,
    extranjera abrazando con suavidad a quienes amo
cuando duermen.

    la extranjera acalla mi llanto
de bebé en la noche cuando pienso en mi madre
    y en las maneras en que rehusamos

a ser amados.
Agente del FBI que lee esto ahora mismo
    he estado pensando en desaparecer

durante mucho tiempo de todos modos.
    hice una *playlist* titulada
canciones de boda sabiendo de sobra que no puedo

    casarme en realidad porque
alguien se tiene que ir primero.
    ésta es la parte más difícil, me parece.

admitir esto. un día estamos ahogando
    las piernas en un baño de agua verdosa
el siguiente estamos buscando

    vuelos de ida desde SFO.
espero a que alguien se autodeporte
    para sincerarme. espero

DONDE SOMOS HUMANOS

a que nos den tarjetas
   verdes antes de celebrar un casamiento gay.
la mañana llega y me visto

   como la hija que mi madre desea:
atrapada en un sostén con varillas, la cara sin pintar,
   el pelo teñido de negro, las piernas

cerradas. cada cavidad de mi cuerpo
   esconde un secreto: pastillas recetadas,
manchas de pintalabios, clavículas

   tatuadas. el género guillotinado.
la apología del género. querida madre, cortaría
   todo el ajo si me creyeras

cuando digo que te amo. cuando digo
   extranjera quiero decir que sé que no
se supone que estemos aquí por siempre.

y quiero eso, también.
   una excusa para bailar
en público una canción que me conoce

de una manera en que tú no, pero ámame igual.
   un amor que se sienta como una falda que me llega
a los tobillos tras un largo invierno

Laurel Chen

de vendarnos
más cerca de nuestra piel.
 lo que sabemos es lo que sabemos

hasta que no. aquí tienes un tazón de caldo de hueso y un
 jarrón lleno de flores frescas que se marchitan.
amar significa dejar

 todo lo que te es familiar atrás, tú
fuiste quien primero me lo enseñó. ¿no te acuerdas?

———————

Laurel Chen escribe y es *queer*/trans/migrante de Taiwán. Miembrx de Kundiman, Undocupoets y Pink Door, se encarga de cogestionar @shoutingpoems en Twitter. Es abolicionista.

Lucy Rodriguez-Hanley

Culpable de tener suerte

La enfermera de turno estaba a punto de regañarme otra vez. Meneando la cabeza, entró y apagó las alarmas que la alertaban de que había tenido un repunte de la presión arterial por tercera vez esa mañana. Una máquina tomaba automáticamente mi presión arterial cada tres horas, aun cuando dormía o intentaba dormir. Estaba en la semana veintisiete de embarazo de mi segundo hijo y en el quinto día de hospitalización en reposo absoluto. Se suponía que serían una o dos noches, pero el médico aún no encontraba un medicamento para controlarme la presión arterial.

—No puede seguir viendo eso, le va a dar un ataque al corazón —dijo la enfermera según apagaba CNN.

Una migrante joven lloraba en el canal nacional por el secuestro de su bebé. Su bebé de dieciocho meses había sido uno de los cientos de bebés que les fueron arrebatados a sus familias durante la tercera semana de la política de «cero tolerancia» impuesta por la administración de Trump.

Nunca había estado lejos de mi hija de dos años hasta ahora. Nuestra rutina para dormir era escuchar a Stevie Wonder mientras yo inhalaba su olor a bebé. Nos susurrábamos «te amo» la una a la otra hasta que nos dormíamos. Hudson era mi bebé milagrosa, concebida tras cinco intentos de fecundación in vitro. Matt y yo fuimos afortunados de poder traer un bebé a casa luego de tantas pérdidas.

Me hospitalizaron la noche después de su segundo cumpleaños, separadas por causas médicas: para darle una oportunidad de vida a mi hijo y para salvar la mía. Me sentía culpable por extrañar a mi hija sabiendo que había madres que no tenían ni idea de dónde estaban sus bebés. Hudson estaba a salvo con su padre en nuestra casa en Long Beach, a apenas veinticinco millas del hospital. Teníamos suerte. No me atrevía a quejarme, ni siquiera en privado. Una nunca sabe cuándo se le va a acabar la suerte.

Por la noche, en mis sueños, escuchaba a Hudson llamarme y sus gritos se mezclaban con los de la madre migrante que llamaba a su bebé. Entonces, aparecía mi madre. Su fantasma se sentaba en la silla de visitantes. Había muerto cuatro años antes, pero era su versión más joven quien estaba ahí conmigo; la mami joven que nos había dejado a mí y a mis tres hermanos cuando ella y papi migraron a los Estados Unidos desde la República Dominicana. Mi mami se sentó a hablar conmigo la noche antes de marcharse y me dijo que ella y papi se iban a Nueva York. Una vez que tuvieran trabajo y un apartamento, me traerían a mí y a mis hermanos. Al otro día, tía Vichy nos llevó al cine. Estábamos emocionados de ver *La niña de la mochila azul*. Pero justo antes de que comenzara la película, tía susurró: «Ya se fueron tus padres». Se me hizo un nudo en la garganta. Mis padres se habían ido. ¿Volvería a verlos otra vez?

En mis sueños todos nuestros llantos —el mío, el de mami, el de la madre migrante— se fundían en una sinfonía de sufrimiento.

Quitaron el televisor de mi habitación. Dejé de seguir las noticias en las redes sociales por órdenes médicas. A cambio, me dejaban pasar una hora en el balcón. Desconectada de las máquinas que medían mi presión arterial y los latidos de mi hijo, los únicos pitidos que escuchaba eran las bocinas de los autos en Wilshire Boulevard. Suspendida sobre la ciudad, me di permiso para llorar. ¿Por qué tenía que pagar un precio tan alto por querer tener otro bebé y darle a mi hija un hermanito? ¿Por qué las madres que sacrifican y arriesgan todo para pedir asilo en *the land of the free* pierden a los mismos bebés que buscan proteger? ¿Por qué el sufrimiento está tan profundamente grabado en la maternidad?

Tenía el dinosaurio anaranjado de Hudson y sus tacitas de té rojas con platos azules colocados en la ventana cerca de mi cama. Me hacían sentir más cerca de ella cuando no estaba conmigo. Durante el día hablábamos por FaceTime. Siempre se acercaba, besaba la pantalla y preguntaba «¿Mamá?», como si no estuviera segura de saber cómo su mami se había metido dentro del iPad. Abrazaba la pantalla, la besaba otra vez y volvía a lo que había estado haciendo. Los niños migrantes no pueden darse ese lujo. ¿Se despidieron de los padres de quienes habían sido arrebatados? ¿Alguien los consoló cuando lloraban?

Después de pasar cinco días en la habitación de parto, me preocupaba que me obligaran a quedarme hasta que diera a luz. Mi presión arterial era impredecible, y mi médico creía que estaba a punto de que me diera el síndrome de HELLP o preeclampsia, dos trastornos del embarazo que pueden causar la muerte. Si lográbamos llegar a término, estaría lejos de Hudson durante al menos tres meses.

El sexto día, Matt la trajo de visita por segunda vez. La escuché fuera de mi habitación decir a todo a quien veía «Hola, yo Hudson». Irrumpió en mi habitación y corrió a mi cama. Matt le quitó los zapatos y la sentó a mi lado.

—Mami, estás aquí —dijo mientras me agarraba la cara con sus manitas, me miraba a los ojos, me babeaba de besos y hacía saltar las alarmas. Le besé la cabeza; su olor a bebé había sido reemplazado por la esencia floral de su champú de bebé. La acuné y me maravillé de su carita perfecta, al igual que cuando nació.

Al verla, todas las emociones que llevaba encerradas dentro, junto con mi presión arterial, se dispararon como cohetes. Eso preocupaba a mi médico y sugirió que limitáramos sus visitas. ¿Cómo podía mantenerme alejada de mi hija? Hudson regresó tres días después. Esa fue la pauta que Matt y yo acordamos para evitar que su rutina se alterara. Pero, después de que me visitaba, mi presión arterial permanecía elevada el resto del día. Al considerar la posibilidad de morir y el bienestar de mi niño por nacer, terminé por ceder y acepté que me visitara una vez a la semana, tal como lo había sugerido el médico.

Siempre que me quedaba dormida me despertaba oyendo los pitidos de las alarmas que mi alta presión sanguínea habían desatado. En cada ocasión, mi madre estaba en la silla llorando. Me asustaba ver a mami tan vulnerable. Temía hablarle. ¿Su fantasma sabía algo que yo no sabía? ¿Acaso iba a morir en el hospital y dejar a Hudson sin madre?

«Una vez un ruiseñor...». Esa noche el fantasma de mami tarareó su canción de cuna favorita de cuando yo era niña. Llevaba *jeans* y el suéter rosado y blanco en crochet que tenía puesto cuando nos recogió a Ona y a mí en el aeropuerto LaGuardia. Su clásico corte *pixie* marrón era una cascada de bucles que le llegaban al cuello.

—¿Mami, me estoy muriendo? —finalmente tuve el coraje de preguntarle a la aparición. Me acariciaba el pelo como lo hacía cuando era niña.

—No, te estoy protegiendo —dijo mientras besaba mi frente. En vida nunca tuve la valentía de preguntarle por qué ella y papi se fueron como se fueron. Casi nunca hablábamos del tiempo que estuvimos separados. Tres meses después de que partieron de la República Dominicana, mandaron a buscar a mi hermano y a mi hermanita bebé. Tres meses después les seguimos mi hermana y yo.

La azafata aguantaba mi mano y la de Ona según andábamos al carrusel de las maletas. Papi estaba afuera, tras las puertas de cristal, esperándonos. Mami estaba a unos pasos de él y sostenía las manos de Sonja y Rómulo. Temía que si los soltaba se les perdieran entre la multitud. Corrimos hacia papi, que nos cargó y nos llevó adonde mami. Papi agarró a mis hermanos menores para que mami pudiera abrazarnos. Me abracé más tiempo a ella que a papi. Respiré el nuevo olor estadounidense de mami, ansiedad mezclada con jabón Ivory y Jean Naté. Mis padres se arrodillaron y nos abrazaron a los cuatro. Nos apretujamos cual capullo para compensar los seis meses que estuvimos separados. Treinta y cuatro años después finalmente pude entender por qué no se habían despedido.

Di a luz a mi hijo un día antes de las veintinueve semanas, quince días después de que fui admitida al hospital. El día antes de que naciera Charlie, el presidente Trump firmó una orden ejecutiva para revertir la separación de familias. Matt quiso compartir esta noticia conmigo con la esperanza de aliviar algo de la ansiedad que tenía por el nacimiento prematuro de mi hijo. Había pesado menos de tres libras y era del tamaño de una regla. Entre los medicamentos, las hormonas y no saber si mi hijo iba a sobrevivir la noche, sentía que no tenía control sobre nada en mi vida.

El día que me dieron de alta tuve que dejar a mi hijo en el hospital. Pero eché a un lado el remordimiento e hice que Matt fuera a toda velocidad por la autopista 405 hacia donde estaba mi hija. Llevábamos casi tres semanas separadas. Me senté en las escaleras de en frente y esperé a que saliera de la guardería. Me habían hecho una cesárea y no podía cargarla. Corrió hacia mí y me abrazó, zambulló la nariz en mi cuello y me olió como yo solía oler a mi madre. Yo lloraba y ella también. «Mami, estás aquí» no paraba de repetir entre llantos.

Al día siguiente Matt y yo fuimos a la unidad neonatal de cuidados intensivos para visitar a nuestro hijo mientras Hudson estaba en la guardería. De camino a casa, oímos que un tribunal federal había ordenado al gobierno reunir a los niños robados con sus padres. Tenían catorce días para reunir a las familias con los niños menores de cinco años y treinta días para reunir a las familias con niños mayores de cinco. Sabía que el trauma de la separación iba a pesar por siempre sobre esas familias.

Charlie estuvo setenta días en la unidad de cuidados intensivos. Estaba destruida a causa de su nacimiento: el sentido de culpa por no haber podido dar a luz a término, estar lejos de él, no saber si él iba a sobrevivir. Pero nunca me quejé por el agotamiento físico, mental y emocional. A diario conducía tres horas hacia y desde el hospital, y dividía el tiempo entre mis hijos. Me extraía la leche a todas horas para alimentarlo. ¿Cómo podría sentir pena de mí misma cuando mi hija estaba saludable y mi hijo recibía cuidado médico de primera?

Cuando Charlie llegó a casa a fines de agosto ya era como un recién nacido saludable, mi presión arterial se había normalizado y Hudson ya no lloraba cuando salía de casa. Tomó meses deshacer el trauma que nuestra breve separación le ocasionó, una separación en la que estaba segura en casa con gente que la amaba. ¿Cómo y cuándo sanará el trauma que la administración de Trump infligió a miles de niños y a sus madres? ¿Se recuperarán alguna vez esas familias como hizo la mía?

Mi hijo tiene ahora casi tres años. Está saludable y creciendo bien. Cuando lo abrazo, a menudo pienso en la madre migrante que vi en CNN y tengo la esperanza de que sea una de las que tuvo la suerte de que le devolvieran a su bebé.

Lucy Rodriguez-Hanley es escritora de no ficción, cineasta y madre de una niña y un niño. Dominicana de Washington Heights, ahora vive en Long Beach, California. Actualmente escribe sus memorias en las que explora los efectos que la migración, la asimilación y la ira materna ejercen sobre la vida del narrador. Es acérrima defensora de la representación de la mujer y de las comunidades afrodescendientes, indígenas y de color en espacios creativos. Es la coordinadora de Women Who Submit y cofundadora del Long Beach Literary Arts Center, donde colidera el Long Beach Chapter of Women Who Submit.

Emilia Fiallo

Todos los pedacitos

Nunca más te sentirás del todo en casa porque parte de tu corazón
siempre estará en otro lugar. Ése es el precio que se paga por
la riqueza que da amar y conocer gente en más de un lugar.

—Miriam Adeney, *Kingdom Without Borders* (2009)

I

Es una mañana de verano a fines de julio. Una de esas mañanas húmedas que se sienten en la piel, cuando parece que
hasta el ruido da calor. En nuestro apartamento, David y yo
agarramos nuestra carpeta, una minuciosa colección de los
dos años que llevamos juntos, que sirve como prueba de legitimidad de que somos marido y mujer. Hemos practicado
nuestra historia y hemos memorizado una cantidad absurda
de detalles sobre nuestras vidas: números de teléfono y direcciones anteriores, números de seguro social y fechas. Una vez
en el auto, le pregunto a David sobre mis direcciones anteriores. Se equivoca en la primera. Mi ansiedad se intensifica
por el calor del día y el acondicionador de aire, que, a pesar
de estar al máximo, no ofrece alivio alguno.

—Es 2707 East 65th Street, David. Mill Basin, ¿te acuerdas?

No se acuerda de la dirección, pero sé que recuerda los cuentos de las fotos que le he mostrado de los catorce años que viví en Mill Basin con mi familia. Mi hermana mayor abrazando a mi papá delante de nuestro árbol de Navidad. Yo de adolescente con las cejas demasiado depiladas y mis cerquillos laterales. Mi hermana sosteniendo nuestro conejito sobre el pecho con una gran sonrisa. Fotos de nosotros alrededor de pasteles de cumpleaños y los mejores platillos de mami decorando la mesa. Siempre nosotros cuatro. Siempre en casa.

II

En 1998 nos fuimos de nuestra primera casa en Ecuador. Yo tenía ocho años, mi hermana, Mía, era sólo un año mayor. Mi mamá tenía cuarenta y un años. Vinimos para reunirnos con mi papá en Brooklyn. Se había ido un año antes y pronto se dio cuenta de que no podía construir un hogar sin su familia. Nos mandó a buscar y volvimos a estar juntos. Pasados seis meses, nuestras visas de turista expiraron y, de la noche a la mañana, nos convertimos en indocumentados.

A pesar de que comenzamos una vida nueva en los Estados Unidos, mi familia no perdía la esperanza de regresar a Ecuador. Nuestros corazones seguían en la casa que mi padre le había comprado a mi mamá cuando se casaron en la década de los ochenta. Nuestros corazones se quedaron en las habitaciones que dejamos atrás con nuestros juguetes y camas dobles. Y en el patio del frente, adornado con rosales y árboles de aguacate y naranjos que daban fruta todo el año. Nuestros corazones se aferraron a los recuerdos de los parientes que llamaban y hacían la misma pregunta: «¿Y cuándo van a regresar?». Sabíamos que llegaría el momento en que regresaríamos. Fue una idea sencilla y un entendimiento mutuo en nuestra familia durante mucho tiempo. Cuando la vida se nos ponía difícil con un casero injusto, cuando había rumores de redadas más frecuentes del ICE o cuando simplemente nos sentíamos nostálgicos, siempre decíamos: «Un día volveremos a casa».

Las cosas se complicaron durante mis años de adolescente egocéntrica. Cuando tenía quince años, comencé a reprocharle a mi padre por habernos traído a este país sin tener un plan. Su única respuesta era que quería darnos una mejor vida. Pero la respuesta nunca me satisfizo. ¿Vivir indocumentados era una mejor vida? Cuando no pude entrar a la universidad aun teniendo buenas notas, le eché la culpa a él. Cuando no podía encontrar trabajo porque no tenía número de seguro social, le echaba la culpa a él. Las veces que no pude viajar, le eché la culpa a él. El auto que no podía conducir, le echaba la culpa a él. Dirigía todos los proyectiles emocionales de indocumentada a mi padre. Como no podía hacerle daño a este país, le hacía daño a él.

Cuando crecí, aprendí a lamentar el dolor que le causé. A menudo, la vida enseña a los hijos, a la mala, a venerar las luchas de las que antes acusaron a sus padres. Para mi desgracia, mi padre no estaría a mi lado cuando me diera cuenta de ello.

En 2015, cuando tenía sesenta y siete años y después de trabajar doce años en una fábrica de manufactura de bolígrafos, mi padre decidió que era hora de regresar a casa, a Ecuador. Aunque tenía un número de seguro social legal, algo que logró obtener en la década de los setenta en uno de sus viajes a California, supo que nunca iba a poder jubilarse y disfrutar de su pensión por no tener una *green card*. Mi padre envejeció y se fue cansando. Al fin había logrado su objetivo como padre migrante: sus dos hijas se graduaron de la universidad después de años de indocudramas, de no tener suficiente dinero para la matrícula y de que mi madre trabajara sin parar para que lográsemos nuestros sueños universitarios. Mi hermana y yo lo complacimos, y le compramos un boleto de avión de ida para su regreso a Ecuador. Nos sentamos alrededor de la computadora portátil y seleccionamos el asiento mientras papá sostenía su pasaporte y nos veía cliquear en una página web que no entendía. Mi padre se fue en julio de 2015. Escuché a un viejo amigo referirse a la decisión de papá como un tipo de «autodeportación». Otros lo corrigieron y lo llamaron una «partida voluntaria». La familia en Ecuador lo llamó volver a casa. Para mí fue el día en que mi papá se fue de nuestro hogar.

La partida de mi padre me dolió.

La partida de mi madre me cambió.

Con sesenta años, una vez que terminó de criar a todos sus hijos, incluidos los que cuidó como niñera de una familia italoestadounidense, mi madre también decidió irse. Los bebés habían crecido y ya no tenía trabajo. Por tener estatus de la

DACA, mi hermana trabajaba a tiempo completo como paralegal y yo tenía un trabajo como maestra que empezaría en otoño. Sola en la casa la mayor parte de los días y sin empleo, mi madre decidió que era hora de irse confiando en que ya habíamos crecido lo suficiente como para vivir solas.

Cuando se fue, trató de llevárselo todo: su mejor vajilla, los cubiertos, los enseres, la ropa y sus cobijas. Hasta se llevó a Rubí, la perrita de la familia. Si hubiese podido, también habría metido a sus hijas en la maleta.

La casa de 2707 East 65th Street, sin ellos, dejó de ser un hogar.

III

Estoy nerviosa y me desquito con David. Más adelante, el tráfico empieza a congestionarse, y él tiene la tendencia de conducir rápido, lo que me pone más nerviosa. Ambos nos quedamos en silencio. Un poco después, me pone la mano en la rodilla y me doy cuenta de que también está nervioso. Nunca ha sentido la presión de que la vida y los sueños de otra persona dependan de él tanto como en este momento. Ojalá que nuestras parejas no fueran quienes tuvieran que hacer esto.

Al principio, estaba segura de que el poderoso movimiento de jóvenes indocumentados, catapultado por la ley DREAM e intensificado por las deportaciones que no tenían fin, nos abriría el camino que necesitábamos para legalizar nuestra situación y la de nuestras familias. Si no eso, estaba segura de que mi trabajo como estudiante, y luego como maestra, a fin de cuentas, evidenciaría que soy «digna» de obtener los papeles. Si nada más trabajaba con empeño, si nada más demostraba que era útil y esencial, este país nos abriría un camino a mí y a otros como yo. Pero nada de esto hizo que este país volviera los ojos y me mirara.

David y yo nos conocimos vía Instagram. Siempre nos avergonzaba decirles a los demás cómo nos conocimos. Ahora nos reímos y lo llamamos «destino». Yo tenía veintisiete años, lloraba la partida de mi padre y me estaba preparando para la inminente autodeportación de mi madre. David tenía veintitrés años, llevaba una sonrisa permanente en el rostro y conducía demasiado rápido mientras compartía cuentos sobre el lugar amado donde había nacido, el Bronx.

Le conté la historia de mi migración y lo que estaba pasando en casa, cada paso que nos llevó a mi hermana y a mí a tomar la decisión de dejar que nuestros padres regresaran a Ecuador, de cómo estaban envejeciendo y de que con la victoria de Trump sabíamos que todo empeoraría. Los convencimos de que estaríamos bien sin ellos. No queríamos que nuestros padres desperdiciaran sus años dorados en este país. Le conté a David la rabia que me daba tener que escoger entre la vida que mis padres construyeron aquí para mí o vivir con ellos en Ecuador. Compartí con él mi frustración sobre cómo la partida de mi padre debió haberme preparado para la decisión de mi madre, pero sólo me había hecho sentir más miedo.

El día que David conoció a mi madre estaba tan nervioso como ella, pero a mi mamá le cayó bien. Siempre ha favorecido a los chicos. Él le deseó un buen viaje de vuelta a casa.

Mi mamá le pidió que me cuidara. David ha cumplido con su palabra.

—David, ¿y la dirección después de ésa?

—1225 Avenue R.

—Bien.

El primer apartamento donde mi hermana y yo vivimos sin nuestros padres fue en un edificio en el que todo se sentía frío. En ese apartamento en la Avenida R vi a mi hermana llorar. Era la primera vez que sentía que mi hermana —que siempre mostró mucha compostura— perdía el control por la rabia que debió de haber reprimido durante demasiado tiempo. En ese apartamento, nos fuimos alejando en lugar de mantenernos unidas. Ese apartamento fue la incubadora de nuestra tristeza, que explotó a causa de años de rivalidad de hermanas, del dolor de perder a ambos padres y de los miles de problemas personales que nos ocultamos, pero de los que nos culpamos una a la otra.

Mi hermana. No logramos crear un hogar para las dos sin nuestros padres.

Iba a la panadería y compraba cuatro *cupcakes* en lugar de dos. Llamaba a mis padres y les decía que nos veríamos cuando llegara a casa, y luego me corregía a mí misma y les decía que hablaría con ellos luego. Soñaba que estábamos los cuatro juntos y lloraba cuando me despertaba sola en ese apartamento. A veces oía ruidos en la cocina y me parecía que mi mamá estaba allí. Una noche, me emborraché en una salida con David y se me metió en la cabeza que aún vivía con mi mamá. Le exigí que me llevara a casa, a mi verdadera casa en East 65th Street. David se preocupó. Dejé de cocinar.

Dejé de comer en casa. La cocina se quedó vacía. La comida se pudría en el refrigerador. Rompí sin querer una de las tazas que mamá nos dejó y me sentí extremadamente culpable por haber roto una de las pocas cosas que había dejado. Conservar sus cosas intactas la mantenía cerca de mí.

Ese año, Mía y yo supimos por qué mi padre nos trajo aquí. No era necesariamente para que tuviéramos una mejor vida. No había forma de garantizar eso. Fue el amor de mis padres. Entendí por qué mi papá no podía sobrevivir en este país sin nosotras. La casa no era un hogar si no estábamos juntos. Aun así, mi hermana y yo nos fuimos cada una por su lado para brindarnos la libertad de buscar nuestra respectiva independencia y soledad. Cuando me mudé a mi propio apartamento en Queens, lejos de todo lo que me recordaba a mi casa, me sentí aliviada.

Mientras lamentaba la ausencia de mis padres, David me amó con paciencia y me dio esperanzas de tener un nuevo hogar. Se mudó a mi apartamento de Queens poco después de que yo me mudara.

IV

David y yo recorremos el laberinto del edificio donde tendremos nuestra primera entrevista con el oficial de inmigración. Nos sentamos en la sala de espera y tratamos de distraernos con la televisión. Miramos la pantalla por momentos y nos miramos mutuamente para asegurarnos de que seguimos aquí. No más preguntas. Reina el silencio.

Me fijo en que golpetea rápidamente el piso con el pie izquierdo y se acaricia, nervioso, la barba. Pienso en la posibilidad de volver a perder mi hogar, el hogar con David, mi marido. Pienso en los bebés que decimos que tendremos, pero que evito tener porque no me puedo imaginar un embarazo y la maternidad sin que mi madre esté a mi lado. El perrito (para mí) y el perro grande (para él) que queremos rescatar. Nuestra rutina de *pancakes* y telecomedias los domingos en la mañana. El hogar que llevamos creando durante los pasados dos años nos lo pueden quitar hoy. El día en que me casé hace un año, mi padre no estuvo a mi lado para llevarme al altar. En lugar de ello, caminé sola. El fotógrafo preguntó con sarcasmo que dónde estaba mi familia, como si fuera inconcebible que la novia sólo tuviera tres personas en su boda. En medio de la sesión de maquillaje, tuve que correr y esconderme en el baño para tragarme las lágrimas. Ver a David en el altar me hizo sentir segura.

David inició el proceso de regularizar mi estatus porque la tristeza de echar de menos a mis padres permeaba nuestro hogar, en especial en los días difíciles en la escuela y los festivos que me sofocaban. Cuando le pregunto a David por qué quiere que ponga en orden mis papeles, su respuesta es siempre la misma: «Porque quiero que estés contenta, cariño».

Por fin nos llaman y dejo que David hable primero. Tengo demasiado miedo. Él y el oficial de inmigración empiezan una conversación que rápidamente se vuelve más casual, con lo que mi ansiedad comienza a disminuir. Le facilitamos los papeles y la documentación, las cuentas bancarias compartidas con el poco dinero que hemos podido ahorrar durante el tiempo que hemos estado casados, los impuestos que hemos pagado juntos, el alquiler de nuestro estudio en Queens y la infinidad de otros recibos de una vida en conjunto.

El oficial de inmigración nos pide ver fotos de nuestra boda. Pregunta sobre nuestros viajes. Recuerdo uno a Puerto Rico en que David se cayó de una hamaca y otro día en que casi nos quedamos varados en un monte sin servicio de celular. Nos pregunta sobre nuestros padres mientras mira las fotos de cuando David fue a conocerlos a Ecuador para la pedida de mano. Había ido a ver a mis padres y también llevó a su familia, pues, como era indocumentada, yo no podía ir para presentarle a mi padre y a la familia extendida. El oficial de inmigración nos pregunta sobre nuestro futuro. Nunca nos pregunta sobre las direcciones.

Cuando salimos del edificio cerca del mediodía, David y yo nos encontramos con la hora pico del calor, pero no nos molesta. Quiero ver fuegos artificiales a mi alrededor. Quiero que el cielo se parta en dos y que Jesucristo mismo baje con la bendita *green card*. Quiero que empiece a llover para sentir que estoy en un video de R&B y no poder distinguir entre las gotas de lluvia y mis lágrimas. Pero no lloro. Quiero, pero no puedo. Quiero llamar a todo el mundo y, a la vez, no decírselo a nadie. Llamo a mis padres.

V

Mi *green card* llega por correo seis meses más tarde cuando estaba en un congreso de maestras en la Florida. Cuando David me llama para darme la noticia, de sólo pensar en tener en mano el único pedazo de papel capaz de zanjar la distancia que me separa de mis padres me hace sentir que ahora todo es posible. Pero pienso en mi hermana y la sensación de que nunca estoy verdaderamente entera vuelve a sobrecogerme. Mi hermana sigue indocumentada: toda su carrera y vida en el limbo, una incertidumbre con la que ya se ha familiarizado. Aun así, cuando le doy la buena noticia, salta como una niñita para abrazarme con emoción: «¡Vas a verlos de nuevo!».

Cuando voy a Ecuador después de veinte años, miro a mis padres recoger frutos de sus árboles de aguacate y naranjos, regar las rosas, jugar con sus tres mascotas, las tres rescatadas. Luego de estar todo el día en el jardín, regresan dentro para tomar café y me uno a ellos. Mi hogar está aquí con ellos. Mi hogar también está en Queens con David. Mi hogar también está en Brooklyn con mi hermana. Eso es lo que pasa cuando eres inmigrante: se te rompe el corazón en pedacitos que hacen hogar en distintos lugares y donde todo el mundo extraña tu «yo» entero.

––––––––––

Emilia Fiallo es maestra de educación superior de Lengua y Literatura Inglesa y trabaja con adolescentes migrantes recién llegados. Vive en Jamaica, Queens, con su marido David. Están en el proceso de adoptar un perro.

Julio Salgado

Un momento para dos (2021)

Julio Salgado es un artista visual que casualmente es indocumentado y *queer*. No tener papeles y ser *queer* ha sido el motor del contenido de sus creaciones de arte visual, las cuales representan a personas y momentos clave de la ley DREAM y del movimiento a favor de los derechos de los migrantes. Estudiantes, organizadores y aliados indocumentados de todo el país han usado la obra de Salgado para dirigir la atención hacia el movimiento de los derechos de los inmigrantes. Salgado es el cofundador de la Disruptors Fellowship, una beca inaugural del Center for Cultural Power que brinda apoyo a guionistas de color que se identifican como trans o no binaries, con diversidad funcional, inmigrantes indocumentados o ya regularizados. Su obra ha sido expuesta en el Oakland Museum, el San Francisco Museum of Modern Art y en el Smithsonian.

Francisco Aviles Pino

POEMAS

Fruta

Al modo de Lucille Clifton

Las ramas / no sostienen su fruto demasiado
tiempo / pero mira: mis dedos se elevan / hacia
la luna / después / de recolectar tierra / y saben que los tuyos
apuntan / también / & todo lo que sé de la /
libertad / es que / tiene que ver con muros / portones /
caer / en jardines / que no son / secretos. /
Hay una razón / por la que un árbol da frutos /
enseñar / luchar / poner a prueba la gravedad / y
hacer amigos / con la caída

Unite Here Local 11

Al modo de Ross Gay

Mira: mis manos están hechas de otras manos que fueron hechas de otras manos & esas manos hicieron piezas de auto para la Ford, las manos de mi hermana cocinaron la comida de los dormitorios de UCLA, la pizza y las hamburguesas vegetarianas que llevo a casa, mis manos hacen sus camas en el Hyatt, y en ocasiones no dejan propina cuando desocupan la habitación, siempre me pregunto por qué, pero tampoco me mortifico. Pero no me rendiré, hago bien lo que hago y amo tanto a la gente con quien trabajo que a veces nos reunimos después del trabajo para hablar sobre la justicia. Imagino algo más, imagino a mi hijo en la escuela mejorar en la división. Mi hijo va a Sunkist Elementary, va allí a pie y regresa a casa solo, como le enseñé, centrado y protegido por la oración. Mi hija estudia sociología, toma el bus 42 a UC Irvine y a veces olvida llamarme cuando está de vuelta en casa con su hermano. Mi color es el rosa; mi habitación, una colección de largos suspiros. Mi espejo, un recuerdo de mi mamá, mi ropa y toda la comodidad que me brinda, y la cama donde aferro fuertemente todo lo que soy.

A William Camargo

Francisco Aviles Pino

Oda a los periodistas

Al modo de Safia Elhilo

Son las 4 a. m. una mañana de lunes en Acapulco, Guerrero, México, & antes de ser mi abuelo, Rosario está me-
tiendo periódicos en la parte de atrás de su camioneta con la
ayuda de su hija Paloma. Recorren la colonia a las 5:30 a. m.
en punto, & antes de ser mi madre, Paloma, la mayor de 8
hijos, exclama por el megáfono las noticias del día:

> *encontraron a 6 periodistas muertos y*
> *siguen 8 desaparecidos.*

Un país que no es de nadie, un país llamado México ya no
era seguro,
    así que Paloma huyó de una casa decrépita a otra, pero
necesitó enviar primero a sus dos chicos. Y yo tuve la suerte
de no encontrar una cámara que tratara de fotografiarme en
un hotel,
    sucio y solo con mi hermana, antes del periodismo, sabía
que recordaría los olores y que esta historia siempre importaría & creo que ésta es la razón por la que ahora mi mamá
nunca dice «adiós» en las llamadas telefónicas & por qué
luego de una llamada durante su primer viaje hacia el norte,
teníamos que pagar para hablar con ella luego de eso.

Más de diez años después,

luego de los intentos de migración, entre la separación y algo de asimilación,

mi madre me pide que cambie de canal cuando aparece la noticia en Univision.

Luego de que le dije a mi abuelo que quería ser periodista, se quedó callado durante casi dos minutos y finalmente dijo, *ten mucho cuidado.*

Francisco Aviles Pino es indocumentado, *queer* y escribe y produce en Los Ángeles, California. Su obra se centra en la encarcelación, la migración y la cultura. Ha publicado contenido multimedia para la ACLU, The Intercept, *Vogue*, *OC Weekly* y Brave New Films, y ha asesorado a campañas y candidatos políticos ganadores. Avilés Pino egresó del Macondo Writers Workshop, el NALAC Leadership Institute, la Emerging Writers Fellowship de la Poetry Foundation y de la NCCEP-GUALA Reach Higher Initiative durante la administración del presidente Obama. Trabajó durante cinco años para la Orange County Congregation Community Organization, donde brindó apoyo a un sinnúmero de campañas a nivel local y estatal. También organizó varias coaliciones intergeneracionales. Natural de Acapulco, Guerrero, México, se crio en Los Ángeles y en Anaheim. Como artista, Francisco siempre está pensando y examinando las intersecciones y conflictos entre la historia, el documental, el teatro, la investigación participativa, la poesía y la política pública.

Angel Sutjipto

A su discreción

Al decirte todo esto de esta manera, me resigno y te resigno a la idea de que partes de lo que te digo son confusas. Me importa que entiendas, pero me importa más esconder cosas sobre mí de ti.

—Eve Tuck y C. Ree, *A Glossary of Haunting* (2013)

18 de agosto de 2014: con la espalda encorvada sobre una silla de plástico en la inspección secundaria en el aeropuerto JFK, los codos hincados en los muslos, la mochila pesada sobre los hombros, sostienes tu pasaporte indonesio color verde militar en la mano derecha. En la izquierda, llevas la copia original de los documentos de la DACA y del Permiso Adelantado. Después de pasar diez días con tus colegas gringos en Kampala lo único que quieres es llegar a casa, al estudio en Forest Hills que ni es tuyo ni de tu madre, sino de su marido y de su rabia. La casa nunca ha sido un lugar seguro para ti, sin embargo, extrañas dormir en tu propia cama.

Las advertencias de tu abogado te dan vueltas en la cabeza mientras lees otra vez el texto en negrita de tus documentos de inmigración: «Obtener permiso de permanencia temporal en los Estados Unidos no está garantizado... [el] Departamento de Seguridad Nacional, a su discreción, puede denegarle su permiso de permanencia temporal si determina que aprobar su solicitud de permanencia no atiende al interés público». No hace falta leer entre líneas para reconocer la amenaza. «A su discreción» significa que el gobierno de los EE. UU. puede denegar tu petición de reingreso por cualquier razón. «A su discreción» implica que en un segundo el gobierno puede poner patas arriba la vida que tú y tu madre llevan una década construyendo si piensan que tu presencia no sirve a sus intereses o que es una amenaza a la seguridad nacional. Todas las decisiones son finales e inapelables.

(Muchos años después por fin entenderás el mensaje tras la DACA y el Permiso Adelantado, ambos ejercicios de poder discrecional por parte de la rama ejecutiva. A su discreción: el gobierno de los EE. UU. puede establecer límites de edad y guías arbitrarios para decidir a quién se considera ser humano. Te han deshumanizado durante tanto tiempo que has aprendido a no darle importancia a esta forma de control y de violencia. La que te niega tu total humanidad: el derecho a equivocarte y redimirte sin que te amenacen con la cárcel o con el exilio. La que abre una brecha entre tú y tus colegas in/migrantes, pues la DACA llega a expensas de otros in/migrantes con condenas criminales previas).

En la silla de la tercera fila, la más cercana a la salida, te tensas a la espera de que alguien pronuncie mal tu nombre. Pero lo único que escuchas es el zumbido de la burocracia gubernamental que enmascara la quietud de las vidas detenidas. A un par de asientos al lado tuyo hay una familia sudasiática de tres: el padre enrolla y desenrolla un periódico, su niña yace en el regazo de su madre. Tus ojos se dirigen a un grupo de estudiantes internacionales chinos sentados en la fila de enfrente, luego a los hombres negros y morenos dispersos por el lugar antes de terminar de posar la mirada en una anciana del este de Asia recostada en la última fila. Todos silenciados a causa de nuestra supuesta impotencia.

(Más tarde te preguntarás: ¿por qué no traté de hablar con alguno de ellos? ¿Acaso no me autodefinía como un líder comunitario? ¿Por qué escogí la alienación en lugar de la conexión?).

Con todo y esa bravuconería tuya —tras insistirle al agente de la puerta de embarque en el aeropuerto de Kampala que tu documento de Permiso Adelantado significa que es muy posible que el gobierno de los EE. UU. te permita reingresar, decirles a tus colegas que no te tienen que esperar en el carrusel del equipaje—, lo cierto es que Aún Temes a la posibilidad de que te interroguen, te detengan o te deporten.

El año pasado, tu jefe y mentor te invitó a que fueras a Nom Pen a presenciar los procesos judiciales en las Cámaras Extraordinarias de las Cortes de Camboya. Pero las palabras «No puedo» brotaron de tu boca antes de que las pudieras contener. Llegaste a este trabajo, a la prevención de genocidios y atrocidades en masa, porque creciste sin papeles y necesitabas comprender cómo era que la gente podía ser tan cruel con sus semejantes y creer en la redención.

(Nota de discreción: redímete superando tus limitaciones y acogiendo el colonialismo de asentamiento y la antinegritud).

Hace tres meses, cuando tu jefe te preguntó si querías ir con tus colegas para realizar una investigación sobre derechos humanos en la comunidad LGBTQIA+ en Kampala, que lucha contra la legislación antigay en Uganda, dijiste «sí, quiero». Te habías pasado el año anterior sopesando los riesgos y hablando con dos personas que habían recibido la DACA y habían viajado con Permiso Adelantado. Las dos reingresaron a los EE. UU. sin mucho lío. Pero el miedo y la ansiedad han controlado tu vida durante tanto tiempo que los confundes y los percibes como amigos. No hay nada que pueda apagar esos pensamientos catastróficos en tu cabeza.

(Nota de discreción: si el color de tu piel, discapacidad, trauma complejo o pobreza te convierte en blanco de las fuerzas de la ley y el orden, el gobierno de los EE. UU. dirá que tú mismo te lo buscaste. El abogado de inmigración del gobierno te dirá: «Tenemos todo el derecho de sacarte de aquí en nombre del interés público. Vamos a iniciar el proceso de deportación porque eres una amenaza para la sociedad». Si algo has aprendido de trabajar en el ámbito de los derechos humanos es la ironía de apelar tu propia humanidad a estados nacionales cuando son ellos mismos los autores de la violencia. Como sobreviviente de violencia doméstica, sabes que pedirle a tu abusador que deje de hacerlo no es efectivo, que el abuso deja marcas indelebles en tu mente y que marcharse parece algo imposible a nivel físico y emocional. Te preguntarás: ¿romperá alguna vez los EE. UU. con su ciclo abusivo? ¿Acaso alguno de nosotros estará protegido en algún momento de los arrebatos violentos de este país?).

Ahora, en la silla de inspección secundaria, te preguntas si tus privilegios relativos —el hecho de que no tienes un expediente criminal, tienes elegibilidad para la DACA y un trabajo en la universidad— serán suficientes para protegerte.

Sabes que no hay mucho que pueda proteger a los cuerpos negros y morenos ~~en~~ de este país. Cuando llegó a Kampala la noticia del asesinato de Michael Brown Jr. en manos de la policía, uno de tus colegas blancos se preguntó en voz alta si los «disturbios» podrían efectuar un cambio positivo. El abismo invisible que siempre has percibido entre tus colegas y tú como la única persona *queer* y de color en el equipo de repente parece imposible de zanjar.

(Al año siguiente, una de tus supervisoras dirá que está contenta de trabajar con personas que solicitan asilo porque son ángeles. Las palabras acalladas permanecerán en el aire: porque los in/migrantes con condenas criminales se merecen que los deporten; porque defender a in/migrantes con condenas criminales acapara demasiados recursos y demasiado tiempo. Comenzarás a sospechar que, a pesar de que tus colegas llegaron a este trabajo con buenas intenciones, ninguno había confrontado su propia blanquitud ni escrutado sus propias intenciones. Los proyectos que manejas comenzarán a apestar a neocolonialismo y a complejo de salvador blanco. Te darás cuenta en ese momento de que es hora de abandonar el ámbito de los derechos humanos).

El tiempo en ese lugar se coagula. Desgastas los bordes de tu pasaporte indonesio verde militar con la grasa y el sudor que has acumulado en los dedos. Según metes la mano en el bolsillo para ver la hora, un oficial de la CBP ve el movimiento y grita: «¡No se permiten los celulares!». Al mirar a tu alrededor no parece haber un reloj en ninguna parte. Quizás no haya relojes en la inspección secundaria, o, mejor dicho, ¿qué uso tiene saber la hora para un grupo de gente que existe en un estado de suspensión?

(«*Controla el tiempo de la gente y controlarás su realidad*», *diría uno de tus mentores. Aquellos que somos blanco del Estado —cuerpos negros, cuerpos indígenas, cuerpos migrantes, cuerpos queer, cuerpos discapacitados— tenemos una relación complicada con el tiempo. Tiempo robado, tiempo de condena. Se nos acaba el tiempo: para encontrar un trabajo, para pagar al abogado, para someter la solicitud, para matricular a los hijos en la escuela, para coordinar una cita médica, para someter una apelación. Trabajar tiempo extra. Matarnos en cámara lenta para terminar borrados por el tiempo. ¿Acaso nos sorprende que seamos viajeros del tiempo?*).

En 2003, poco después de establecerse en el terreno de la Nación Matinecock sin consentimiento ni permiso por parte del gobierno de los EE. UU., tu madre compró tarjetas de llamada por la ventana de una cabina en Flushing para llamar a tu padre en Yakarta y dejarle saber dónde estaban. Tu madre no tenía nada que decirle a tu padre, así es que te pasó el teléfono. Oír la voz de tu padre «¿Apa kabar, Angel?», te desorientó. Te quedaste mudo, sin ganas de dar voz a los pensamientos en tu cabeza. «¿Cómo estoy? Ni yo sé si existo, papi. No es lo que quieres escuchar, lo sé. ¿Cómo estoy?».

(*La próxima vez que hables con tu padre será en diecisiete años. Aún pasado todo ese tiempo, batallarás para perdonarlo por la forma en que trataba a tu madre*).

Pierdes el sentido del tiempo cuando viajas. El sonido de pasos te devuelve al presente. Tus ojos siguen a un oficial de la CBP que lleva una cajita de jugo y una bolsa de papitas a la anciana del este de Asia que se ha hecho un ovillo para mantenerse caliente. Su cabello blanco, como una nube, te recuerda a tu abuela y al cielo abierto. Te preguntas, «¿cuánto tiempo llevará ahí que le tienen que dar de comer?».

Por fin, tu nombre es mal pronunciado. Agarras tu mochila, tu pasaporte, tus documentos de inmigración y te diriges a la parte del frente de la sala. Levantas la vista y miras al oficial de la CBP sentado arriba en el estrado mientras tu mente barajea rápidamente una lista de respuestas aceptables.

Junta todos tus papeles y levanta tu pasaporte para confirmar tus rasgos faciales.

—¿Tienes a alguien que pueda solicitar por ti para ajustar tu estado inmigratorio?

—No —contestas.

(No hay forma alguna de que ajustes tu estado inmigratorio con la excepción del matrimonio. Pero como te criaste testigo de la violencia doméstica, descartaste hace mucho casarte por papeles. Prefieres quedarte sin papeles antes de permitir que otra persona ejerza poder sobre ti).

El oficial teclea en su computadora y luego sella tu pasaporte: permiso de permanencia en los Estados Unidos hasta el 17 de agosto de 2015 por ajuste de estatus. Según avanzas hacia la salida, la adrenalina martilla tus oídos, miras atrás y captas una nube familiar. Te das cuenta de que la anciana del este de Asia continúa acostada en la fila de atrás.

(Cinco años más tarde, te das cuenta de que tus respuestas al oficial de la CBP no eran importantes. Lo único que importaba era transmitir la amenaza. A su discreción significa: compórtate. Hazte insigni-

ficante y cállate la boca. Controlamos el tiempo y, por lo tanto, tu realidad. Podemos escoger infligirte miedo y terror indefinidamente, o te podemos liberar. A su discreción: todas las decisiones son finales).

Angel Sutjipto nació y se crio en Yakarta y Kuala Lumpur. Durante los pasados dieciocho años ha vivido en terrenos lenape y matinecock (también conocidos como la Ciudad de Nueva York). Su ensayo titulado «dis place» fue seleccionado como finalista en la competencia Writing in the Margins de 2018 de la revista *Briarpatch* por Alicia Elliot. Se graduó del Voices of Our Nation (VONA) y del CUNY Baccalaureate for Unique & Interdisciplinary Studies. Previamente, se organizó junto a ICEFREE NYC y RAISE (Revolutionizing Asian American Immigrant Stories on the East Coast, o «Revolucionar historias de inmigrantes asiáticoestadounidenses en la costa este»), donde cofundó AMPLIFY(HER), una revista por y para personas indocumentadas de la diáspora asiática. Sus ancestros literarios incluyen a Gloria Anzaldúa, bell hooks, Audre Lorde, Cherríe Moraga y Arundhati Roy, entre muchos otros. Durante su tiempo libre canta, cuida de sus plantas, echa las cartas del tarot y sueña con trabajar y escribir algún día en una granja.

T. Lê

Me desenrosco para amarrarme

dos ojos   *desolada*   *obsidiana*
persiguen

          POR AQUÍ
bajo las luces parpadeantes   *blancura*   *halo*

       salvador resuenan las extremidades
           contra la corriente de cuerpos
       salvador resuenan las extremidades
           contra los adioses relamidos

adelante y atrás
se mecen los asientos azules
bajo luces parpadeantes   *amarillo suave*   *halo*

       salvador rascan las extremidades
       contra dos pequeños caquis

DONDE SOMOS HUMANOS

cada uno completa una hora   *suave*

amoratada piel

como *suave amoratado*

cuerpo   volando   *lanzando*

extremidades al horizonte

bajo el vacío azul parpadeante

T. Lê

tú insistes en mi lengua nativa

y yo pienso en hierba del pescado y su divertido eco
mientras rueda por mi lengua   una fachada

un océano que crece junto a la paternal
cerca de madera   pienso en sobrevivir   pienso en

la necesidad de estar cerca del agua, y con ello, las muchas
caras que rompen a través de los viscosos nombres de *bác* y

dì   ondulando   esperando   a ser llamados
                    pienso en sus voces que luchan por la claridad

un códice   robado   para   la alegría   el dolor
y la familia   pienso en mi «yo» más joven

de 3 años   traje azul   piedras de paso
más promesas de   *última foto antes de irnos*

          pienso en familias   que duermen en un botecito
que se mece al compás del motor en ralentí

          pienso en la falta de aire   pienso
en las caras desaparecidas hasta que me expando dentro del
   silencio

          pienso en el chirrido de mi garganta cuando
señala una equivocación en mi voz   *lo siento*

DONDE SOMOS HUMANOS

mis padres no hablan inglés   pienso en
los clics del papel de arroz   filoso y quebradizo

pero suavizado por el agua   pienso en las manos
de mi madre que amasan dolor en cada una de sus recetas

para purgar nuestros pecados por dejar un país   pienso en
mi cara   y   pienso en la amargura de no
   parecerme a ti

NADA EN PARTICULAR

Escribo acerca de pisos de madera que crujen. Pero
  mayormente
me gusta escribir acerca de los pies desnudos que los andan.

Es el frescor que roza un cuerpo vivo lo que me engancha.
  Quizás
sea el cuerpo vivo. *Saludable*. Los pisos de madera noble. Los
  pies desnudos.

El cuerpo, *pertenecer*.

Escribo acerca de la maraña de fotografías, *escondidas* o
  parcialmente olvidadas que descansan
sobre la repisa más cercana. Sé que los rostros ya no están
  allí.

Mi padre las llama *gardenias*. Pequeños rostros que se ahogan
  en una película
de polvo, *escondidos* o *parcialmente olvidados*. Escribo acerca de
  sus rostros mustios

con collares de gasa blanca (los muertos también tienen que
  verse bien). Escribo acerca de la
Incertidumbre y ella muestra un rostro que se ahoga en
  collares de gasa blanca. Murmura

demasiado y tiene los ojos un poco rasgados. Escribo acerca
de su quijada que no quiere
romperse del estrés sobre una sílaba. *Inglés.*

Escribo acerca del color blanco, por su frialdad al ahogar los
pequeños rostros
que visten collares de gasa blanca. *Absurdo.*

Escribo *estadounidense.*

Escribo *espacio.*

Escribo *debes apoderarte de lo que no es tuyo.*

Escribo acerca de un sombrero cónico, boca abajo, lleno de
congee. Alimentó
cinco villas. Y a su vez, las cinco villas sembraron mangos
verdes.

Cuando el *Absurdo* los visita, ofrecen al *Absurdo* mangos
verdes.

El *Absurdo* compró el sombrero cónico en una tienda de
recuerdos por veinticinco centavos.

Absurdo.

T. Lê

Escribo acerca del *Absurdo* que traza bocas que pertenecen a
pequeños rostros de *Incertidumbre*.
El *Absurdo* roba palabras de cuentos ya escritos.

Los cuentos ya escritos están manchados de marrón y
amarillo. Ellos
pintan la corteza de los guayabos de mi abuelo. *Ông nội*
o era

Ông ngoại? Lo he olvidado.
Sus cuentos también los he olvidado.

Así que escribo acerca de *Nada*.

El *Absurdo* no puede llevarse *Nada* si no hay *Nada* que llevarse.

T. Lê es una artista vietnamitaestadounidense. Inmigró a los EE. UU. a principios de la década de los noventa con su ba, Sinh, su mẹ, Vân y con su em
gái, Thảo. Tiene debilidad por las palabras, tanto dentro de la poesía como
en la actuación. Adora toda la obra de Mary Oliver. En ocasiones, disfruta de
una taza de café malo. En la actualidad, se encuentra trabajando en su primer
poemario.

Elías Roldán

Una puntada permanente

Hecho de un resplandeciente satén de poliéster color rojo, el color de la pasión, bordado con la herradura charra, símbolo de la charrería, y decorado con encaje dorado y lentejuelas para darle más realce al diseño, el vestido era de ensueño. Tenía corte flamenco, en lugar del tradicional, para darle más fulgor. En las presentaciones, los bailarines daban vida a mi creación bailando en el escenario al ritmo de la música del mariachi.

Puse todo mi empeño en ese vestido típico de Jalisco y en todos los vestuarios que creé para el grupo de baile folklórico Grandeza Mexicana Folk Ballet Company cuando me convertí en su diseñador de vestuario en 2006. Soñábamos con ganar el preciado Lester Horton Award, que reconoce la excelencia en la comunidad de la danza de Los Ángeles. Ninguna compañía de baile folklórico mexicano había ganado el premio anteriormente. Nuestro director de coreografía sometió candidaturas para las categorías de coreografía, música y diseño de vestuario. ¡Me quedé sorprendido cuando me enteré de que la candidatura de diseño de vestuario presentada había ganado! Leía y volvía a leer mi nombre, pues pensaba que era un error. Habiendo competido contra tantos diseñadores talentosos, pensaba que carecía de lo necesario para obtener el premio. El día de la recepción, me dirigí al escenario para recibir mi premio pensando que era un sueño del que terminaría despertando. Acababa de ganarles a muchos diseñadores talentosos, lo que significaba que como profesional tenía que responder a nuevas exigencias. Con todo y lo nervioso que estaba, me sentí extremadamente orgulloso de representar a mi comunidad y de celebrar mi cultura mexicana por medio del arte.

Ganar el premio también impulsó mi confianza en mí mismo y me permitió soñar con el futuro. Cuando surgió la oportunidad de abrir mi propio negocio, no lo pensé dos veces. Había estado trabajando como diseñador de vestuario para otra persona, pero cuando mi jefe decidió cerrar su tienda, el dueño del edificio me animó a que abriera mi propio negocio y me ofreció transferir el arrendamiento. No tenía conocimiento alguno sobre cómo administrar negocios ni recursos, pero me había probado a mí mismo capaz de ganar premios y sentí que valía la pena arriesgarse.

Tenía suficiente dinero para dar el depósito y el primer mes de alquiler. No pasó mucho tiempo para que me diera cuenta del problema en el que me había metido. Sin clientes nuevos, apenas tenía dinero para pagar el segundo mes de alquiler y no tenía suficiente para pagar los servicios. En lugar de dormir, leía artículos sobre administración de empresas o pensaba en ideas para ganar dinero. Algunos de mis clientes me dijeron que podía registrar mi negocio con la Ciudad de

Los Ángeles para que me dieran un número de identificación fiscal del IRS y pudiera solicitar un préstamo para pequeñas empresas.

No sabía que un inmigrante indocumentado pudiera ser dueño de un negocio. Cuando acudí a la alcaldía, el corazón se me quería salir del pecho y me sudaban las manos. En la ceremonia de premiación, lo peor que me podía pasar era volver a casa con las manos vacías si perdía. Aquí estaba lidiando con el Gobierno y no conocía el proceso. ¿Y si me pedían mi *green card*? ¿Llamarían a la policía o al ICE? ¿Me deportarían? Para mi tranquilidad, el proceso resultó fácil y sin problemas, y salí con un documento que llevaba el nombre de mi nuevo negocio en blanco y negro: ELIAS DESIGNS, INC.

Con mi recién descubierta confianza en mí mismo y la licencia del negocio, me vestí con pantalones negros, una camisa azul y zapatos de vestir negros, y me dirigí al banco más cercano para solicitar un préstamo para pequeños negocios. Ése era el último paso que necesitaba dar para echar a andar mi negocio. Sentado en la recepción, comencé a soñar con mi próspero negocio, toda la tela y el equipo de trabajo que podría comprar, los hermosos diseños que podría crear. Podía visualizar mi taller lleno de clientes, con empleados trabajando para completar las órdenes, las máquinas de coser dando puntadas a toda velocidad.

—Disculpe, señor —la voz del oficial de préstamos me sacó de mi ensoñación—. Le voy a ayudar con su solicitud de préstamo.

Lo seguí por la recepción hasta su cubículo. Le entregué

los documentos del negocio y le pregunté cuánto podía solicitar. Después de revisar mi documentación, me pidió una identificación y mi número de seguro social. Le di mi ITIN ID, el número de identificación personal del contribuyente, que la IRS me había asignado para pagar impuestos. No me esperaba lo que sucedió después.

—Lo siento, Sr. Roldán, pero no podemos emitir préstamos a personas con ITIN. Necesita un número de seguro social.

Me sentí confundido. Pensé que lo único que necesitaba para solicitar un préstamo era un negocio registrado. Ya yo era dueño de un negocio. Tenía un número del IRS para impuestos. Pagaba impuestos. ¿No era suficiente? Sentí como si todos mis sueños hubieran estado cosidos con un hilván del que este oficial de préstamos tiraba y que descosía. Salí del banco sintiéndome avergonzado por siquiera pensar que un banco pudiera extenderle crédito a alguien como yo.

Llegué a casa con la garganta seca por la ansiedad. Aún tenía que pagar la renta y los servicios y, para empeorar las cosas, pronto vencería el pago del primer trimestre de los impuestos de mi negocio. Nadie me había informado que tenía que pagar impuestos aun cuando mi negocio no estaba generando ganancias. Tenía que ingeniármelas pronto. Me di cuenta de que la única forma en que alguien como yo podía tener éxito era trabajando el doble. Hubo días en que prácticamente trabajaba durante veinticuatro horas seguidas. Ya no tenía vida social. Mientras mis amigos iban de fiesta, yo estaba en mi taller, donde diseñaba y cosía cualquier cosa que tuviera la suerte de que me pagaran por hacer, desde trajes de novia y de quinceañeras, vestuarios para competencias de salsa, flamenco y bachata y hasta trajes de mariachi. Colgaba fotos de mis creaciones en las redes sociales y hacía todo lo que podía para encontrar nuevos clientes.

Mes tras mes, sólo lograba ganar lo suficiente para pagar el alquiler y comprar materiales. Me retrasaba en el pago de los servicios, pero un par de días antes de que los cortaran los ponía al día. Seguía recibiendo los estados de cuenta trimestrales por los impuestos que habían vencido. Pensé que el IRS sabría que no estaba ganando nada y que a duras penas el negocio salía a flote. No sabía que podía hacer compromisos de pago con el IRS, así es que los impuestos que debía no hacían más que acumularse.

Una noche estaba en mi taller trabajando, como era usual, hasta tarde. Estaba aplicando los últimos toques a un vestido de Veracruz cuando escuché que tocaron la puerta. Me pregunté quién podría ser. No esperaba a ningún cliente. Esperaba que fuera alguien de un grupo de baile que buscaba un nuevo diseñador de vestuario. Abrí la puerta y, para mi sorpresa, eran dos alguaciles de policía. Comencé a temblar.

—¿Es usted el dueño?

—Sí —contesté.

—¿Podemos pasar?

Apenas tenía fuerzas para abrir la puerta. Estaba petrificado; pensaba que habían venido a arrestarme porque no había pagado los impuestos. Me preguntaron mi nombre y me dijeron que estaban realizando una inspección rutinaria por el vecindario. Uno de ellos caminó por mi taller mientras movía los rollos de tela que estaban recostados contra la pared, recogía carretes de hilo y encaje blancos y miraba la chaqueta Nuevo León sin terminar que vestía el maniquí. El otro se quedó a mi lado con su mano en la pistolera. Sentía que mi mundo estaba a punto de derrumbarse. Me veía a mí mismo esposado, en un cuartel y montado en un autobús de vuelta a México. Entonces, de la nada, me dieron las gracias y se fueron.

Unos días tras esa visita inesperada, recibí una carta del IRS en la que me pedían una lista del inventario de mi negocio. ¿Iban a tomar acción en mi contra? La carta me aterrorizó. Cualquier comunicación que recibo de parte del Gobierno siempre me pone en modo de pánico, pero eso, junto con la visita de los alguaciles, fue demasiado. El estrés de llevar mi negocio, a fin de cuentas, hizo estragos en mí, a nivel físico y mental. Terminé hospitalizado, lo que añadió recibos médicos a mis otros gastos. Como inmigrante indocumentado no tenía acceso a un seguro médico y no cualificaba para recibir Medicaid, pero tenía que pagar impuestos. Con una pila de deudas, se me hizo imposible seguir pagando el alquiler de mi taller. Tenía que pagarle al IRS antes de caer más profundo en ese abismo. Dejé el taller y decidí seguir con mi negocio desde mi casa.

El 15 de junio de 2012 el presidente Obama anunció el programa de la DACA, una política que protegería a personas como yo, que vinieron a este país en su adolescencia, de que los deportaran y les ofrecía permisos de trabajo. Celebré la noticia y pensé que podía volver a soñar, pero mi emoción duró poco tiempo. No cumplía con los criterios de edad.

Tenía cuarenta y un años, y el límite de edad era treinta y uno. Aunque me pasaba por diez años de que me consideraran un *dreamer*, no era demasiado viejo para soñar. Volví a ponerme en pie y reabrí mi taller. En esta ocasión, tenía más conocimiento sobre cómo llevar un negocio. También confiaba más en mi talento. Quería seguir contribuyendo a mi comunidad. Quería poner mi granito de arena y celebrar las hermosas tradiciones musicales y de bailes típicos de México. Además, no quería verme a mí mismo como víctima, sino como sobreviviente capaz de alcanzar mis sueños sin importar mi estatus inmigratorio. No podía permitir que eso fuera lo que me definiera. Cuando veo ELIAS DESIGNS, INC. bordado en una de mis creaciones —un traje de mariachi o un vestuario de baile nuevos— me reafirmo en cuán lejos he llegado y cuánto más tengo para dar.

Y, en ocasiones, cuando estoy a punto de dejarlo todo, suceden cosas mágicas. Es lo que pasó en 2017 cuando, un buen día, recibí una llamada.

—¿Sr. Roldán?

—¿Sí?

—Le llamo de Pixar Animation Studios. Soy uno de los asesores de una película que estamos a punto de lanzar. La *premier* será dentro de varias semanas en Los Ángeles, y Marcela Davison Avilés nos lo ha recomendado. Buscamos a alguien que diseñe vestuario para la alfombra roja de la gala de nuestra *premier* y también para los Grammys.

Sucedió que la película a la cual se refería esa persona es una de las más exitosas y amadas películas de Pixar, *Coco*. Me preguntaron si podía viajar. Me ponía nervioso subirme en un avión por mi estatus inmigratorio, pero sabía que ésta era una oportunidad única en la vida. Dije que sí, pero rápido añadí que tenía fobia de volar y pregunté si, en lugar de volar, podía conducir al Área de la Bahía, donde está la sede de Pixar Studios. Afortunadamente, fueron muy complacientes.

En el puesto de seguridad de Pixar, cuando me pidieron una identificación, mis manos temblaban cuando les entregué mi pasaporte mexicano. Simplemente le echaron una ojeada y me dejaron pasar sin problema. Situaciones como ésa exacerban mis inseguridades, pero las eché a un lado y me enfoqué en lo que había ido a hacer.

Cuando las actividades de la película se llevaron a cabo y vi las fotos de la *premier*, de los Grammys, las entrevistas en los medios de comunicación de aquí y del extranjero, me sentí tan honrado y orgulloso de ver mis diseños por todos lados. Lee Unkrich, director de Pixar, vistió un traje de tres piezas color crema con un diseño de calavera inspirado en el vestido de charro de la película. Marcela Davidson Avilés estaba muy elegante con el vestido de china poblana que hacía pocos días había terminado. Para su vestido había seleccionado una seda verde con lentejuelas cosidas a mano, acentos en seda color cobre y el escudo mexicano, un águila sobre un nopal que se devora una serpiente cascabel, bordado en la parte de en frente. En los reportajes sobre la película en la televisión y en el periódico seguía viendo personas que llevaban mis diseños y estaba muy ilusionado.

Durante la experiencia de diseñar para *Coco* me di cuenta

de que, mientras que sea indocumentado, me enfrentaré con limitaciones. Pero también aprendí que no necesito tener una *green card* para vivir experiencias maravillosas. Aun así, espero que mi estatus inmigratorio cambie en algún momento y que, cuando eso suceda, finalmente pueda sustituir el hilvanado de mis sueños con una puntada permanente.

———

Elías Roldán nació en Nayarit, México. Llegó a los EE. UU. en 1989. Estudió Diseño de Moda en Rebeca's Fashion Institute y en LA Trade Tech. Es bailarín de baile folklórico y diseñador de ropa. Le apasiona crear diseños hermosos, desde trajes de quinceañera hasta trajes de mariachis y vestuario de baile que honren la belleza de la cultura mexicana. Es el orgulloso dueño de Elias Designs, Inc.

Razeen Zaman

Infiltrada-forastera:
desaprender mis estudios jurídicos

Al no tener recuerdo alguno del país donde nací, y como el único país que conocía rehusaba aceptarme, desarrollé desde temprana edad una relación complicada con la ley. Aunque no crecí con ninguna ilusión de que la ley existiera para protegerme, tenía nociones idealistas sobre su poder transformador. Pero no fue sino hasta que Obama anunció la DACA que consideré ir a la Escuela de Derecho. Anteriormente, estudiar para ser abogada sólo me parecía una forma muy costosa de terminar sin trabajo. No tenía demasiado contacto con la profesión puesto que los únicos abogados que había conocido fueron el cabrón abogado de inmigración que se robó los ahorros de toda una vida de mis padres y los amenazaba con reportarlos al ICE y un conocido abogado de inmigración que me aconsejó a los dieciséis años que me casara pronto con un ciudadano estadounidense. Habiendo decidido no ser una niña-novia, me prometí a mí misma que sería el tipo de abogada que mis padres y yo habríamos necesitado.

En el primer día de clases en la Escuela de Derecho, entré a mi clase de Derecho Criminal con ochenta personas y lo que vi fue un mar de caras blancas. Podía contar con los dedos de una mano el número de estudiantes de color. No, esto no ocurrió en los confines de la tierra donde ibas preparada para este tipo de situaciones, sino en el mismísimo centro de la ciudad de Nueva York. Era como toparse con un ejército de Caminantes Blancos de *Juego de tronos*, pero éramos los idiotas expiatorios que en efecto tomaron un examen para estar en compañía de ellos. Irónicamente, el primer caso que leímos, R v. Dudley and Stephens, que involucraba a dos ingleses que se convirtieron en caníbales durante una situación tumultuosa en alta mar, fue una señal ominosa de los tres años que nos esperaban.

La Escuela de Derecho es bastante rara. Nada en ella tendrá sentido intuitivo. Aprenderás sobre el estándar de «persona razonable», modelado a base de cómo un hombre blanco actuaría en una situación dada, lo cual no tiene demasiado sentido si no eres un hombre blanco. A pocos días de haber comenzado, aprenderás sobre la doctrina cristiana del descubrimiento, que justificó el colonialismo y genocidio europeos contra los pueblos indígenas y que afirma que los colonizadores tenían autoridad de tomar posesión de las tierras y someter a los no cristianos. Esta doctrina, increíblemente racista e inmoral, fue convertida en ley cuando el Tribunal Supremo sostuvo en 1823 que las «tribus salvajes» carecían de autoridad para traspasar sus tierras sin la aprobación del gobierno de los EE. UU. en el caso de Johnson v. McIntosh.

Con todo y lo extraño que pueda parecer este fallo, más extraño resulta que nunca haya sido revertido. De hecho, 183 años más tarde, la fallecida y grandiosa Notorious RBG citó la doctrina del descubrimiento para justificar el desahucio de la Nación India Oneida del terreno que compraron a fines de la década de los noventa luego de que les fuera robada en una transacción ilegal. Casos como estos te ayudan a comprender cómo la ley consolida las desigualdades sistémicas. Se conoce como *stare decisis*. Que en latín quiere decir «mantenerse conforme a lo decidido». Esta doctrina obliga a los tribunales a juzgar según los principios establecidos en casos anteriores al momento de emitir un fallo sobre un caso similar. Si te parece absurdo es porque sin duda lo es. Si seguimos emitiendo fallos sobre nuevos casos basándonos en decisiones anteriores, ¿cómo vamos a obtener resultados nuevos? Pero ése es el objetivo. La llamada constancia es el razonamiento que los blancos usan para mantener el *statu quo* tras un velo de imparcialidad.

En este entorno hostil, los estudiantes de color, como es normal, gravitaban hacia sí mismos para encontrar protección. Nos enfurecíamos al unísono cuando algún estudiante (¡a veces el profesor!) insistía en repetir la palabra «n» tres veces durante la clase, todo en nombre de mantenerse fiel al texto del caso. «Pero ¡la primera enmienda!». A los chicos blancos les encanta aferrarse a la primera enmienda cuando les señalas que el lenguaje que están usando inflige violencia a tu propia identidad. Había un estudiante en mi curso de Derecho Inmigratorio, poseedor de una visa H-1B, que insistía en usar las palabras «inmigrante ilegal» durante todo el semestre. Íbamos por la mitad del semestre cuando finalmente le pedí que dejara de usar esas palabras porque eran deshumanizadoras y, bueno, ¿no es obvio que la lengua es a menudo el principal medio para justificar la violencia? Parece ser que no. Acababa de terminar mi cortés petición cuando Chico Blanco #1 me regañó por «estancar intelectualmente» la conversación del aula. Chico Blanco #2, incrédulo, quería saber si de verdad yo pensaba que las palabras podían conducir a la violencia. Pues sí, sí que lo creo.

La oradora invitada de nuestra graduación, una jueza presidenta del tribunal de circuito, utilizó su discurso para ridiculizar a los activistas de color en universidades como Yale que habían protestado por su derecho a existir en espacios que no los vejaran. Despotricaba contra los estudiantes activistas diciendo que estaban censurando a los conservadores, convirtiendo los campus en «bastiones de intolerancia» y entornos de estancamiento intelectual. Los profesores de la Escuela de Derecho más extremistas abandonaron la graduación en acto de protesta. Me gustaría decir que mis principios me obligaban a hacer lo mismo, pero después de soportar la guerra psicológica que implica ir a la Escuela de Derecho, me debía a mí misma subir a ese escenario y recibir mi diploma.

Los tres años en las trincheras habían hecho estragos. No tomó mucho tiempo para que me diera cuenta de que me había vuelto más conservadora de lo que hubiera imaginado. Antes de comenzar la Escuela de Derecho, trabajaba como organizadora de campaña para una organización de indocumentados liderada por jóvenes donde coordinaba acciones de desobediencia civil dirigidas por personas indocumentadas.

Cuando me gradué había adoptado la mentalidad de una abogada aversa al riesgo que no podía ver el bosque por causa de los árboles. Cuando una indocumentada que conocía me preguntó si debía involucrarse o no en una protesta donde podía ser arrestada, la disuadí: «Sí, entiendo que quieres hacer esto por la causa, pero, si consideramos que eres mi clienta, mi deber es contigo». Actuaba como si yo misma no fuera indocumentada, como si no tuviera responsabilidad alguna hacia el movimiento que me había mantenido a flote tantas veces. Antes de la DACA, cuando seguía topándome con callejones sin salida porque no podía trabajar sin papeles, el valor de los jóvenes indocumentados, que cerraban oficinas del congreso, bloqueaban cruces de peatones y se arriesgaban a ser arrestados y deportados, fue mi bote salvavidas. Comportarme con quienes estaba ayudando como si fueran clientes que tenían que ser tratados de acuerdo con la relación cliente-abogado tradicional en lugar de tratarlos como miembros de mi propia comunidad era un acto de profunda traición.

El tiempo que estudié derecho me enseñó que los abogados son guardas de un conocimiento especializado, que utilizamos para incrementar nuestro valor. Tenía la esperanza de que cuando comenzara a practicar derecho podría transferir parte de este conocimiento a las comunidades de inmigrantes y así empoderarlas. Sin embargo, ofrecer servicios legales directos, aprendí, era insatisfactorio y deprimente. Representaba a inmigrantes con bajos ingresos que habían vivido un infierno, pero enseguida me di cuenta de que practicar el derecho inmigratorio requería ratificar sus doctrinas racistas:

insistir en la humillación y victimización como los medios principales a través de los cuales puedes solicitar diversas ayudas. En nuestro retorcido sistema de inmigración, los blancos masacraron a los pueblos indígenas y manufacturaron su ciudadanía con base en el destino manifiesto para luego crear categorías de inadmisibilidad y deportabilidad. Las reglas son distintas para el resto de nosotros. Tenemos que suplicar para tener un hogar, a pesar de todas las razones por las que debemos quedarnos.

A diferencia de la presunción de inocencia en el sistema jurídico criminal, en los procesos de expulsión tienes que admitir culpabilidad, incluso para solicitar muchísimas formas de ayuda para inmigrantes. Terminas arrodillada ante el gobierno en una suerte de híbrido entre un ensayo de admisión a una universidad en el que lo apuestas todo y una confesión. Luego, te presentas ante el juez y le dices alguna variante de «el país de mierda de donde vengo no es donde quiero vivir, así es que le contaré los detalles más íntimos de mi vida y rogaré que pueda probar mi valía antes de que usted termine su día de trabajo hoy a las 4 p. m.». La ley, astuta en su fachada de permanecer objetiva, no llamará abiertamente a otro país un país de mierda. Pero lo que implica es lo mismo.

La ley tiene un marco operativo estancado para los migrantes que buscan cambiar su estatus, sin importar cuán compleja sea su vida. Le dices al juez la misma narración autoinjuriosa y te representas como víctima en espera de que te rescate tu salvador: los Estados Unidos. Mientras más trillada la narración, más sólido es el caso. No hay margen para verdades polifacéticas en esta narración; no hay margen para reconocer que temes a tu país, pero aún sueñas con regresar. He representado a personas de Guyana, Jordania, China, Rusia, Kenia y Bangladesh que se identifican como LGBTQ. El papeleo que sometimos y los argumentos que presentamos en cada uno de estos casos eran bastante parecidos. Es un modelo que los abogados nunca desechamos porque sabemos que tiene éxito: enfatizar cuán trabajador es tu cliente (a esto lo llamamos «equidades»), cómo escaparon de una horrible vida en algún lugar, por lo general en el Sur Global, y cómo los Estados Unidos son el antídoto para su sufrimiento.

Sin embargo, el problema de una abogada que se dice a sí misma que está realizando labor de justicia social es que esta narración ignora la forma en que las políticas exteriores, los tratados de comercio, las intervenciones militares, las emisiones de carbono o las prioridades de financiamiento de los Estados Unidos han creado condiciones en otros países que obligan a los migrantes a venir aquí. Como asunto de justicia básica, una quisiera decirle al juez que a su cliente adolescente de El Salvador, que a duras penas logró escapar de un ataque de la pandilla de la Calle 18, se le debe otorgar estatus legal como forma de responsabilizar a los EE. UU. por su rol en las deportaciones en masa de pandillas que se originaron en los EE. UU. Uno de mis primeros clientes, un veterano de la Guerra de Vietnam y residente permanente legal, terminó redirigido hacia el sistema de deportación luego de que lo señalaran por su perfil racial y lo agarraran con drogas. Empezó a usar drogas para poder salir adelante al regresar de la guerra con trastorno de estrés postraumático. La narración que hubiese deseado presentar en su caso era la de que él era víctima —no alguien de otro país— del imperialismo y del racismo de los EE. UU. Por el contrario, enfatizamos lo arrepentido que estaba del incidente, su rehabilitación y el hecho de que había sido un miembro productivo de la sociedad y que había pagado impuestos durante muchos años. La verdad es que los jueces de inmigración pueden ejercer su discreción al decidir y no estaba dispuesta a arriesgarme a que deportaran a mi cliente por un experimento sobre cómo articular una narrativa más crítica.

Además del constante volver a contar las mismas narraciones defectuosas, los no ciudadanos en procesos de expulsión deben actuar su estatus de víctima. Mis clientes entienden que su sufrimiento, manifiesto mediante lágrimas, es algo esperado en sala como apoyo a su testimonio. Representé a una refugiada en busca de asilo que huyó de Burundi luego de que varios soldados la apuñalaran y casi la mataran mientras buscaban a su colega que justo acababa de anunciar su candidatura a la presidencia. Practicamos muchas veces antes de la audiencia y, cuando llegó la fecha de la vista, sus respuestas al interrogatorio directo que habíamos preparado sonaban memorizadas, y me preocupaba que el juez de inmigración, un antiguo fiscal de una zona conservadora de Nueva York, no le creyera. Cuando el juez parecía escéptico, incluso luego de ver prueba fotográfica de las heridas de las puñaladas, mi cliente irrumpió en sollozos en la sala. Me sorprendió porque durante los muchos meses de preparación previos a su vista no había llorado ni una sola vez. Me avergüenza decir que, una vez que comenzaron a brotar sus lágrimas, lo primero que me vino a la mente no fue su bienestar, sino que sus lágrimas serían un elemento estratégico para convencer al juez. Lo cierto es que ella no sólo entendía la psicología y la cultura de la sala de forma intuitiva —como es a menudo el caso de quienes están sometidos al poder—, sino que, además, sabía cómo conservar su energía emocional para cuando más la necesitara.

Una pensaría que alguien que comparte la misma identidad marginalizada de su cliente sería más cuidadosa en subvertir las narraciones y representaciones perniciosas. Pero cuando has sido sometida a la educación más racista posible y luego practicas en un ámbito de la ley que depende de que legitimes la supremacía del blanco, poco a poco te das cuenta de que te has convertido en su partisana. Cada argumento que piensas que ayuda a tus clientes individuales en realidad lo que hace es minar la dignidad y el poder de tu comunidad. Una vez me tocó preparar a una víctima guatemalteca de una violación en grupo para una audiencia y seguía olvidando la secuencia de los acontecimientos de su violación hasta que finalmente explotó y dijo: «¡Sólo dime cuál es la respuesta correcta!». Me miraba como si yo fuera el juez de inmigración o el abogado del ICE. A la defensiva, le dije que una cronología lineal era la única forma en que un juez entendería la serie de acontecimientos, pero lo cierto es que estaba tan afianzada a la fallida ideología del sistema jurídico que actuaba como su vasallo y, de paso, traumatizaba a mi cliente.

A pesar de las narraciones dañinas que he defendido, he sido testigo de las consecuencias en la vida real de ayudar a alguien a legalizar su estatus. He ayudado a detener deportaciones que sé que han mejorado drásticamente la trayectoria de vidas particulares. Pero esto no resuelve el dilema de que la única narración admitida por la ley es aquella que sostiene el excepcionalismo estadounidense a costa del Sur Global. Tampoco explica por qué los Estados Unidos exigen que los inmigrantes se representen a sí mismos como impotentes para otorgarles estatus legal.

Reconozco que la legitimidad que me otorga ser abogada en el sistema jurídico me ha llevado a compartimentar mis identidades, con lo cual habitualmente valido el mismo sistema que me ve como ente ilegal. Darme cuenta de que había perdido la rebeldía necesaria para resistir el sistema con efectividad es lo que me ha llevado de vuelta a organizar grupos. Ahora organizo un grupo llamado RAISE (Revolutionizing Asian American Immigrant Stories on the East Coast o «Revolucionar historias de inmigrantes asiáticoestadounidenses en la costa este») que está compuesto por asiáticos indocumentados. En este entorno, lo que he aprendido en la Escuela de Derecho no me ayuda para nada. Aquí no separamos las emociones de la lógica. Nuestras emociones son lo que nos guía hacia objetivos que buscan reclamar nuestras voces en un sistema que nos ve como infractores de la ley e impotentes.

Quisiera poder decirles que he encontrado la manera de practicar el derecho inmigratorio de un modo radical y de forma tal que haga justicia a la complejidad de la vida de los migrantes, pero eso es algo que no es permisible en el marco de la ley según está establecida en este momento. Hasta que la ley pueda ser blandida como un arma de la moralidad, escrita a partir de las experiencias vividas de los marginados, nunca nos hará libres y debemos encontrar la justicia en otro lugar.

Razeen Zaman es una inmigrante sudasiática que creció en Queens, Nueva York, donde ha vivido durante más de dos décadas. Trabaja como abogada de inmigración durante el día y organiza un grupo llamado RAISE. Entre las cosas que más le gusta hacer están ver *The Great British Baking Show* y luego intentar reproducir las complicadas creaciones que ellos hornean, aunque el 99 por ciento de las veces no terminan como deberían. A pesar de que muchos le han sugerido que se limite a ejercer el derecho, no hay quien logre disuadirla de seguir en la repostería.

Alexa Vásquez

Querida Zoraida

¿Cómo estás, mujer? Te extraño.

Hace seis años que falleciste, mana
Y todavía tus recuerdos huelen a té de manzanilla con miel
    que se ha dejado enfriar sobre una mesita llena de tus cosas
Y aún los recuerdos de cómo nos reíamos de los tamales
  quemados me hacen llorar
    se me hace un nudo de melancolía púrpura en la
    garganta

He tomado menos autobuses a Bristol desde que te fuiste
Pero los días que lo hago
Pego la nariz contra la ventana húmeda del autobús cuarenta
  y tres
    con la esperanza de verte andar descuidada con las
      bolsas de tus compras

    Una delicada jirafa en medio de Santa Ana que carga
    Bolillos calentitos y sobras de ensalada de macarrones
      hawaiana

Alexa Vásquez

Una pasajera menos en el cuarenta y tres
Una Reina menos en la fiesta de navidad de Jack in the Box
En la esquina de Civic Center

Cuando te fuiste, Santa Ana se convirtió en unas memorias
   completas, tituladas:

Y todos me miran por Zoraida Reyes y Alexa Vásquez
Una celebración de la sororidad; entretejidas por la
   migración
Y en el hogar de nuestros propios cuerpos.

Mi amor y mi dolor pintados a brocha en un lienzo de 34 x
   44 para ti
Titulado Zoraida, La Muerte y El Pajarito
Una metáfora para un recuerdo:
   Recuerdo caminar por Fairview hacia la calle
   De repente, te detuviste y entraste en pánico
   ¡El Pajarito, mana! ¡El Pajarito!
   Un polluelo había caído de su nido a la calle
   El Pajarito murió ese día
                     Vi miedo en tus ojos

Me visitaste en un sueño
Estoy sentada entre dos hombres en un autobús que se detiene
Miro por la ventanilla para tratar de reconocer dónde estoy
Ahí estás

DONDE SOMOS HUMANOS

Con tus jeans de segunda mano a la cadera y tu
   camisilla
Tan joven, hermosa y peculiar
   Como el día que jugabas a ser paletera al lado de un
   carrito desatendido

Las puertas se abren mientras mueves tu adorada bici
   amarilla del carril
Intento salirme del autobús para decirte que estoy aquí
pero cierras las puertas antes de que pueda bajarme
con una sonrisa dulce me dices
aquí no es tu parada, mana
y el bus arranca
      Y sigue su ruta

Ya llevo ocho años tomando hormonas,
Esta transición, un peligroso cruce a nado a lo largo del
   Paso Drake,
Una segunda pubertad que me ha regalado pechos
Una piel tersa como la de mi madre Oaxaqueña
Tú y yo esculpidas del mismo barro
Por las manos de Afrodita

Ambas compartíamos un entendimiento profundo del dolor
   que nos conectaba
Padres que no podían abrazarnos con ternura, hijos inmigrantes
Con sueños de color de rosa

Alexa Vásquez

Mamá me trajo a los Estados Unidos en el 91
Dejó atrás Oaxaca, a mi abuelita Rica y su tejate
Para reunirnos a mi hermana y a mí con nuestro padre
    alcohólico
Cuyos infrecuentes Te quiero se hallaban en el fondo de
    una lata de cerveza Bud Light
Sus besos, marcas de cinturón en mi cuerpo en desarrollo

Sin tu madre en Michoacán
Tenías tus propios recuerdos dolorosos de la infancia
Recuerdo la mañana que te llamó para decirte que tu
    abuelo había muerto
Corriste al baño porque no podías respirar
Las lágrimas caían en el suelo como para fregar lo que él te
    había hecho
Te arrancaron las raíces del corazón en English Street

Pero, mana, somos diosas, nacidas de la espuma del cuerpo
    de un hombre
Auténticas Intrépidas Buscadoras de Peligro
Muxes en vela

Los espíritus como los nuestros nunca mueren, mana,
La luz que llevamos no se puede enterrar como la vergüenza
Porque aun sin papeles somos un espectro de colores
    brillantes
Que bailan y arden

DONDE SOMOS HUMANOS

Aquí ha llegado la Navidad. Y es marzo al mismo tiempo
Una pandemia nos ha mantenido encerrados casi todo el año
Ismael y yo celebramos nuestro cuarto aniversario de bodas
En cuarentena en nuestra cama con nuestros cuatro gatos
Max, Mushu, Sully y Melón

Él mide 1.65 y es dos centímetros y medio más alto que yo
No me importa en absoluto
En sus brazos soy una piscis nadando en un géminis

Lo conocí en Paramount Studio
Éramos dos extras
En nuestra propia historia de amor

Tiene el pelo negro oscuro y siempre peinado hacia la
    izquierda
Sus ojos tienen varias tonalidades de bondad
A veces, cuando los miro fijamente
Puedo ver mi propio reflejo

Nació en Michoacán, como tú
Nació primera hija
Ahora es el segundo hijo
El primer hombre al que he amado
                        profundamente

Me ha demostrado que hay vida después del amor
más amor, mana

Alexa Vásquez

Javi nos casó bajo un arco de flores en nuestro salón
Un día frío y lluvioso de noviembre
Florence Welch cantaba Cosmic Love mientras
Yo caminaba descalza sobre nuestra alfombra
En una falda de vuelos blanca y una blusa de encaje de seda
    color crema
Nuestro pastel de boda era de dos pisos de vainilla
un pastel glaseado de Stater Bros. decorado con unas lindas
    flores del mercado
El pastel marmoleado de supermercado es más dulce si se
    acompaña con lágrimas de felicidad

Las fotos de la familia y de la boda están en nuestra
    estantería gris de Ikea
Pero lo que falta en ellas eres tú
Pienso que te habrías puesto un vestido de encaje color
    crema de Tadashi Shoji
Florecitas de papel en el cabello
Te abrirías paso bajo mi velo a la cabeza de la víbora de
    la mar

Y en noches como ésta, cuando más te extraño
Me gusta bailar descalza en nuestra sala esa canción de
    Robyn
There's this empty space you left behind
Now you're not here with me
I keep digging through our waste of time
But the picture's incomplete

En este baile, ambas sobrevivimos

Te extraño.

Nota de la autora: mi querida amiga Zoraida Reyes, «Ale» para sus amistades más cercanas, murió el 11 de junio de 2014. Zoraida Reyes fue una amada hermana, mana y activista inmigrante trans de Santa Ana, California. No fui al funeral ni al entierro de Zoraida. Si de su familia escogida hubiera dependido, habríamos celebrado una ceremonia más íntima. Los medios de comunicación siguieron el caso de su asesinato mientras la comunidad buscaba una respuesta a su muerte. Hubo cualquier cantidad de entrevistas. «Siempre nos hablan de estadísticas. Siempre nos hablan de las estadísticas y las cifras de las personas transgénero. Pues bien, hoy no se trata de un número. Se trata de mi hermana. Se trata de mi mejor amiga».

Alexa Vásquez es pisciana, escritora y artista. Su obra visual se inspira en Oaxaca. Sus escritos son recuerdos de un hogar de inmigrantes, el abandono del hogar, la transición y la exploración de la feminidad trans. Alexa, egresada de Voices of Our Nation (VONA) y ganadora de una UndocuWriters Fellow en 2013, fue publicada en *Pariahs: Writing from Outside the Margins* (2016). Se graduó de Santa Ana Community College en 2020 con un título en Diseño de Moda. Actualmente vive en Corona, California, con su esposo, Ismael, y sus cuatro gatos.

RENACERES

Ola Osaze

cosas que recuerdas cuando un fascista anaranjado con una cortinilla rubia no gana la reelección

1. mujeres blancas que votan

hace cuatro años, en el suburbio de houston donde vives, le pasas por el lado con tu carrito de compras a una señora mayor blanca que examina una lata de sopa en el supermercado HEB de tu vecindario. mientras llenas el tanque de tu carro en una gasolinera cercana, una mujer blanca en la bomba contigua ordena a sus revoltosos niños en el asiento de atrás que se calmen. en la fila del correo, dos mujeres, una de pelo castaño y la otra rubia, parlotean a viva voz sobre sus niños que están en el cuadro de honor de la escuela y de la lista de universidades que les esperan. te imaginas a estas mujeres en la cabina de votación listas frente a la computadora con los nombres de los candidatos presidenciales desplegados ante ellas. quizás la señora mayor se levanta los lentes para mirar más de cerca la pantalla. o la madre, ahora sin sus dos hijos, arruga los finos labios y mira sin mirar durante un respiro. o la rubia y la de pelo castaño se echan el cabello hacia el lado según parpadean por el molestoso resplandor de luz. sus pálidas manos acarician el ratón, dirigen la flecha negra del cursor al nombre y hacen clic en la casilla que lo acompaña. y, como si nada, legitiman un candidato que promete desatar una avalancha de deportaciones, de policía militarizada, de barrotes de prisión y de muros imponentes e impenetrables. te preguntas qué parte de esto responde a la pregunta de qué conforma una mejor vida.

2. bailar en philly

días después de su inauguración, te pones una camisa de vestir rosada y florida que grita *gay*. junto con tres de tus amistades navegas por una acera de philly abarrotada de gente que busca perderse en la noche del sábado. tunde, con camisa de malla y pantalones de cuero sintéticos ceñidísimos, añade una banda sonora a tu procesión. *caro your body necessary ah necessary, caro carry leave story. ah leave story. caro dey make my head dey turn.* chasquea los dedos a un ritmo sincopado. a su lado, myra ondula, flexible y libre. bajo el brillo amarillo de las farolas es incandescente. le agarras la mano a eddie y la haces girar. es una nube color azul eléctrico según su halter remolinea en torno a ella. entonces se detiene y hace un azonto frenético, al que todas responden whoop y ayeee. haces el shoki dando vueltas aun cuando la gente en la calle se queda boquiabierta ante tu troupe y los observa. como respuesta a las preguntas y la curiosidad dibujadas en sus rostros, lo que quieres es soltar «hoy bailamos para reforzar nuestras reservas». hay veces que, ante lo incomprensible, lo único que puedes hacer es bailar.

3. seres humanos

en nigeria, el parlamento cataloga como derecho adquirido los códigos penales *antiqueer* heredados de los colonizadores británicos. en zimbabwe, un viejo luchador por la libertad convertido en dictador llama «perros» a los homosexuales. en uganda, un pastor estadounidense moviliza al gobierno para que extienda sentencias de muerte a las personas *queer*. en los estados unidos, trump niega la entrada a nigerianos, somalíes, sudaneses, libios, iraníes, sirios y yemeníes. reduce el tope de refugiados y cierra las fronteras a cal y canto. a los niños migrantes los transportan a campos de concentración mientras desaparecen a haitianos en jaulas oscuras, frías y húmedas. ¿cómo se ilegaliza a un ser humano?

4. de discotecas

en la entrada del club, tú, eddie, myra y tunde hacen una fila rápida, presentan sus pasaportes africanos con manos temblorosas a los guardias que les toquetean todo el cuerpo e iluminan con linternas las carteras de myra y eddie. justo antes de entrar por la puerta doble, myra desaparece de repente. ves a uno de los porteros que examina su pasaporte, lo cierra de mala gana y se lo devuelve. ella se acerca por el otro lado de las cuerdas que han puesto para marcar la fila. «me preguntó por qué mi pasaporte decía varón en lugar de hembra y luego dijo que mi visa había expirado así es que no puedo entrar». miran su pasaporte. la visa para entrar a los ee. uu., de hecho, ha expirado. «¿tú andas por ahí con esto?» le pregunta tunde, la incredulidad pintada en su boca abierta. myra se encoge de hombros, con una calma forzada que contradice el terror evidente en sus ojos. «pero tu pasaporte no ha expirado así es que no debe rehusar tu entrada» refuta mientras sacude sus largas trenzas hacia el otro lado de su cara. «¿podemos hablarle?» pregunta. «no» dice myra con los dientes apretados, «no quiero problemas. estoy bien con volverme al hotel». los cuatro, congelados en una encrucijada. pueden regresar a su hotel, secuestrarse en sus habitaciones lejos de los guardias que actúan como oficiales de inmigración. ya están acostumbrados a huir y esconderse.

5. la tierra de la democracia

un hombre gay observa una turba tragarse a su amante en port harcourt. lo que queda es una pulpa sangrienta, que no respira ya. el hombre gay reúne todo el dinero que tiene y se escapa a la tierra que mana leche y miel. en camerún, un hombre parte en medio de una guerra civil instigada por inglaterra y francia. viaja de áfrica a américa del sur a la grandiosa tierra de la democracia. una mujer congoleña huye de violaciones y violencia doméstica con el corazón saliéndosele por la boca. los tres se postran ante la patrulla fronteriza en la frontera entre ee. uu. y méxico. dos de estos tres mueren en detención. ¿adivinas cuáles?

6. myra

en su país natal, myra es empaquetada dentro de una camioneta, llevada al monte donde le dan una paliza y la torturan. de algún modo escapa. llega a los estados unidos en donde, por ser trans, sigue siendo paria. la expectativa de vida de una mujer trans de color en los estados unidos es de treinta y cinco años. en 2016, fueron asesinadas más de veinticinco mujeres trans, la mayoría negras. *2017 fue el año en que más personas trans murieron en la última década*, proclama un artículo *de mother jones. los asesinatos de personas transgénero sobrepasan el total del año pasado en sólo siete meses*, declara una entrada de un blog en 2020. sin embargo, la maquinaria de trump trabaja frenéticamente para prohibir a las personas trans el acceso al cuidado de la salud y al empleo. a la vez que los hombres cis convierten en deporte la cacería de mujeres trans negras, escritores y expertos famosos usan sus plataformas para negarles su condición de mujer. ¿cómo se criminaliza un cuerpo?

7. vale la pena celebrar

no recuerdas la última vez que no sentiste miedo. cuatro años de trump no han traído más que un sueño teñido de pesadillas: imágenes de personas negras devoradas en un mar de cañones de agua, balas de goma y policías en uniformes antidisturbios te han dejado mirando la oscuridad de tu habitación a las 3 a. m. boqueando como un pescado. cuando se confirma el triunfo de biden, te pasas una hora en el teléfono con una buena amiga, otra migrante negra *queer*, hablando sobre la alegría que intentan ubicar dentro de sí. «hemos ganado esta batalla en medio de una intrincada guerra» te dice como respuesta a tu pregunta de «¿qué vale la pena celebrar en este momento?» conjuntamente, celebran a la mujer negra que movilizó georgia y a la gente negra que se apiñó en las cabinas de votación en pensilvania para cambiar las franjas rojas en el mapa a azul. elogian a la gente negra en todos los sitios que se lanzó a las calles a protestar durante los meses y años anteriores, izando cruzacalles y letreros de *black lives matter* («las vidas negras importan»). se dan permiso de descansar como preparativo para la próxima batalla.

Ola Osaze es transmasculino *queer* de ascendencia Edo y Yoruba, nació en Port Harcourt en el estado de Ríos, Nigeria, y actualmente vive en Houston, Texas. Ola codirige el Black LGBTQIA+ Migrant Project y ha trabajado como organizador de la comunidad durante muchos años. También ha trabajado con el Transgender Law Center, el Audre Lorde Project, Uhuru Wazobia (uno de los primeros grupos LGBTQ de inmigrantes africanos en los EE. UU.), Queers for Economic Justice y el Sylvia Rivera Law Project. Ola recibió una beca en 2015 del taller Voices of Our Nation Arts (VONA) y ha publicado textos en *Apogee*, *Qzine*, *Black Look* y en las antologías *Black Futures* y *Queer Africa II*.

Oscar Vazquez

La obra

Mayo de 2009, estadio de fútbol de Sun Devil: Había llegado el gran día, el día que ansiaba que llegara desde que comencé a estudiar ingeniería mecánica hacía cuatro años: la graduación. Parado en el campo bajo el sol abrasador de Arizona, miraba con entusiasmo las secciones reservadas en busca de un rostro familiar. Mi familia aún no había llegado. Los asientos se iban llenando de gente que llevaba letreros con felicitaciones, globos y vuvuzelas. En el fondo, en la tarima, se oía «School's Out» de Alice Cooper. Mirando alrededor, podía percibir el júbilo. Los graduandos caminaban como si flotaran: ya no cargaban sobre sus hombros la presión de los cursos exigentes ni de los exámenes rigurosos.

Pero para otros como yo, el estado de ánimo era distinto. Estaba lleno de dudas, de miedo a lo desconocido después de graduarme. Sí, terminaba con una licenciatura en Ingeniería Mecánica de Arizona State University, pero seguía siendo un inmigrante indocumentado de México. Tendría un diploma, pero no tendría forma de obtener un trabajo como ingeniero mecánico en este país.

Algo más se sumaba a mi ansiedad. A pocos metros estaba

el presidente Barack Obama, el orador de la ceremonia de graduación. Yo era uno de los graduandos que había sido invitado a estar junto a él en el escenario porque iba a recibir un reconocimiento especial durante la ceremonia. La ASU me consideraba como un símbolo del potencial que todos los estudiantes tenían, en particular aquellos sin papeles.

Cuando el presidente Obama subió al estrado, escuché con mucha atención sus palabras.

—Y hoy quiero decirles, graduandos, clase de 2009, que, a pesar de haber alcanzado un hito importante en su vida, a pesar de que ustedes y sus familiares están en todo derecho de sentirse orgullosos, no se pueden dormir en sus laureles. Ni siquiera algunos de esos jóvenes excepcionales que fueron presentados un poco antes... no se pueden dormir. La obra de cada uno de ustedes también está por construirse.

Mientras Obama hablaba, yo pensaba en lo que hasta este momento había sido mi obra. ¿Qué había logrado hasta entonces?

Diciembre de 1998 comenzó como cualquier otro diciembre. Quedaban pocas semanas de clase antes de que empezaran las vacaciones de Navidad. Hacía frío y vendían naranjas, nueces y cacahuates por doquier. La temporada de piñatas, posadas y ponches navideños había llegado. Tenía doce años e iba a la escuela intermedia en el pueblecito de Temósachic. En el idioma rarámuri de allí esto quiere decir «el lugar de la niebla». El pueblo está en las montañas del estado mexicano de Chihuahua. Todos mis seres queridos vivían allí, menos mi papá. Él vivía en Phoenix, Arizona. Hacía ya un año que se había ido. No nos decía que nos extrañaba, pero podía escuchar en su voz la añoranza de estar con nosotros siempre que llamaba.

Cuando llegué a casa de la escuela, mi mamá me sentó a la mesa y me dijo que nos íbamos a Phoenix para estar con mi papá. Yo no me quería ir. Este pueblo era toda mi vida. Estaba feliz aquí. Sabía que éramos pobres, pero todos los demás también lo eran. No importó cuánto me quejé sobre nuestra partida. Con doce años, mis quejas no tenían demasiado peso, y el miedo a la chancla era mayor. Así que, una mañana fría de diciembre nos fuimos de mi pueblo natal. Lloré, aunque, hasta el día de hoy, no me gusta admitirlo.

Nos dirigimos al pueblo fronterizo de Agua Prieta en Sonora. Viajamos en carro por un camino de tierra hasta el límite del pueblo. Allí había una valla que separaba Agua Prieta de Douglas, Arizona. La valla fronteriza era alta e intimidante, pero no se extendía al infinito. Varias millas, a las afueras del pueblo, se encogía para convertirse en una barrera menos imponente. Allí fue donde encontramos un hueco a través del cual pudimos colarnos. No recuerdo mucho sobre las siguientes horas, no porque no tenga recuerdo de ellas, sino porque el miedo paralizante de ser un indefenso chico de doce años en un lugar que no conocía junto con dos traficantes, en quienes no confiaba, lo convierte en un recuerdo doloroso de revivir. Recuerdo caminar por el frío desierto, la tienda Walmart en la distancia y el calor y alivio que finalmente sentí cuando entramos en el centro de jardinería de la tienda. Varias horas después, ya estaba en Phoenix con mi mamá y mi papá, otra vez una familia feliz.

Unos días más tarde, empecé a ir a una secundaria estadounidense. Siempre me había gustado la escuela, mayormente porque soy muy competitivo: me gustaba sacar las mejores calificaciones. La escuela era distinta, en especial la cultura, las materias que aprendíamos y cómo nos enseñaban. En México a los maestros se los veneraba, se los trataba con respeto. En esta escuela los estudiantes les contestaban mal, no entregaban las tareas, no hacían más que soñar despiertos y no iban a clases. En mi pueblecito, yo estaba en un salón y los maestros eran los que cambiaban. Aquí tenía que cambiar de salón y me perdía en los pasillos. También estaba la barrera de comunicación. No tenía ni la menor idea de qué estaban enseñando la mayor parte del tiempo. No entendía inglés y lo que oía era una sola palabra bien larga, como un tren que no tenía fin. ¿Cómo podían mis maestros hablar tan rápido? Incluso la historia que aprendía era distinta. En México me enseñaron que Pancho Villa era un héroe de la Revolución mexicana, que luchaba por la libertad, un líder del pueblo. Pero ahora, en los EE. UU., Pancho Villa era un bandido, un rufián y un ladrón. La mejor manera en que puedo describir esta parte de mi vida es «la gran confusión». Yo ya no estaba seguro de quién era ni de en dónde encajaba.

Pasaron los años. Aprendí inglés, me gradué de la secundaria y terminé yendo a Carl Hayden Community High School. Allí fue donde comencé a buscar espacios en donde encajar. Terminé optando por cursos electivos en Ciencias

Marinas y el Cuerpo de Entrenamiento de Oficiales de Reserva para Jóvenes. Encajé tan bien dentro del currículo de la JROTC que ya en mi tercer año lideraba el equipo de entrenamiento de aventuras. Acampábamos y hacíamos senderismo, aprendimos a leer mapas y a dar primeros auxilios básicos, incluso visitamos varias bases militares. Los dos instructores de JROTC que tuve eran veteranos de la Guerra de Vietnam. Quería caminar como ellos, con la frente en alto. Sentirme orgulloso de servir a mi país. Aunque no tenía papeles, me sentía estadounidense. Quería ser parte del ejército, aprender a saltar de aviones y a ser un soldado. Pero había entrado a este país por un hueco en una valla, así es que tuve que buscar otra cosa que pudiera hacer.

Descubrí la robótica en las clases de Ciencias Marinas cuando nos pidieron que diseñáramos y construyéramos un robot. Mi preparatoria iba a competir con ese robot en una competencia nacional de robótica en Santa Bárbara, California contra universidades de renombre y prestigio, incluido MIT. Yo no sabía qué era MIT, así es que eso no me intimidó. Sólo quería trabajar con mis compañeros de clase y crear el mejor robot que pudiéramos crear.

En junio de 2004 tuvo lugar la competencia Marine Advanced Technology Education ROV. A diferencia del robot de MIT que costó más de $10,000, el robotcito que llamamos Stinky estaba hecho de tubos de PVC, motores de trolling baratos, bombas de peceras y hasta botellas de leche que encontramos en el basurero del reciclaje. A pesar de estar hecho con piezas baratas, recicladas o de repuesto, Stinky realmente funcionaba. Hacía todo lo que queríamos que hiciese y más. Mis compañeros y yo —la mayoría inmigrantes indocumentados— ganamos el primer premio de la competencia.

La competencia nacional cambió mi vida. Fue por esta competencia que pude ir a Arizona State University y especializarme en ingeniería mecánica. Mis profesores de robótica, el Sr. Lajvardi y el Dr. Cameron, fueron clave en mi decisión de proseguir estudios superiores, fueron quienes me abrieron las puertas a la ingeniería y a la ciencia aplicada. Mediante sus enseñanzas pude entender mejor el proceso científico, valorar las matemáticas y encontrar oportunidades de aprendizaje en los fracasos. Aprendí que no es bueno cuando los sistemas electrónicos empiezan a echar humo, pero, más importante aún, aprendí que los desafíos se superan trabajando en equipo y aplicando la ciencia.

Pero ese día de mayo de 2009, sentado en el escenario el día de mi graduación, me di cuenta de que los desafíos a los cuales me enfrentaría no se resolvían con la ciencia. No había fórmula matemática en mis libros de texto que me pudiera ayudar.

—La obra de cada uno de ustedes también está por construirse— había dicho Obama.

Con todo y lo que deseaba construir mi obra, mi estatus como indocumentado impediría mi progreso. Al igual que muchos estudiantes, tuve que trabajar y estudiar a la vez, pero a diferencia de otros estudiantes, no podía obtener un trabajo mediante la universidad y no cualificaba para recibir ningún tipo de ayuda financiera por mi estatus. Trabajé en la construcción para pagarme los estudios, asándome bajo el sol de Arizona junto con otros trabajadores indocumentados. Había sido claro sobre mi estatus de indocumentado en los medios de comunicación y me habían destacado en el Senado de los EE. UU. como uno de los estudiantes que se beneficiaría de la Ley DREAM (Development, Relief, and Education for Alien Minors o «Ley de desarrollo, ayuda y educación para menores extranjeros»), aunque, hasta la fecha, la Ley DREAM aún no se ha aprobado.

Par mí, las palabras del presidente Obama significaban que, a pesar de haber trabajado con ahínco para llegar a donde estaba, no era suficiente. No podía dormirme. Nunca lo había hecho, tampoco lo haría ahora. Necesitaba ver de qué manera podía impulsar mi carrera. Necesitaba probarme a mí mismo que no sólo podía hacer un buen trabajo en la universidad, sino que también podía ser un exitoso miembro de la sociedad y devolverle lo que le debía.

Luego de graduarme, tuve una conversación con mi esposa, que hacía poco tiempo había dado a luz a nuestra primera hija. Ella era ciudadana estadounidense y esto significaba que podía solicitar que se legalizara mi estatus. Sin embargo, la ley me obligaba a regresarme a México a entregar la solicitud desde allá. Sabía que una vez que cruzara la frontera no podría regresar hasta que tuviera una *green card*. Para algunas personas podía tomar semanas; para otros, podía tomar diez años. Optamos por arriesgarnos. Era la única forma en que podía seguir construyendo mi obra.

Así que, regresé a México para comenzar el proceso de obtener una *green card*. La gente no sabe lo arduo que es este proceso, lo difícil que es producir toda la documentación que te piden, desde todas y cada una de las declaraciones de impuestos de los últimos cinco años, hasta información financiera, pruebas de mi relación con mi esposa, la traducción de mi certificado de nacimiento. Durante este tiempo no pude ver a mi hija dar sus primeros pasos ni decir sus primeras palabras. Tan poco me veía, que mi hija no me reconoció cuando finalmente regresé. Mi esposa se vio obligada a criar a nuestra hija sola sin saber si algún día podría regresar. Los estragos de la distancia sobre mi familia fueron inmensos, pero nuestro amor lo pudo todo.

Terminé pasando casi un año en México en espera de una *green card*. El día en que la recibí y regresé a los EE. UU., recuerdo cruzar sobre un puente de peatones a El Paso, Texas, con mi frente en alto, sin temer más a las camionetas con franjas verdes de la migra. Tenía el documento que añoraba desde que tenía doce años.

De las primeras cosas que hice cuando regresé fue sacar la licencia de conductor y solicitar trabajo como ingeniero mecánico. De camino a casa después de una entrevista de trabajo, vi una oficina de reclutamiento del ejército. Me detuve y entré para ver cómo era. Lo próximo que supe fue que me inundaba una lluvia de recuerdos del JROTC de la escuela superior, de mi sueño de saltar de un avión.

Luego, un día, finalmente lo logré.

Ya en noviembre de 2011, me habían asignado a una base

militar en Anchorage, Alaska, y un mes más tarde estaba en Afganistán, donde tuve el honor de luchar por mi país.

En enero de 2016, me invitaron a presenciar el último discurso sobre el estado de la unión del presidente Obama. Sentado en la galería de visitas del Senado, reflexioné sobre cómo su discurso de graduación hacía siete años había hecho una diferencia en mi vida. Cuando lo conocí por primera vez, no estaba seguro de hacia dónde se dirigiría mi futuro. Desde que me recibí de la universidad, he vivido en tres países y en cinco estados de los EE. UU. He ejercido múltiples trabajos en el Ejército y como trabajador civil, y he sido destacado en artículos y documentales, y en un libro y una película llamada *Spare Parts*. En la actualidad, soy analista de datos de una de las redes de trenes más grandes del país. Continúo usando las matemáticas y las ciencias, y sigo construyendo mi obra.

Oscar Vazquez llegó a los Estados Unidos a los doce años cuando migró de México a Phoenix, Arizona. Fue estudiante sobresaliente de Carl Hayden Community High School donde formó parte del equipo de robótica submarina, que ganó un campeonato nacional en 2004 contra algunas de las universidades de ingeniería más prestigiosas del país. Esa oportunidad lo orientó hacia una educación universitaria en STEM, donde obtuvo una licenciatura en Ciencias de la Ingeniería y una especialidad en Ingeniería Mecánica en Arizona State University en mayo de 2009. Con la ayuda del senador Dick Durbin, quien presentó su caso en el Senado, obtuvo una visa en agosto de 2010. Seis meses después, Oscar se alistó en el Ejército. Ahora trabaja para Burlington Northern Santa Fe Railway en Fort Worth, Texas, como analista de negocios.

Sól Casique

POEMAS

Visión de toro

Las tijeras botas encuentran mis vértebras cervicales y me
   sacuden hasta que emerjo
Como una serpiente surucucú, que crepita bajo su propia
   piel
     Dejando atrás el polvo de existencias pasadas
     Boyante, aventada en cuerpos de agua sin límites

El océano me eleva hasta el sol para que pueda vislumbrar
La tierra que no he visitado en dieciocho años
     Floto cerca del centro... la patria
     La Victoria, la ciudad de la independencia

Me sumerge en el suave vacío
Entre jadeos, intento entender este cuerpo migrante,
   transitorio, fluido
     No sé quién soy,
     ni dónde estoy

Sól Casique

En algún lugar de una galaxia desconocida,
me he atascado en un eclipse
> Como Hathor, extiendo puentes entre las fronteras
> Del cosmos y la tierra sin interrupciones

Donde un toro me mira sobre el árbol perpetuo de
  magnolias
Sus ojos profundos y eternos me anclan a mi propio ser
> Los pétalos resistentes bordean su piel marrón claro
> Entre sus cuernos altivos sostiene la luna

Me pastorea a través de una tormenta de arena que intenta
  tragarme
Aprendo a cambiar de forma
> Como el toro
> Sin límites

Me muevo derribando los muros deliberadamente
Sacudiéndome las fastidiosas moscas que murmuran
  maldiciones contra mí
> Que interrumpen mi camino sagrado
> *No perteneces a ninguna parte y tu hogar no está en ningún*
> *lugar*

A veces me hallo entre una multitud con otras criaturas
  perdidas
A veces me hallo en el desierto sin compañía una vez más

Los gustos cambian mientras viajo siguiendo mi propia
   voluntad e intuición
Me arrodillo ante un altar tejido
      Con recuerdos olvidados como el olor dulce de los
         plátanos
      O la niebla omnipresente que baja de los Andes

Troto hacia la orilla
Miro las olas, las estrellas infinitas
      Que me miran con asombro desde las profundidades
      Me he convertido en algo parecido a un toro

Mi piel,
Un caleidoscopio de epifanías
      Un mapa de carreteras de los momentos en que me
         llevaron a la oscuridad
      Donde otros aprendieron a temer mis transformaciones

Mis cuernos reflejan la luz de la luna
Mis ojos se convierten en telescopios que miran el espíritu
   del sol
      Una miel infinita
      Algo indomable

Sól Casique

Si yo, una persona indocumentada, poseyera
una nave espacial o dos o tres

Una tiene forma de pulpo-manta:
Concebida por las fuerzas gravitacionales de agujeros negros
    supermasivos
Controlada por su cerebro acéfalo,
Azul cobalto y tornasolada,
Los tentáculos hundidos en la electricidad
La transmutan y decoran con una fauna asombrosa, soles
    muertos de viejas
Y brillantes nubes psicodélicas que riegan su cuerpo hirviente

Charcos de sudor, que estallan en asteroides, forjados en mi
    sal y la rabia
De estar a tantos continentes de mi familia
Mientras mi abuelo está solo en una habitación de hospital
    repleta de gente
Un virus se alimenta de su cuerpo
Los rosarios nocturnos y las novenas forman un frágil
    escudo sobre sus pulmones debilitados
El mundo exterior ruge mientras su espíritu flota sobre las
    calles ardientes
Una nación sofocada en manos de soldados y líderes
    corruptos

Pero el sol no se pondrá hoy ni mañana
Ni en cinco mil millones de años

DONDE SOMOS HUMANOS

Por tanto, me hago útil en este pulpo
Al que llamo Deathstalker, por mi ascendente en escorpio,
Crepitante y siseante entre las estrellas
Como fugitivos del espacio nos adaptamos a su entorno
    galáctico
Aprisa   en secreto, indetectables

El cuerpo de la nave espacial es un látigo poderoso
Su sustento no tiene fecha de caducidad
Arponea la barriga de las naves espaciales enemigas
Cuyos cascos, guiados por la codicia,
Absorben y extraen las piezas de las naves vencidas a un
    punto de no retorno
Liberamos las que creíamos perdidas desde hace tiempo
Las convertimos en turmalina

Luego, una secoya flota entre las supernovas
Una gigantesca nave espacial, infinita y altiva, de 87 metros
Las nébulas se enredan en sus raíces superficiales y sus largas
    ramas
La llamo Taurus,
Como tantos otros árboles que me han acompañado en mis
    sueños.
Su corteza arrugada color azafrán está tallada
Y labrada con los archivos de las lunas
De las galaxias que me ayudó a criar y de otras que vio
    desmoronarse

Sól Casique

Esta secoya existe alegremente en el espacio
No para consumo de los humanos o sus planes, que siempre
 terminan en fracaso
Su existencia, esta vez, es sólo para sí
Propulsada por la energía del placer y el sol
Y yo la cabalgo para acceder a las canciones de mi niñez
 que vibran en su tronco

Y logro recordar
Los boleros que bailábamos por todo el apartamento de mi
 abuelo,
La brisa del verano teñida de risas
Mi familia no sabía que sería la última vez
Que bailaríamos en el suelo de losas azul y crema

Logro una ensoñación   viajar en el tiempo
 convertirme en antologías ancestrales
Guarda de viajeros y niños arcoíris
Puedo extenderme al infinito

Amorcito, el cráneo chorreante, es el último
Dos picos de corazón cruzados sobre su corona
Empapados en varias lenguas de naranja infierno,
Lo navego a través del huracán de Júpiter y los anillos de
 Saturno
Me unto el pecho de la arena roja de Marte a modo de
 protección

DONDE SOMOS HUMANOS

Vuelo libre y sin límites

Porque no hay controles fronterizos, ni agentes de ICE que
  pidan identificaciones ni papeles

Aquí no hay prisiones

Sólo un lugar de nacimiento para rosas doradas

Esta nave tiene un olor residual a incienso de nostalgia, de
  momentos sagrados

Que sostienen este cuerpo mortal—

      El aroma de las arepitas recién hechas a las 6 a. m.

    Con queso blanco hecho en casa y caraotas por
  encima.

    Zapatos de lazos blancos inmaculados que corren por
  la plaza,

    Un conito de helado de fresa que una vez chorreó por
  mi bracito,

    Las notas melancólicas de las llaneras se van de aventón
  en la brisa que transporta esos olores,

    Y las lleva a los llanos venezolanos

Ahora soy astronauta

Extraterrestre sin cadenas, con vestidos de talismanes y
  fuego

Observo las profundidades de mi patria

Pienso en el precio tuve que pagar por esta libertad

Me ajusto la chaqueta de piel

Un toro altivo bordado en la espalda

Sól Casique

Pongo en marcha la nave
El cráneo de un colibrí sobre la consola choca con el vidrio
Mientras cruzo la Vía Láctea
Alguien me llama para que *regrese a casa*
Un giro abrupto a la derecha y podría estar *ahí*

Me rodea la tierra tibia que mis pies cansados conocen muy
  bien
Saboreo el pabellón una vez más
Abrazo a mi abuelo por última vez
Porque nada es permanente y todo es digno y divino

Sól Casique es unx creadorx indocumentadx que centra su trabajo en temas de transformación y la belleza del ser para crear e imaginar más allá de los límites del colonialismo. Por tener el *stellium* en Tauro, se le antojan constantemente tacos de birria, una butaca tibia para leer al lado de una ventana, un *mix* de perreo sudoroso y la caída de los estados supremacistas blancos. Su identidad es innegociable.

Bárbara Andrea Sostaita

Un relato de éxito indocumentado

Tenías seis años cuando tu familia llegó a los Estados Unidos: confundida, curiosa, convencida de que tus padres te habían traído aquí a conocer a Mickey Mouse. Tu vuelo aterrizó en Miami y de inmediato comenzaste a buscar por doquier al ratón de ojos grandes y sus inconfundibles zapatos amarillos. Pero no estaba en ningún lado. Tus padres te hicieron creer que estabas aquí de vacaciones. Pero pasaron los meses y tu visa de turista expiró, y seguías preguntando cuándo regresarían a casa en Argentina. «Pronto» respondieron una y otra vez. Nunca confesaron que estabas aquí para quedarte ni que estabas aquí sin papeles. Al menos no de manera explícita.

Nunca quisiste vivir permanentemente aquí. Odiabas viajar en el enorme autobús amarillo y preferías caminar a la escuela de la mano de tu papá, y parar en la bodega para cautivar al vendedor y que te diera una factura, gratis. Aquí todo era tan silencioso, tan quieto. No como en Buenos Aires, siempre un hervidero con el sonido de las risas de tus primas y tu abuelita gritando cuando no encontraba el pimentón para sus empanadas y tu papá que te llevaba a las manifestaciones, coreando «viva Perón» por las calles adoquinadas.

—Buenos Aires engendra revolucionarios —te dijo una vez durante una manifestación.

Lo que nunca te dijo es que muchos de los revolucionarios habían tenido que huir de Argentina, y que a muchos de los que se quedaron el Estado los habían hecho desaparecer. Su propia familia se fue durante la década de los años ochenta durante una dictadura militar que convirtió el océano en cementerio y a las calles de Buenos Aires en un desfile de dolientes. Nunca te dijo tampoco cuánto la dictadura seguía atormentándolo. Nunca confesará que ésa es, en parte, la razón por la que se fueron de Argentina, que incluso hoy día, veintidós años después cuando ya no son indocumentados, rehúsa regresar a su país. Lo llamas «su país» porque nunca se te dio la oportunidad de llamarlo tuyo. La Argentina que recuerdas es sólo un débil trazo, un tormento fantasmagórico. Hay poco que echar de menos porque hay poco a lo que aferrarse. Tus primas crecieron sin ti, y tu tía falleció sin ti, y el país que dejaste ha cambiado irrevocablemente.

Tú también has cambiado. Ya no te importa la quietud. Aprendiste a llamar hogar a los Estados Unidos. A los veintiocho años, tienes un doctorado en Estudios Religiosos de una de las mejores universidades del país. Eres un relato de éxito indocumentado. O al menos eso es lo que tus padres te dicen. Y sus amigos. Y su congregación. Y tus maestros de escuela secundaria. Y los consejeros de tu niñez. Y las personas bienintencionadas que conociste a lo largo de la investigación de tu tesis. Y los jóvenes colegas migrantes. Y tus vecinos. Y. Y. «¡Sí, se pudo!» comentan tu estado de Facebook donde anuncias que defendiste tu tesis. Pero esa frase, pensada a modo de celebración, de sugerir sobrepasar obstáculos, te parece estática y predeterminada. Borra la inseguridad constante, la ansiedad continua, la presión sinfín de probar tu valía. No es sí, se pudo. Es una lucha interminable entre si sí puedes o si no puedes seguir, cuánto puedes aguantar. Te planteas si contestar los comentarios y confesar que el éxito casi te destruyó.

En 2010, te matriculaste en una universidad para mujeres a pocos kilómetros de la casa de tus padres. Era la única universidad que te aceptaría, y podrías vivir con tus padres para ahorrar el dinero del hospedaje. No viviste la experiencia universitaria tradicional, pero no le diste importancia. Luego de vivir años en pánico sobre la universidad y penando por tus sueños de acceder a estudios superiores, simplemente te sentías afortunada de estar sentada en un aula universitaria. Después de todo, te habían enseñado que los estudios superiores te salvarían y probarían tu valía ante este país. No importaba nada más. Con un diploma universitario, demostrarías que los inmigrantes pertenecen a este país. Honrarías los sacrificios que hicieron tus padres.

Cuatro años más tarde, te mudaste a más de 900 kilómetros para ir a la escuela de posgrado. Tu padre sollozaba mientras se alejaba en una camioneta U-Haul ya vacía luego de haberte ayudado a mudarte a un departamento de una habitación en New Haven, Connecticut. Ésa fue la primera vez que recuerdas haberlo visto llorar. Confesó que el día que se fueron de

Bárbara Andrea Sostaita

Buenos Aires, durante una parada en Chile, dejó por unos momentos sola a tu mamá en la cafetería del aeropuerto para poder llorar en uno de los compartimientos del baño. Una parte de él comprendía que nunca regresaría a su tierra natal. Quizás dejarte en Connecticut le recordó ese momento en Chile, y se dio cuenta de que esta migración también era una especie de transformación y que la relación que tenían jamás sería la misma. La migración es una cadena sin fin de pérdidas y partidas. Antes de irse, te pidió que recordaras la lucha y el sacrificio que implicaron llegar a este punto. Que todo lo que él había hecho siempre había sido por ti, cosa que todo hijo de inmigrante identifica como una indirecta para referirse a una deuda que nunca pediste contraer y que jamás podrás repagar. Te recordó que eres un ejemplo para otros jóvenes indocumentados. Y todas esas palabras eran una inmensa carga que soportar.

Nunca te sentiste tan sola como durante los años en que viviste en New Haven. Los inviernos aparentemente interminables arrojan un tono gris pálido sobre tus días y, tal como en las novelas que leías en la escuela superior, el paisaje desnudo aparecía como una metáfora de muerte y pérdida y anhelo. Los días eran cortos y la carga académica intimidante. Sobrevivías semana tras semana comiendo frijoles y arroz. Luchabas por seguir el ritmo de las discusiones en los seminarios; no estabas familiarizada con palabras como «dialéctica» y «epistemología». Te sentías perdida cuando leías teoría y te sentías como una fracasada. Sollozaste en una de las aulas del seminario luego de una sesión de «Religión y el Nuevo

Espíritu del Capitalismo» en la cual un compañero de clase dijo que pensaba que Argentina era un fracaso y se refirió a su economía como una economía «sin esperanza». Comenzaste a perder la confianza en que la educación te salvaría. Pero no podías decirle eso a tu papá ni a la mayor parte de la gente, porque se supone que los relatos de éxito indocumentados deben ser agradecidos. Te enseñan a contar tus bendiciones y a que te dejes de tonterías y que seas inspiración para los demás. Se supone que no debes fracasar, expresar duda o decepcionar a tus comunidades. Recuerdas que tus padres no tomaron vacaciones y manejaban autos destartalados e hicieron trizas sus cuerpos en trabajos de salario mínimo para que pudieras acceder a los pasillos de la academia.

Deseas que la gente que comenta «sí, se pudo» en tus estados entendiera lo que no se pudo a lo largo de tu trayecto universitario. Lo que tuviste que dejar atrás para convertirte en su niña ejemplar. A lo que renunciaste para alcanzar el éxito. Aparte de las fiestas que evitaste por el miedo a la vigilancia policial y a la deportación. Aparte de los viajes de estudio al extranjero a los que no pudiste ir por tu estatus legal. Aparte de las amistades y relaciones que descuidaste porque el tiempo estaba reservado para tu educación. Deseas poder expresar cómo autosometerte a estándares imposibles de lograr y preocuparte por no decepcionar a tu comunidad ha perjudicado tu salud mental. Deseas poder grabar las conversaciones con tu terapeuta, la discusión sobre los ataques de pánico y el síndrome del impostor. Deseas poder decirles que tu pareja tiene que sacudirte para despertarte frecuentemente durante la noche porque el sonido que haces al crujir los dientes lo asusta. Deseas poder decirles, para parafrasear a Sandra Cisneros, que, a fin de cuentas, los libros no te pueden abrazar ni ofrecerte un toque sanador.

Deseas poder decirles que, días después de recibir la carta de aceptación al programa doctoral y celebrar con tu familia con un asado, la prueba de embarazo dio positivo y que, de inmediato, supiste que un aborto era la única opción porque un embarazo inesperado fuera del matrimonio no era un relato de éxito indocumentado. A diferencia de un diploma, un bebé no llenaría de orgullo ni a tu familia ni a tu comunidad. Sería casi imposible comenzar un programa de posgrado con un recién nacido, amamantarlo toda la noche y asistir a un seminario temprano en la mañana. No te arrepientes de tu decisión de abortar, y estás agradecida de la atención médica que recibiste. Pero en ocasiones sueñas con un viaje alterno, un viaje en el que te desvías del plan o que te permites imaginarte de otra manera. Al sol de hoy te preguntas cómo hubiera sido tu hijo y cuáles hubieran sido sus primeras palabras y cuáles canciones de cuna le hubieras cantado antes de acostarlo a dormir. No queda mucho de tus recuerdos de Argentina, sin embargo, las canciones que heredaste de tu abuela son una excepción. Te preguntas si haber escogido tener al bebé te hubiera permitido escribir una historia distinta, una historia que rechazara la respetabilidad, el éxito y los logros. O que definiera esos términos de manera distinta. Te preguntas quién serías sin la presión de probar tu humanidad a una sociedad que te deseaba desaparecida y deportada.

Temes perpetuar estas palabras en papel, porque tus padres aún no saben de tu embarazo y conocer esta verdad podría deshacer el relato de éxito indocumentado que han memorizado y narrado durante la mayor parte de tu vida.

Pero nunca quisiste ser un relato de éxito indocumentado. Te enseñaron que el éxito te salvaría, que un diploma te protegería de la deportación. Y deseas un mundo en que a los jóvenes indocumentados se les permita ser humanos, un mundo en el que puedas experimentar y fracasar sin la carga de ser el sueño de otro. Te imaginas que tu relación con tu papá sería más saludable en este mundo, que te perdonarías a ti misma más pronto cuando cometes errores, que él no pondría sobre ti tanta presión de ser perfecta. Quizás no lo resentirías por convertirte en heroína, y entenderías que él sobrevivió una situación insufrible de la cual emergió hecho pedazos. Te das cuenta de que desaprender el relato de éxito indocumentado requiere que sanes tus heridas, y quizás eso ayude a que él sane también.

Bárbara Andrea Sostaita es de Argentina y tiene un doctorado en Estudios de Religión de la University of North Carolina. Actualmente trabaja en un manuscrito basado en su tesis doctoral, un experimento (auto)etnográfico titulado «Sanctuary Everywhere: Fugitive Care on the Migrant Trail». Centrado en las tierras fronterizas de Sonora y Arizona, el libro documenta momentos de cuido e intimidad que exponen la falta de permanencia y la inestabilidad de la militarización fronteriza. Sus escritos sobre el santuario y la migración han sido publicados en *Bitch*, *Teen Vogue* y *Remezcla*, entre otros.

Reyna Grande

Sweet Valley no es tan dulce

Mientras peinaba a mi hija de diez años, se giró y me dijo:

—Mami, ¿cuándo vamos a ir a Hawái?

—¿Por qué quieres ir a Hawái? —pregunté.

—Porque todas mis amigas han ido y yo no —respondió.

Recordé cuando tenía su edad y le hice a mi padre una pregunta similar: «¿Cuándo vamos a ir a Disneylandia?». Mi padre se rio y se fue. Era empleado de mantenimiento en un hospital de Los Ángeles y alimentaba a tres hijos con el salario mínimo.

Por fortuna, a estas alturas de mi vida, ni Disneylandia ni Hawái están fuera de mi alcance.

Sin embargo, lo que a veces sí está fuera de mi alcance es reconciliarme con la idea de que la niñez de mis hijos sea tan diferente de la mía, y aceptar que la distancia entre mis hijos y yo la he provocado yo misma.

Cuando estaba en la secundaria, la bibliotecaria de mi biblioteca pública me daba libros de la sección juvenil para que me los llevara a casa. Salía de la biblioteca con un montón de libros, entre ellos *Sweet Valley High*. Las chicas de la portada, con su cabello rubio y sus ojos color azul verdoso, me miraban y sonreían como si quisieran ser mis amigas.

Cautivada, leía bajo las sábanas con una lámpara y me adentraba en la vida de las gemelas idénticas llamadas Jessica y Elizabeth. Dos chicas bonitas y esbeltas con un bronceado californiano y un hoyito en la mejilla izquierda. Su padre era abogado; su madre, diseñadora de interiores. Las chicas eran porristas en la preparatoria, tenían muchos amigos y novios guapos. Yo era una inmigrante mexicana indocumentada. Cuatro años antes, mis hermanos y yo habíamos cruzado corriendo la frontera para empezar una nueva vida en Los Ángeles. Vivíamos con mi padre y mi madrastra en un apartamento de una habitación. Dormíamos en la sala, mi hermana y yo en el sofá-cama, mi hermano en el piso.

Cuando descubrí *Sweet Valley High*, recién había completado el programa de ESL, inglés como segundo idioma, en la secundaria y asistía a las clases regulares de inglés. Aunque mis habilidades de lectura y escritura eran lo suficientemente buenas como para estar en un salón de clase con estudiantes nacidos en este país, mi pronunciación dejaba mucho que desear. En la escuela, mis compañeros se reían cuando hablaba en clase y, por eso, prefería leer. Cuando leía, nadie podía escuchar mi acento de «mojada (*wetback*)». Y, al menos, las gemelas Wakefield nunca se reían de mí. Sabía que en la vida real nunca habríamos sido amigas —en sus círculos de amistades no había nadie que se pareciera a mí—, pero mi tarjeta de la biblioteca me daba el privilegio de, por lo menos, asomarme a la vida de todas esas chicas estadounidenses.

Sin embargo, yo quería que me vieran a mí también. Quería sentir que podía pertenecer a su mundo en vez de tener que verlo desde afuera. Quería saber cómo sería tener unos padres exitosos, viajar, tener ropa bonita. Nunca carecer de nada. Esos libros me dieron acceso a algo a lo que no podía acceder en la vida real: la sociedad estadounidense blanca de clase media. Pero, así como me provocaba placer leer sobre una vida estadounidense que jamás sería mía, también me dolía. Mucho. *Eso es lo que no tengo. Eso es lo que no soy. Eso es lo que nunca seré. Eso es lo que nunca haré.*

Me esforcé mucho por poder disfrutar de esa vida algún día, pero, sobre todo, por darles esas experiencias a mis futuros hijos. Incluso antes de tener a mi hijo y a mi hija, me afanaba por garantizarles la niñez que nunca tuve. Mi primer acto de amor de madre fue eliminar de la vida de mis hijos las etiquetas con las que crecí: de clase baja, inmigrante, aprendiz de inglés, universitaria de primera generación. Mi hijo y mi hija jamás tendrán que enfrentarse a los obstáculos diarios que tuve que superar mientras luchaba por mi lugar en esta sociedad, por mi derecho a permanecer y formar parte del tejido de este país. Pero ni mi diploma universitario, ni mi carrera como escritora, ni mi inglés perfecto me prepararon para la experiencia de criar a dos niños de clase media-alta nacidos en los Estados Unidos.

Yo nací en el segundo estado más pobre de México, en un piso de tierra, en un jacal hecho de carrizo y cartón. Mis hijos nacieron en un hospital privado de Los Ángeles, California. Pasé mi infancia lejos de mis padres, que inmigraron a los Estados Unidos sin mí. Mis hijos viven en un hogar estable con dos padres amorosos con diplomas universitarios y carreras profesionales. La primera vez que salí de mi pueblo natal fue a Tijuana para arriesgar la vida cruzando la frontera estadounidense. Mis hijos han viajado por todos los Estados Unidos y otras partes del mundo. Contrario a mí, crecen escuchando «cuando vayas a la universidad» y no «si es que vas a la universidad». Tienen una cuenta de ahorros para sus estudios, a la que mi esposo y yo depositamos dinero cada mes. Cuando mi hija jugaba con Barbies, sus muñecas iban a la universidad o pertenecían a un club de lectura.

No sé cómo reconciliar la pobreza de mi niñez con la riqueza de la niñez de mis hijos. Mi éxito en este país me ha permitido darles la vida que una vez soñé, pero en mi afán de evitarles el trauma de crecer en la pobreza y en los márgenes de la sociedad estadounidense, me excedo en compensarlos y mimarlos.

Lo que sentía al leer *Sweet Valley High* es lo que siento ahora cuando miro a mis hijos: la sensación de verlos desde afuera.

Un día, llegué a casa y encontré a mi esposo y a mis hijos sentados en el piso de la sala rodeados de montones de ropa.

—¿Qué está pasando aquí? —pregunté al entrar.

—Estamos organizando —respondió mi esposo, que había leído hacía poco el libro de Marie Kondo: *La felicidad después del orden: una clase magistral ilustrada sobre el arte de organizar el hogar y la vida*. Señaló dos montones de ropa y dijo que con ésa se iban a quedar los niños.

—Y ésa es para donar —dijo apuntando hacia el montón más grande. Me quedé sin aliento cuando vi las camisas que le había comprado a mi hijo adolescente en mis viajes recientes y los vestidos que con tanto esmero había escogido para mi hija preadolescente. Estaban casi nuevos y todavía les quedaban perfectamente. Cuando a mí me tocaba limpiar, sólo sacaba de sus clósets la ropa que ya no les quedaba o que estaba demasiado manchada.

—¡Pero éstos no tienen nada malo! —le dije a mi hija agarrando los vestidos y rescatándolos del montón—. Y todavía te quedan. ¿Por qué te quieres deshacer de ellos?

—Lo sé, mami, pero no me brindan felicidad —respondió.

Recordé mi niñez mexicana y me vi de pequeña recorrer los caminos de tierra de mi colonia, descalza y semidesnuda o vestida con harapos. Los pocos vestidos que tenía estaban manchados, rotos y llenos de agujeros. En un momento de desesperación, mientras le tocó cuidarnos, mi abuela llegó a hacernos a mi hermana y a mí unos vestidos con el mantel de su mesa y nos dijo que la mesa no lo necesitaba.

Me molesté y, sin embargo, ¿acaso no fui yo quien había comprado todos esos vestidos? Tantos viajes a la tienda que perdí la cuenta. Pensé en el placer que sentí al mirar los percheros y me imaginaba de pequeña con esos vestidos. ¿Cómo podía enojarme con mis hijos por deshacerse de cosas que nunca pidieron? El enojo dio paso a la culpa y, luego, a la vergüenza. Mis hijos disfrutan de la vida privilegiada de clase media-alta estadounidense que siempre soñé brindarles, ¿qué no?

No fuimos a Hawái como quería mi hija. En vez, fuimos a Europa. Me invitaron a una charla sobre mis libros en la Universidad de Münster en Alemania y me llevé a mi familia. Mi esposo, mis hijos y yo pasamos unos días en París antes de ir a Alemania. Después de Münster fuimos a Londres, Edimburgo y Reikiavik. Mis hijos habían viajado a muchos estados de los Estados Unidos y habían ido a México a visitar a mi familia, pero éste era su primer viaje a Europa. En París, hicimos el paseo por el río Siena y visitamos la torre Eiffel y Notre Dame, vimos el musical *Wicked* en el West End de Londres y desayunamos en el Elephant House, donde J. K. Rowling escribió algunos de los libros de *Harry Potter*, en Edimburgo. Esos momentos resultaban más surreales para mí que para mis hijos. *He traído a mis hijos a Europa*, pensaba constantemente. Entonces, pensaba en mi niñez, cuando mi padre no podía siquiera llevarnos al cine.

Al segundo día de haber llegado a Europa, mi hijo adolescente empezó a decir: «Quiero regresar a casa». Ése fue su mantra durante las dos semanas que duró el viaje. Mi hija no protestó durante el viaje, pero después, al recordar el viaje con ella y preguntarle si le gustaría regresar a Europa algún día, me dijo: «Sí, pero no a París. Prefiero la campaña francesa».

A veces, las cosas que salen de la boca de mis hijos me hacen pensar que debería releer *Sweet Valley High* para entenderlos mejor.

Por momentos, siento que mis hijos se han ido a un lugar al que no puedo seguirlos. Ahora entiendo cómo se sentía mi padre al ver a sus hijos hacer lo mismo.

Cuando nos cruzó a escondidas por la frontera para vivir en Los Ángeles con él, arriesgó nuestras vidas porque quería darnos la oportunidad de disfrutar de una mejor vida en un país donde ello era posible. Poco a poco, mis hermanos y yo quedamos seducidos por el estilo de vida estadounidense. Una vez que aprendimos inglés, fue la lengua en la que hablamos entre nosotros. En vez de telenovelas, veíamos *Small Wonder, Beverly Hills Teens* y, después, *Beverly Hills 90210*. Me uní a la banda de marcha de mi escuela, donde tocaba el saxofón alto, mientras mi hermana practicaba la danza moderna y se hacía llamar «Maggie» en vez de Magloria.

«Mis hijos no hablan conmigo. ¡Otro idioma han aprendido y olvidado el español!». Mientras mi padre cantaba las canciones de Los Tigres del Norte y se sumía en la nostalgia de México, mi hermana y yo nos blanqueábamos los vellitos negros del brazo para que nuestra piel morena luciera un tono más claro. «Piensan como americanos. Niegan que son mexicanos, aunque tengan mi color».

La canción «La jaula de oro» capturaba la realidad de mi papá como padre inmigrante; el precio que pagó por el sueño de darles a sus hijos una mejor vida. ¿Alguna vez se arrepintió de traernos a este país? Hubo veces que sí. Pero, puesto a elegir entre hacernos vivir en la cruda pobreza de nuestro pueblo natal o vivir en los Estados Unidos, aunque eso significara vernos ir a un lugar al que no podía seguirnos —sucumbir a la asimilación—, sé que siempre habría elegido lo segundo.

Siempre que me entra el pánico de ver a mis hijos convertirse en personajes de *Sweet Valley High*, me los llevo a México. Visitamos Iguala, mi ciudad natal, azotada por la pobreza. Nos quedamos en casa de mi tía donde no hay agua corriente y mis hijos tienen que vaciar una cubeta de agua en la taza del baño para bajarlo, o calentar una olla de agua en la estufa si quieren darse un baño caliente. En uno de nuestros viajes a Guerrero, salí una mañana a pasear por mi vieja colonia con mi cámara. Mientras pasaba por un jacal hecho de carrizo y cartón como en el que vine al mundo, una niñita corrió al portón y dijo: «¡Hola!». Le devolví el saludo y le tomé una foto.

Cuando regresé del paseo, le mostré a mi hija las fotos que había tomado, incluida la de la niñita. La miró fijamente y luego dijo:

—Se parece a mí.

Miré la foto y me di cuenta de que mi hija tenía razón; con su cabello café, reluciente bajo el sol, la niñita se parecía mucho a ella.

—Yo pude haber sido ella —dijo mi hija.

En ese momento, las palabras de mi hija fueron un bálsamo que aplacó la vergüenza por lo que me había costado mi sueño americano. Comencé a darme cuenta de que debía dejar de resentirles a mis hijos la vida que yo misma les he dado. Si lo peor que les ha pasado es vivir en un mundo parecido a *Sweet Valley High*, estoy dispuesta a pagar el precio, como hizo mi padre en su día. Aun cuando la historia que he escrito para ellos me parezca ajena.

Rommy Torrico

Retorno (2020)

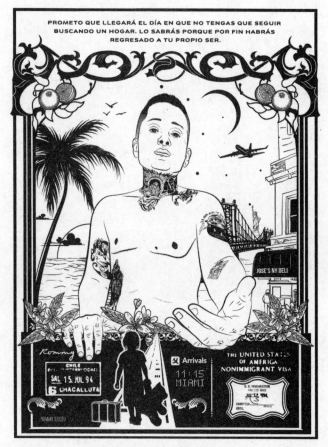

REPUBLICA DE CHILE

Rommy Torrico

Rommy Torrico es artista visual, *queer*, trans/no binarie, previamente indocumentadx, que nació en Iquique, Chile, se crio en Naples, Florida, y
actualmente vive en la ciudad de Nueva York. Durante varios años, ha parti-
cipado en la lucha por los derechos de los (in)migrantes e infunde en mucha
de su obra sus experiencias personales y las historias compartidas por su comunidad. A lo largo de los años, la obra de Torrico ha sido incluida en varias
publicaciones y expuesta en galerías y museos en las Américas y el resto del
mundo.

César Miguel Rivera Vega Magallón

El retorno al país inventado: una teoría de la migración del Retorno

La casa ya es otra casa, el árbol ya no es aquél /
Han volteao hasta el recuerdo, entonces, ¿a qué volver?

—«A qué volver», Eduardo Falú

Cuando por fin te hartes de intentar alcanzar el éxito y un sueño del que has oído hablar sólo en la televisión, comprarás un boleto de avión en la temporada baja y planificarás tu Retorno a casa. La valija mental, que ha estado al lado de la puerta toda tu vida, se convertirá en una valija real. En la mañana del vuelo, te consumirá una euforia espeluznante, y las horas que pasarás en el bus que te llevará al aeropuerto en la 405 te parecerán segundos. La peste como a orín de la cervecería Budweiser a lo largo de la autopista se diluirá en el olor a salitre y las emisiones de los jets en el aeropuerto. Pasarás por la fila de seguridad, colocarás tu equipaje en la cinta y cuando emerjas al otro lado, en las entrañas del aeropuerto

LAX por primera vez, te darás cuenta, después de todos estos años, de que este lugar no es más que otro centro comercial.

No sentirás la punzada del arrepentimiento cuando las ruedas se despeguen de la pista, no sentirás temor cuando el avión se estremezca en las corrientes de aire, como si California intentara jalarte de vuelta a la tierra. Desde la ventana, verás la península de Palos Verdes extenderte una palma llana como suplicándote que cambies de opinión. Cuando el Pacífico se la haya tragado, te habrán traído una Coca-Cola y habrás olvidado los atardeceres en Portuguese Point.

Entonces, ocurrirá, al despejarse las nubes. Verás tu hogar desde la ventana: un quiste ganglionar grisáceo cuyos nervios reptan sobre cada valle y barranco. No querrás pestañear, querrás que ese momento se grabe en tu memoria para siempre, el día que creerás que por fin te puedes ver fuera del espejo de Parmigianino. El mundo regresará a una lógica ordinaria, lo de arriba dejará de estar abajo, pero mirarás tu reloj pulsera y verás el portento: dos horas atrás, vivir aún en el pasado.

Desde que di mi primer paso en los Estados Unidos a los cuatro años, chorreando agua de las acequias que evitan que el río Tijuana anegue sus riberas históricas, supe que el Retorno a casa llegaría algún día. Entre los vendavales de octubre en el desierto de Tijuana, lo que más deseaba era regresar a Guadalajara y a la primavera eterna del valle de Atemajac.

Se suponía que el tiempo que pasaría en los Estados Unidos sería una simple visita, una reunión momentánea con mi padre al que no veía desde que nací. La idea del Retorno me obsesionaba, me persiguió toda mi infancia mientras intentaba asimilarme, vivir de manera tranquila y obsequiosa. La inevitabilidad del Retorno, personificado en un oficial del ICE que tocaba a la puerta y me llevaba, una redada en el trabajo de mi padre, un foco roto en la parte trasera del auto o cualquier otro fin anticlimático a mi *flâne* por los Estados Unidos, significaba que, no importaba cuánto tiempo pasara en California, siempre sería una experiencia transitoria. Para mí, todo en California era transitorio: las relaciones, los lugares y los logros. Los residuos físicos de esas cosas: los diplomas, los premios, las fotos, mi carro, un apartamento; todo tenía la textura de las flores secas que se han colocado entre las páginas de un diario y que algún día caen y se convierten en polvo amarillento.

Lo que queda, lo que sobrevive como recuerdos de los lugares y las personas, existe desordenadamente en un tiempo ilógico que, de algún modo, coincide con el momento en que por fin partimos. En el Tiempo de los Migrantes, el presente no puede existir; todo debe entenderse como algo que siempre ocurrió en el pasado o que amenaza desde el futuro; es decir, siempre en el momento del Retorno. Cuando mi esposo y yo nos colocamos bajo un arco de flores artificiales en el tribunal de Van Nuys el día de nuestra boda, sentí como una marejada que me arrastraba a México e, inexorablemente, al día en que estaría en ese otro país. Me ocurrió a lo largo de toda la vida: en las graduaciones, cuando nacieron mis hermanos, cuando mis padres se divorciaron: el presente era inhabitable.

Lamentablemente, Anzaldúa se equivocaba: la frontera no es una herida; es un vacío en el centro del corazón. En ese gran vacío colapsan todos los sentimientos, todos, hasta el más diminuto, implosionan hasta que resulta imposible determinar qué, si algo, tiene algún valor, razón o verdad.

Los migrantes indocumentados en los Estados Unidos están en un constante estado de luto por las vidas que pudieron haber vivido, las personas que pudieron haber sido y las familias que pudieron haber tenido si las circunstancias hubieran sido diferentes. Las guerras civiles, los saqueos económicos, los golpes de estado, las redadas y las guerras sucias no cesan de reclamar vidas, aun cuando pedimos una tregua transitoria, nuestra tarjeta de residentes o nuestro certificado de naturalización. Las condiciones de nuestra migración original nos persiguen, nos acechan como faisanes entre la maleza de nuestro deseo indecible de asimilarnos y, con el tiempo, desaparecer de la vista de la política y las leyes.

Cuando nos sentimos más a gusto, cuando parece que hemos olvidado el hedor de las acequias o el olor de la rueda en la cajuela del carro en el que una vez viajamos, una voz llega a través del cable para decirnos que la casa de nuestra niñez ha colapsado, que nuestro pueblo natal se ha inundado, que un ser querido, cuyos labios aún podemos sentir sobre nuestras mejillas infantiles, ha muerto. De repente, el tiempo vuelve a cerrarse en sí mismo y nos consume la naturaleza híbrida de nuestro Retorno: imposible, inevitable.

A medida que los jóvenes indocumentados se convierten en adultos indocumentados y las alas de mariposa, las túnicas y gorras de graduación les quedan pequeñas, la realidad de envejecer y de la incapacidad de amasar hasta la más ínfima seguridad se vuelve insoportable. Aunque contribuyamos al fondo, no habrá seguridad social después de nuestros años más productivos, no habrá escrituras de una casa a nuestro nombre. Aquellos que se han ganado el premio de una lotería cruel y han conseguido un permiso de trabajo a través de la DACA (Consideración de Acción Diferida para los Llegados en la Infancia) experimentan la vida en intervalos de dos años, luego, uno, bajo la amenaza de que la vida termine a causa de un proceso fallido de quinientos dólares, que siempre pende sobre nuestra cabeza. Para los migrantes mayores, la experiencia no es más agradable. El sueño de acumular suficiente dinero para, con el tiempo, jubilarse en su país natal se vuelve cada vez más distante a medida que pasan sus años más productivos y los sueños de un techo nuevo o la cirugía de rodilla de su madre se desvanecen con cada aumento del alquiler o factura de la sala de urgencias. Las abuelas, los padres, los hermanos, los niños empiezan a morir. Sus funerales se convierten en producciones personales de *Antígona*: escoger entre cumplir nuestra última obligación en el luto y tal vez no poder regresar jamás o permanecer en el país en que hemos vivido nos duele incluso más que la pérdida.

Cuando mi bisabuela murió, el recibo de MoneyGram que sostenía entre mis manos representaba la vida de la mujer que me crio como una madre. Una remesa se convirtió en sinécdoque de todo el amor que me dio, que ahora yo le devolvía en pesos. Sujeté el recibo imaginando que sujetaba su mano. Vi a mi madre, una mujer de acero que había hecho milagros para posibilitar nuestra vida en los Estados Unidos, derrumbarse por primera vez. El tiempo y la distancia nos tomaron por sorpresa. Los dos mil quinientos kilómetros, dos husos horarios y veinte años de separación se volvieron innegablemente presentes.

En ese momento, el Retorno volvió a encontrarme y el acto de abandonar el país que me dijeron que era una tierra de oportunidades se convirtió en una idea persistente, invasiva. Aun cuando no quise hacerlo entonces, las historias de las redadas del ICE en los lugares de trabajo, las personas sobrevivientes de violencia doméstica detenidas en los tribunales, las amistades en el movimiento que parecía estar en la mirilla por su activismo me obligaron a, al menos, considerar la posibilidad antes de sentir que me forzarían a firmar mi repatriación voluntaria.

Sabía que no podría sobrevivir la detención: mi enfermedad mental diagnosticada me hace incompatible con el confinamiento en contra de mi voluntad. El Retorno fue un acto desesperado de salvar mi propia vida de la supurante locura y angustia de la vida en los Estados Unidos después de las elecciones de 2016. El miedo, aunque irracional, de que me detuvieran y deportaran comenzó a roer mi salud mental hasta que tuve que actuar, así como cuando mis padres vivieron la crisis monetaria y la apertura del mercado a finales de los ochenta y principios de los noventa, que les robaron de repente su futuro en Guadalajara. El momento en que compré el boleto de avión sentí que casi toda esa crisis había terminado. Retornaría y estaría libre de la incertidumbre que me robó veinticinco años de vida.

El Aeropuerto Miguel Hidalgo en Guadalajara es un portal; en la puerta de Llegadas se siente el eco de medio siglo de lamentos de personas desgarradas por la necesidad súbita de huir de las olas de violencia en todas sus manifestaciones. El agente de aduanas que te inspecciona el equipaje ve que tu pasaporte fue emitido en un consulado y se niega a mirarte a los ojos. El lugar de emisión, Los Ángeles, te marca como un alma más entre los miles que han cruzado y no traen más que una valija y, a veces, un inglés sin acento. El aeropuerto te expulsa y Guadalajara se muestra ante tus ojos por primera vez. Te das cuenta de que el tiempo no se detuvo a esperar a que decidieras retornar. La ciudad se ha extendido más allá de los límites del lugar que recordabas y amabas. Los cañaverales y las milpas con los elotes volteados hacia el cielo ahora son hileras de apartamentos de cemento. La cantidad de centros comerciales que pasas resulta reconfortante, aunque abrumadora, pero el estacionamiento de Costco es como una bofetada que te trae de vuelta a la realidad. A medida que el taxi se acerca a la casa donde diste tus primeros pasos, intentas desesperadamente reconocer algo, cualquier cosa de ese lugar que abandonaste. Las calles de adoquines ahora están pavimentadas, las persianas de metal de la tienda de la esquina ahora están chamuscadas (luego te enterarás de que fue porque el dueño se negó a pagar una extorsión). Piensas, *bueno, al menos los perros callejeros siguen aquí,* hasta que te das cuenta de que hasta las razas han cambiado.

Pero tu abuela te abrirá la puerta. Una extraña sensación de paz, de pertenencia, se apodera de ti mientras arrastras las valijas por las baldosas sobre las que caminaste de pequeño. La sensación de que el amor, por lo menos, no ha cambiado te consuela, te reconforta. Te envuelve mientras tu abuela te abraza y te dice cuánto has adelgazado y cuánto has crecido. Te confirma que la decisión que tomaste fue la correcta sin decirlo, tan sólo con tocarte el hombro.

Entonces te llega el primer ramalazo de duda, las marcas que han dejado veinticinco años en las energías de tus abuelos, que se han quedado dormidos, desplomados sobre la mesa. Te darás cuenta de que, hasta ese momento, jamás habías visto a tu abuela dormir; recordarás que siempre se despertaba antes que tú y se acostaba cuando ya te habías dormido. Recordarás lo fuerte que era. El bastón de tu abuelo se caerá y el eco te estremecerá. Los abuelos a los que añorabas ver ya no están. En ese momento, comprenderás que no has retornado aún. Porque el Retorno no tiene nada que ver con regresar a un lugar, sino retornar a un tiempo fuera del Tiempo de los Migrantes.

Nuestra primera migración es sólo eso, la primera. El acto de que te desplacen de tu hogar te coloca en un sendero que te cambia para siempre. El deseo del Retorno es el deseo de recuperar el *statu quo* ante una imposibilidad. El Retorno es una fantasía de otros mundos. Es la acción fuera de cualquier lógica gobernante para remediar la tragedia de nuestro primer exilio. Es un intento de imponer la voluntad y la agencia cuando nuestra primera migración no fue más que un intento de sobrevivir. El Retorno es la posibilidad de escapar a la ilegalización en el plano metafísico. Si no podemos escapar del impacto de las fuerzas políticas y económicas, podemos reformularlas en nuestra propia vida y reclamar una victoria. El Retorno es la insistencia en sanar. Es algo para lo que no estamos preparados a responder porque nuestras energías, como una serie de movimientos transnacionales entre continentes, rara vez han contemplado el hecho de que los migrantes desean, necesitan el Retorno. A menudo, lo concebimos como una derrota total, un fracaso, y los retornados cargan con un estigma cuando por fin llegan a «casa». Si creemos en empoderar a nuestras comunidades, debemos contemplar ese Retorno no como una derrota estigmatizada, sino como una estratagema que nos permite sobrevivir y prepararnos para otro día en la lucha.

Cuando decidí retornar sentí que era la primera vez en la vida que podía escoger. Todo lo que precedió a ese momento fue simplemente una consecuencia o reacción a la decisión que mis padres me impusieron por lo que la política macroeconómica y quinientos años de historia colonial les hicieron. El Retorno era la oportunidad de corregir el rumbo, rescatar el significado de mi vida de los ciclos legislativos y las campañas electorales, de ser una persona y no un asunto político.

Retornar era regresar, no a México sino a mi propio ser.

César Miguel Rivera Vega Magallón es unx poeta mexicanx *queer* y previamente indocumentadx que actualmente defiende los derechos de lxs migrantes, refugiadxs y retornadxs/deportadxs. Nació en Huentitán el Alto, Guadalajara, Jalisco, México, residió en Northern Los Angeles County antes de autodeportarse a Guadalajara en 2018. César Miguel colaboró con la Antelope Valley Writers Association antes de dedicarse a tiempo completo a organizar el movimiento proderechos de lxs inmigrantes y obtener un título en Historia del Arte de la Universidad de California, Los Ángeles. Su cuento «We, arracens» fue el primer ganador del premio Things I'll Never Say de ficción en 2013. Sus ensayos se han publicado en *Huffington Post*, *Motherlands Zine*, *Color Bloq*, entre otras plataformas. En este momento, César Miguel ostenta el Mexico Advocacy Fellow 2022 en el Rhizome Center for Migrants en la ciudad de Guadalajara.

Dujie Tahat

LA VERJA

Relaja los brazos y las caderas
coloca las piernas
en jarra, un limbo
si bajas la barra
es una vara; digo bajarla bien
no importa si sales
bajo fianza es la palabra
es no eres de aquí ni de este entorno
torno, en torno; nosotros
el pueblo, nosotros
no creemos que seas
un rayo de sol, oh, oh, oh
mi cielo, mi ¡santo cielo!
Los rechazos otorgan confianza
la rima en la historia regresa
a nuestra tierra firme
un primer paso con los pies atados,
en la garganta de una nueva nación bajo
condiciones meteorológicas que importan menos que
que te pisen los talones.

Dujie Tahat

LLEVO A MIS HIJOS A LA ESCUELA Y EL PRESIDENTE ESTÁ LISTO PARA QUE LO ABSUELVAN

El viaje en auto de Tukwila a Everett dura
cincuenta y seis minutos. Lluvias ligeras.
La escuela empieza a las 7:45 a. m. Me dicen que
   Budweiser
es un auspiciador prolífico del Super Bowl.
                      Recuerda las ranas.
Use la crema Noxema para rasurarse. Farrah
Fawcett. Joe Namath. [Moción
de emplazamiento]. Quien tenga los votos
decidirá los hechos. [Los testigos

se retiran]. Construí
algo hermoso y ya está ardiendo. [Perdón

                             frase sin gancho].

El Nasdaq cayó
casi un uno por ciento. [Moción de procedimiento].
Avena en remojo de un día para otro. Impermeables con
   pétalos naranja.
Un niño encuentra el mono de otro
debajo de la cama.

    [Dicen las encuestas].

DONDE SOMOS HUMANOS

Gran Bretaña por fin sale.
En horas de la tarde, toda el área metro estará bajo alerta de
    inundaciones.
191 estadounidenses puestos en cuarentena
por los Centros para el Control y la Prevención de
    Enfermedades.
Alguien a quien conozco perdió un hijo
así que la familia entera está inaccesible.
Alguien a quien no conozco perdió un hijo y no puedo dejar
    de verlos sufrir.

Reflexionamos
    en el aniversario de la prohibición de viajar
        contra los musulmanes.

[«Cuando vienes del Medio Oriente eso puede ser difícil.
        Nos mudamos aquí en busca de una mejor vida,
            una vida pacífica,
            pero cuando vienes aquí, no abandonas tu pasado.
        Tu pasado viene contigo. Tu tierra viene
            contigo»].

Juro que no
    necesito información minuto a minuto del sufrimiento de
        otro padre.

        La huelga de enfermeros
ha terminado. [De la parte del público].

Igual hay que pasear al perro
dos veces al día. [Clausura]. Los pacientes por encima del
  beneficio:
    sí, pero primero hay que pelar una costra

de la acera. [Según los informes]. Kobe Bryant. ¡KOBE!
Caramba; dos Bryants. Kobe Bryant. Kobe Bryant. Kobe
  Bryant.

                          Seis personas
aguardan para saber si tienen el Coronavirus. [Aguardamos

en suspenso]. El alcalde hizo un trato con el ejecutivo de King
    County quien ha llegado a un acuerdo con el jefe de la
      unión quien le ha vendido un acuerdo al presidente
        de la Cámara de Comercio, quien no tenía
          necesidad
            de llegar a un acuerdo con los
              billonarios que emplearon
                a la gente que empleó a la gente
                  que la empleó a ella.

  Los enfermeros no representan a todos los trabajadores
      de salud. [Engrasar las ruedas]. El pueblo

de los Estados Unidos ha decidido quién
debe ser su presidente. Digo, está mal, pero no [_____
  _____] mal. Es peor.

DONDE SOMOS HUMANOS

Esos deudores
estaban, sin saberlo, en el programa equivocado.

El presidente mexicano ahora tomará el control
de la migración legal y extralegal a los Estados Unidos.

Dujie Tahat

El camino prometido tiene señales para guiarnos

Papi compró un Pontiac del 78,
un lingote de oro estampado con un ave de fuego
sobre ruedas, impulsivamente,
después de una conversación con
un amigo de una tía: y así fue.
En este país, cualquiera puede
iniciar un viaje desde cualquier ciudad
en la dirección
de su destino, con la certeza,
razonable, de llegar en una pieza
y con ganas de orinar. Hacer un *pit stop*
en Olive, California, es
una broma, mi papá
diría. Aguanta lo suficiente
y una canción te quita las ganas
de echar a perder la piel.
Las semillas de girasol en un vaso
Big Gulp. La carretera más hermosa de
los Estados Unidos. Una gran
mano conduce. Empapados de sol
los surfistas rebanan mitologías.
La carretera curvea
según lo planificado. Las líneas se difuminan tarde
no importa desde qué ventana
se vea el mar.
Es la hora de dormir para todas las aves
y aún quedan ciento sesenta kilómetros

o algo así. El hombre en la gasolinera de Bend,
Oregón, pregunta: «¿Cuánto?»
y antes de quitarme el cinturón de seguridad, estoy
desatado, porque sé que casi nunca
nos detenemos en The Dalles.
Hemos tomado la bifurcación en Weed,
bajamos por los valles en
dirección a nuestro valle, donde
los no ciudadanos hacen que la tierra
produzca ganancias. Mis bisabuelos
les alquilaban a los Yakama
antes de la guerra: tanta
guerra ha informado lo que sé
y lo que no. Las carreteras del país,
flanqueadas de cajas de frutas
con hueso, nunca retornaron a los internos,
así que un nuevo tipo de migrante
surgió. Sin saber que el polvo
viaja en la hora dorada, y yo
capturo saltamontes en frascos de conservas
y me marcho porque puedo.

Dujie Tahat es inmigrante de ascendencia filipina y jordana, y vive en el estado de Washington. Escribió *Here I Am O My God*, seleccionada para una Chapbook Fellowship de la Poetry Society of America, y *Salat*, ganadora del Sunken Garden Chapbook Award de Tupelo Press y preseleccionada para el 2020 PEN/Voelcker Award for Poetry Collection. Presenta el podcast *The Poet Salon* junto con Luther Hughes y Gabrielle Bates.

Miriam Alarcón Avila

A través del lente de mi cámara

En 1985, cuando tenía catorce años, sobreviví a un terremoto devastador que mató a miles de personas en la Ciudad de México. Después, mientras deambulaba por las calles destruidas, deseé tener una cámara para fotografiar y documentar lo que veía: el desastre mismo, pero también la resiliencia humana y la generosidad de mis compatriotas dispuestos a sacrificarse para ayudar a desenterrar a vivos y muertos; los sobrevivientes que lo perdieron todo en tres minutos, pero aún encontraban fuerzas para levantarse y reconstruir sus vidas. Una cámara era un lujo que mi madre viuda no podía darme. Por tanto, empecé a almacenar en la bóveda de mi memoria los miles de imágenes de las fotos que no pude hacer.

Desde muy temprana edad, me atraían las formas y las texturas, los colores vivos, la luz y la sombra. Escapaba de mi realidad mirando el reflejo del sol rebotar en las paredes pintadas de colores brillantes y los mosaicos multicolor de las casas coloniales de la zona histórica de la capital y los murales y los vitrales del Palacio de Bellas Artes.

A los dieciséis años, hui de casa con un periodista diez años mayor que yo, que me prometió una cámara. Sentía que me estaba prostituyendo por ella, pero, en la casa de empeños, cuando el vendedor me puso la cámara Fujifilm en las manos, me corrieron lágrimas de alegría por las mejillas. No era la mejor cámara del mundo, estaba usada y maltratada, pero era mía. Con ella hice cientos de fotografías en blanco y negro, pero no podía verlas porque no tenía dinero para comprar un equipo de revelado. Así que las guardé durante años.

Sabía que el arte era mi destino. Sin embargo, me dejé llevar por la historia falsa de que el arte es sólo para los ricos, no para los que tenemos que trabajar para ganarnos la vida. Cuando seleccioné mi carrera, traicioné mi alma y escogí el camino seguro. Estudié ciencias y me casé con un científico con quien tuve dos hijos inteligentes. Y como en el mundo de las ciencias el éxito sólo llega después de un doctorado, mi esposo decidió mudarnos a los Estados Unidos.

Mi familia y yo emigramos de México a Iowa con el sueño de obtener una buena educación. Mi meta era trabajar como artista visual y encontrar el modo de realizar el sueño de convertirme en fotógrafa. Llegamos a Iowa City al amanecer del Día de Martin Luther King Jr. en 2002. El frío de enero se nos metía por los huesos hasta la médula. La transición a la vida en Iowa fue estremecedora. Experimentamos un torbellino de emociones, dudas y confusiones, en especial con el idioma, la cultura y la comida, pero también con los cambios drásticos, tanto en la naturaleza como en nuestra nueva sociedad.

Cuando andaba por la ciudad, con mi hijo de un año en brazos y mi hijita aferrada a la falda, la gente nos miraba raro.

Cuando me oían hablar, me miraban de arriba abajo y preguntaban: «¿Son inmigrantes?».

Yo les respondía inmediatamente con un: «¡No! Estamos aquí para estudiar en la universidad».

En mi mente no cabía la posibilidad de que los Estados Unidos fueran el lugar donde criaría a mis hijos. Tal vez, sin darme cuenta, mi respuesta inmediata era un acto de sobrevivencia. No quería que nadie nos viera como inmigrantes porque con ello venían la discriminación y los sentimientos antinmigrantes que infectaban este país. Resultaba más seguro ser estudiante extranjera.

Un año después, tuve la buena suerte de ganarme una beca para tomar un curso de fotografía en blanco y negro en la universidad. Mi profesor, que era puertorriqueño, me ayudó permitiéndome tomar sus cursos de Fotoperiodismo y Documentación Fotográfica a cambio de que lo ayudara en su laboratorio de fotografía. Fue ahí que pude por fin revelar los cientos de fotografías en blanco y negro de mi pasado mexicano. En muchas fotos, recordaba perfectamente el momento en que había oprimido el obturador; en otras, era como redescubrir fragmentos de mi vida, recuerdos que había olvidado por completo.

Mi esposo alcanzó su meta doctoral a un precio muy alto. En el proceso de obtener su doctorado, había abandonado a su familia; el rigor del programa de estudios apenas le dejaba tiempo para compartir con nosotros, así que, cuando llegó el momento de irnos de Iowa y regresar a la incertidumbre de nuestro país, mis hijos y yo no pudimos soportarlo. No quería abandonar mis sueños fotográficos. Mi hija de siete años me suplicó:

—¡Mamá, por favor, quiero una buena educación, por favor, quedémonos aquí, quiero terminar la escuela!

Cuando vi a mi pequeña con los ojos llenos de lágrimas, tomé una decisión difícil.

Mi esposo nos dejó y regresó a México para continuar su carrera de científico. Pero las cosas no salieron como yo esperaba. No sólo mis hijos y yo ahora éramos indocumentados por haber perdido la visa que él obtuvo para nuestra familia como estudiante extranjero, sino que, como madre soltera con retos económicos, no me quedó más remedio que posponer mis estudios y aspiraciones fotográficas para criar a mis dos hijos. Durante diez años hice lo imposible por proveerles una buena educación haciendo un trabajo estresante de tiempo completo para pagar las cuentas. Hubo veces en que me sentí desesperada por no poder lograr mi meta de ser una artista visual y tener que vivir en un país que no me quería.

Para mis hijos también fue difícil. Un día, mi hija de ocho años llegó de la escuela llorando porque su mejor amiga le dijo que prefería jugar con las niñas que tenían la piel blanca, el cabello rubio y los ojos azules. Mientras consolaba a mi hijita y buscaba las palabras para disculpar la conducta de «su amiga», no podía perdonar a esa niña por haber sido tan cruel con mi hija. Hoy en día, después de muchos años, me avergüenza la rabia que siento cuando veo a esa niñita ahora convertida en una joven.

En Iowa, dejé de llamarme «mexicana»; me convertí en

«latina». Hallé una nueva familia en un grupo de amigos hispanohablantes de diversos países, con quienes compartía las semejanzas culturales de las poblaciones de latinoamericanos expatriados en busca de un lugar en un país que no reconoce nuestras lealtades y compromisos. Compartimos la misma sensación de invisibilidad; estamos aquí, pero no contamos.

En abril de 2015, una decisión de última hora de escapar de la rutina me cambió la vida: fui a un simposio sobre fotografía. Al llegar allí, todos los recuerdos de mi niñez afloraron mientras escuchaba las voces inspiradoras de los fotógrafos que hablaban en el escenario. Recordé vívidamente mi deseo de niña de documentar, de jugar con la luz y la textura, de hacer imágenes con la cámara que no tenía. Me eché a llorar al escuchar y admirar el increíble trabajo de estos fotógrafos. No podía evitar compararlo con mi ingrato trabajo de tiempo completo. Una vocecita en la cabeza me preguntó: «Miriam, ¿qué te ha pasado? ¿Por qué no te esfuerzas como estos fotógrafos? ¿Qué ha sido de tu sueño de hacer fotos?».

En medio de mi torbellino mental, vi a mis hijos; no podía olvidarlos sin más. Las lágrimas siguieron rodando por mis mejillas, pero intenté ocultarlas. Ese día, me dieron el mejor consejo que jamás me han dado. Un fotógrafo del simposio se me acercó y me preguntó qué me pasaba. Nunca había compartido mis emociones profundas con alguien a quien acababa de conocer, pero ese día lo hice. Seguramente pensó que estaba completamente loca, pero sus palabras fueron como un faro de luz en la oscuridad. Me dijo:

—Miriam, en cuatro años tus hijos estarán en la universidad y podrás trabajar para alcanzar tus metas, así que debes hacer un plan a cuatro años. Prepárate y, cuando llegue el momento, trabaja con todo tu empeño para alcanzar la meta.

En septiembre de 2015 comencé mi plan a cuatro años y ya en septiembre de 2019 mis dos hijos estaban en la universidad. Era libre.

Ahora trabajo con ahínco para alcanzar mi meta de crear obras de arte visual poderosas que puedan fomentar un mundo mejor, más sostenible e inclusivo. A través del lente de mi cámara, me pregunto: ¿podemos educarnos, en especial a nuestros hijos, para evitar perpetuar los estereotipos negativos de los inmigrantes?

Comencé un proyecto documental fotográfico de las vidas de los inmigrantes latinos en Iowa. Pero incluso esto presentó sus obstáculos. Las mismas personas a las que procuraba mostrar se sentían incómodas por la naturaleza invasiva de la cámara y sus ramificaciones en los Estados Unidos de hoy. «Pero yo no quiero que me vean», me decían. «No quiero que me identifiquen».

Sabía que debía encontrar la forma de proteger la identidad de mis fuentes de inspiración sin opacar o esconder su rostro. Nuestra historia y nuestra presencia en este país ya se han mantenido ocultas por mucho tiempo. En cambio, el estereotipo de los «bad hombres» ha dominado la narrativa y perpetuado las disparidades generadas por nuestra piel morena, nuestra lengua y nuestras historias.

Mientras conducía al trabajo, recordé a mi héroe de la

niñez, «El Santo», la estrella enmascarada de la lucha libre en México. Recordé cuánto me gustaban sus películas y su espíritu de justica y cómo descubrí lo que quiere decir la palabra «lucha», que tiene un doble significado en español. Por un lado, es el nombre del deporte y, por otro, es la batalla que libramos para superar obstáculos: pelear. Un «luchador» es alguien que pelea para salir adelante, que se compromete a luchar para lograr sus metas. En ese momento, recordé la máscara plateada de «El Santo, el enmascarado de plata» y me di cuenta de que ése era el símbolo que necesitaba para proteger la identidad de mis entrevistados y, al mismo tiempo, empoderarlos reconociendo que son «superhéroes».

En vez de esconder sus rostros morenos, decidí cubrirlos de diamantina, color y lentejuelas. Con cada uno, diseñé y confeccioné una máscara personalizada que reflejaba su lucha migratoria. Fotografié a los recién inmigrados, así como a otros que se identificaban con la herencia latina como residentes de segunda y tercera generación. Encontré luchadores que iban a festivales latinos o a cualquier otro evento organizado por latinos. Los entrevistaba y los retrataba, ya fuera en su hogar o en un lugar que tuviera un significado especial para ellos, y escribía su historia en forma de poema. Tuve que aprender a desligar mis emociones y crear una buena conexión entre el luchador, mi cámara y yo, proveyendo un espacio seguro donde pudieran expresar sus propias experiencias sin miedo, para que sus voces fueran escuchadas, para sacarlos de las sombras y hacerlos visibles. Era algo poderoso verlos transformarse en superhéroes al ponerse su propia máscara de lucha libre.

Este proyecto se ha convertido en parte de mi misión en la vida como artista y defensora de los inmigrantes. Aunque la COVID-19, que ha estallado en las comunidades latinas, ha retrasado mi trabajo, «la lucha» continúa. Estoy luchando en mi determinación de sacar esas historias a la luz, en nuestras comunidades y en los «cuadriláteros» de luchadores en todo el país. Estoy luchando y peleando por destruir los falsos estereotipos de los inmigrantes latinos en los Estados Unidos.

Mi cámara y yo hemos hecho un largo viaje en este país. Pero como dijo el Che Guevara: «la única lucha que se pierde es la que se abandona».

Luchadora con fe todo se puede (2017)

Miriam Alarcón Avila

Miriam Alarcón Avila es artista audiovisual. Nacida en la Ciudad de México, desde los dieciséis años ha dedicado su búsqueda artística a través de la fotografía y la documentación visual a la meta de crear un legado que inspire a otros a formar y apoyar un mundo inclusivo y sustentable. En 2002, inmigró a Iowa con la intención de estudiar fotografía y comenzó a trabajar en los medios digitales para documentar la obra de músicos y artistas de performance mientras mantenía el objetivo de dedicarse a mostrar la diversidad cultural de Iowa. En julio de 2017, Miriam recibió una subvención del Iowa Arts Council para trabajar en el proyecto Luchadores Immigrants in Iowa, un proyecto fotográfico documental para dar voz a los nuevos habitantes de Iowa y compartir sus retos como inmigrantes de descendencia latina.

Yosimar Reyes

Silicon Valley, CA

Vivo con mis abuelos en un apartamento de dos habitaciones infestado de cucarachas. Les rentamos los dos cuartos a unos jornaleros indígenas de Puebla y Oaxaca. Mi abuelo, Papa Tino, recuesta su viejo cuerpo en el sofá de la sala y los pies le cuelgan sobre el descansabrazos. Abuela y yo dormimos en el piso cubiertos con unas gruesas cobijas San Marcos, cada una con un diseño de algún animal exótico: un pavo real, un leopardo, una pantera. Abuela tiene un comedor comunitario y los trabajadores se arriman a nuestro pequeño hogar y cuentan historias en mixteco o náhuatl.

A los once años, empiezo a enseñarles oraciones simples en inglés a los hombres mientras comen. La mayoría de las oraciones son para que puedan comunicarse con sus jefes y negociar su sueldo.

—Ten dollars per hour, se pronuncia en inglés —digo.

—Ten dolers per hower —repiten ellos.

Desde chico, he sabido que tengo algo valioso que estos adultos no tienen: el inglés. Contrario a ellos, puedo manejarme en este país y, de ser necesario, defenderme. La combinación de tener sabiduría tanto de la calle como de los libros me convierte en una potencia considerable.

El día en que cumplo doce años, ya que en estas ocasiones nunca se hace una fiesta, convenzo a mi abuela de que, en su lugar, me compre una computadora. Vamos a Fry´s Electronics y abuela me dice que escoja la que quiera. Sé que esto es algo grande y que probablemente nunca más vuelva a recibir un regalo de cumpleaños. Abuela se gana la vida reciclando botellas y latas, de modo que ahorrar quinientos dólares para una computadora no es poca cosa. No le gusta decir que somos pobres porque dice que es una ofensa a Dios.

—Con que tengas salud y manos para trabajar siempre dar gracias a Dios —decía.

Escojo una computadora portátil Toshiba y, al llegar a casa, escribo la primera entrada de mi diario: «Hoy es mi cumpleaños y hoy comienza mi carrera de escritor».

El chisme de que tengo una computadora se riega como la pólvora en mi vecindad.

Una fábrica de aparatos electrónicos localizada en Fremont, California, operaba un enorme almacén donde se manufacturaban productos de computadora. En Silicon Valley, la mayoría de estas compañías subcontrataba a agencias de empleo para conseguir trabajadores fiables. Todo el mundo en nuestra vecindad de East San José sabía que en la esquina de King y Story, después de la joyería de don Roberto y el supermercado Mi Pueblo, había una pequeña oficina que contrataba a trabajadores indocumentados. Lo único que había que hacer era presentar los documentos. También se sabía que esta agencia de empleo tenía una especie de política de «No preguntes, no digas (*Don't ask, don't tell*)». Nosotros no te preguntamos si esos documentos son falsos y tú no nos dices que son falsos.

Como no tenían destrezas en el inglés, los trabajadores preguntaban por ahí si alguien podía ayudarlos a redactar su currículum o tenía acceso a una computadora o una impresora.

Y así comenzó mi carrera de escritor y traductor.

Poco después de adquirir mi computadora, alguien toca a la puerta.

—Gordo, ¿me puedes ayudar? —pregunta Yoli, mi vecina.

Me explica que está solicitando un puesto en la fábrica, pero le piden su currículum. Por suerte, mi computadora vino con un programa que tiene, precisamente, un ejemplar de currículum.

—A ver, Yoli, dime, ¿para qué eres buena? —pregunto.

—Ay, no sé, tú ponle lo que quieras —responde.

Pongo manos a la obra y, cuando termino, Yoli es la candidata ideal en papel. Escribo destrezas genéricas como «puntual», «aprendo rápidamente» y «responsable».

—Ay, hasta yo me lo estoy creyendo —bromea Yoli.

Es esta pequeña destreza, esta habilidad de usar las palabras y traducir, la que me posiciona en mi vecindad como un recurso. Antes de que pueda darme cuenta, estoy administrando mi propio Programa de Oportunidades Educativas (EOP) para migrantes en nuestra sala.

Escribo cartas de presentación, traduzco documentos legales y añado mi nombre como patrono anterior en sus currículums inventados. Mis vecinos, señores de Puebla, señoras de Oaxaca y Guerrero, tocan a la puerta, cada cual con una necesidad diferente, porque saben que, como sé inglés, puedo ayudarlos.

Mis vecinos me pagan con sodas, tamales y raspados del vendedor de la esquina.

—Eres inteligente —dicen.

Sonrío, pero, en lo más profundo de mi ser sé que, para ellos, mi inteligencia equivale a mi conocimiento del inglés y mi habilidad de satisfacer sus necesidades inmediatas, que es una forma de lisonjearme.

El día que cumplo dieciséis años, mientras la mayoría de los chicos de mi escuela aprenden a manejar y se jactan de que sus padres van a comprarles su primer carro, no puedo evitar pensar que Dios me está poniendo a prueba. La mamá de Stephanie acaba de comprarle un carro nuevo para sus dieciséis. Pasa por mi lado en Story Road, toca el claxon y me saluda mientras yo sudo la gota gorda corriendo para llegar a la escuela. Uno pensaría que se detendría y me daría un aventón, pero no, eso sería demasiado para ella. Dice:

—Me detendría, pero de verdad que tengo que pasar primero por Starbucks y ya sabes lo largas que son las colas, aparte de que no me gusta llegar tarde a clase. Además, el ejercicio no te vendrá mal.

Stephanie es la clase de ciudadana a la que le suplico a Dios que le revoquen la ciudadanía. Cuando me dice: «Uf, mis padres quieren ir a México en el receso de primavera. Tienes tanta suerte de que tus padres no puedan ir a ninguna parte», yo ruego: «Por favor, diosito, que alguien le robe la tarjeta del seguro social».

Como niño indocumentado, mi rito de iniciación es diferente. Mi abuela no puede llevarme a la División de Vehículos de Motor a sacar la licencia de conductor. En cambio, hace una llamada telefónica.

Abuela marca el número de La Güera y, en un lenguaje codificado, le explica por teléfono lo que necesita.

—Necesito un trabajo para mi nieto.

La Güera vive en el apartamento 23. El apodo le viene porque tiene la piel blanca, una mexicana con los ojos claros y el pelo castaño claro. Suele ser muy discreta, pero en la vecindad es un hecho tácito que es el enchufe que puede conseguirte una mica.

Esa *green card* falsa significa que puedes solicitar empleo, y aunque la mayoría de los vecinos trabajan para patrones que saben muy bien que están empleando a trabajadores indocumentados, es una suerte de formalidad presentar esos documentos en las agencias de colocaciones, aun si han sido falsificados.

A muchos, estas actividades ilícitas les parecen delictivas, pero para nosotros, La Güera es una especie de Robin Hood. Es la puerta de entrada a la fuerza laboral estadounidense. Y no es más delincuente que los patrones que salivan ante nuestra desesperación y explotan nuestra necesidad extrema de alimentar a nuestras familias. Encontrar un trabajo en este país ya es bastante difícil. La mayoría de mis tíos se levanta a las cinco de la mañana y baja hasta el Home Depot. De camino a la escuela, los saludo con la mano; una manada de hombres de piel morena que juegan a los dados o vigilan a los posibles patrones que están buscando trabajadores. Da pena ver a esos hombres mayores suplicarle a la gente blanca que les dé trabajo. Corren hacia sus carros y cada cual, en su inglés chapurreado, intenta ofrecer el precio más bajo. Lo que importa es ganar lo suficiente para pagar el alquiler del mes entrante.

Caminamos hasta el apartamento 23 y La Güera abre la puerta. No tiene muebles en el apartamento o ha optado por un estilo minimalista. No le doy mucha importancia al asunto, pero luego me doy cuenta de que lo hace por si los federales se enteran de su operación y tiene que salir huyendo.

—Pásele, abuelita.

Mi abuela es la más vieja de la vecindad, lo que le ha ganado cierto respeto en la calle.

—Póngale el nombre y la fecha de nacimiento que quiera —dice La Güera y nos extiende una hoja de papel en blanco.

Abuela me dice que le añada dos años a mi fecha de nacimiento. De ese modo, los patrones no me darán problemas por ser un trabajador menor de edad.

La Güera agarra el papel y entra en su habitación. Cuarenta y cinco minutos más tarde, sale con una identificación plastificada con mi rostro. Parezco un niño a pesar de que, cuando fuimos a que me hicieran la foto para la identificación en Fotografía Medina, abuela hizo todo lo posible por hacerme parecer mayor. Me peinó el cabello hacia arriba y me peinó los pelitos que empiezan a salirme encima del labio superior.

—Ay, no les importa, necesitan trabajadores —abuela se convence a sí misma.

Mi identificación parece falsa. Jamás he visto una mica, pero, puta madre, esto parece un proyecto de manualidades. Voy a casa y, por fin, después de haber escrito cientos de currículums, escribo el mío. En las destrezas me aseguro de añadir «bilingüe».

Abuela dice que no siempre será así. Quiero creerle, pero algo me dice que las cosas se pondrán peor antes de que empiecen a mejorar.

Abuela me consigue un trabajo. Dice que la fábrica donde trabaja mi tía Elo está buscando trabajadores y que no miran las credenciales. Según mi abuela, esta fábrica puede emplear a trabajadores indocumentados porque es una agencia de empleo manejada por chinos. Le digo a abuela que son vietnamitas, NO chinos, pero ya se sabe que los mexicanos son racistas. Digo, ¡por Dios, abuela!

Son las cinco de la mañana, nuestro turno en la fábrica comienza a las seis y, como ninguno de nosotros tiene una licencia de conductor, tenemos que esperar a La Raitera, la señora que es la única con licencia y que da aventones desde y hacia la fábrica en Fremont. Cobra $50 semanales por persona y, como logra que los seis nos apretujemos en su Honda Civic, se ve que la compatriota está ganando buen dinero.

Llegamos al trabajo. Es una fábrica enorme y los trabajadores son, en su mayoría, señoras y uno o dos muchachos. Nadie habla inglés aquí, aunque la jefa de línea nos da las órdenes en un inglés chapurreado, y yo, por dentro, le corrijo el inglés porque soy una cabrona.

Nuestro trabajo es todo menos divertido. Estamos de pie ocho horas, a veces doce, si nos obligan a trabajar extra. Es una línea de ensamblaje, así que estamos uno frente a otro, pero no nos permiten hablar, mucho menos mascar chicle. Somos como robots humanos que arman piezas de computadora sin ninguna interacción social.

Miro fijamente a las señoras. Pienso: «Deberían construir robots para armar estas mierdas porque este maldito trabajo es tan aburrido».

He dejado de ser el muchachito que ayuda a construir cartas de presentación y currículums; ahora soy un trabajador cualquiera. Las señoras murmuran, bromean por lo bajo y eso ayuda a que el tiempo transcurra más aprisa. En el comedor, sus personalidades afloran. El hecho de que tengan que reprimirse en el área de trabajo las hace desparpajadas, graciosas y boconas en el comedor.

Soy el más joven y sobresalgo. Como casi todas son madres, me preguntan: «Mijo, ¿por qué estás aquí? Tú tienes que estar en la escuela». Les preocupa que sea demasiado joven para este trabajo y me preguntan por mis sueños y por mi inglés, y me dicen: «Este trabajo no es para ti».

Presumo que piensan eso porque soy joven y sé hablar inglés, que este país puede ofrecerme infinitas oportunidades.

No sé si se habrán dado cuenta de que también soy indocumentado; de que, al igual que ellas, tengo una identificación chueca; de que, cuando termine la escuela, no sé quién me dará empleo; de que tal vez, a lo más que puedo aspirar es a convertirme algún día en un jefe de línea en esta fábrica.

El día que cumplo veinticinco años, un año después de que se anunciara la DACA (Consideración de Acción Diferida para los Llegados en la Infancia), por fin la solicito. No me atrevía a solicitar al programa y esperé a ver cómo les iba a los primeros que lo hicieron. Me imaginaba el peligro de darle al gobierno toda mi información. En cualquier momento, como la historia de los confinados japoneses en este país, si nos inscribíamos, podían venir por nosotros.

Me llega por correo el número de seguro social y un permiso de trabajo. Los examino y me sorprende toda la tecnología que se utiliza para producir estos documentos. La llaman biométrica. En el Servicio de Ciudadanía e Inmigración de los Estados Unidos (USCIS) me escancaron las huellas digitales y me tomaron una foto. La oficina era aséptica y tuve que pasar por un detector de metales y apagar el celular. Lo soporté todo con tal de conseguir esta tarjeta, pero ahora sé que es auténtica y que nadie me puede negar las oportunidades que se me presenten.

Abuela alza los brazos al cielo.

—Gracias, diosito —dice.

Miro mi foto y mi número. Es provisional, lo sé, pero también sé que las puertas se abrirán.

Aún no sé manejar, pero ya no trabajo en la fábrica de Fremont y me he matriculado en San Francisco State University para estudiar inglés, eso, precisamente, por lo que mis vecinos me alababan. Ahora, cuando escribo las anécdotas que viví con mis vecinos, no puedo evitar sonreír; qué ridículos nos veíamos luchando por sobrevivir en este país. Requirió el esfuerzo de todos. Aprovechamos las pocas oportunidades que nos dieron y construimos nuestra vida, poco a poco.

Yosimar Reyes nació en Guerrero, México, y se crio en East San José. Reyes explora los temas de la migración y la sexualidad en su obra. *The Advocate* nombró a Reyes uno de los «13 latinxs LGBT que están cambiando el mundo», y *Remezcla* incluyó a Reyes en su lista de «Los 10 poetas latinxs prometedorxs que deben conocer». Su primera colección de poesía *For Colored Boys Who Speak Softly...* es una autopublicación que siguió a una colaboración con el legendario Carlos Santana. Su obra también ha sido publicada en varios libros y revistas en línea, entre las que figuran *Mariposas: An Anthology of Queer Modern Latino Poetry* (Floricanto Press), *Queer in Aztlán: Chicano Male Recollections of Consciousness and Coming Out* (Cognella Press) y *Joto: An Anthology of Queer Xicano & Chicano Poetry* (Kórima Press), próxima a publicarse. Ostenta una Lambda Literary Fellow y es recipiente de una Undocupoets Fellowship.

Grace Talusan

(Des)encuentros con el mostrador

Siempre he sido sumamente consciente del poder de la persona tras el mostrador. Son los guardianes, quienes imponen las políticas y reglamentaciones que crean los más poderosos. En ocasiones se mueven con una agonizante lentitud, como si quisieran hacer hincapié en que son ellos quienes están a cargo y que te atenderán a su ritmo, no al tuyo. En ocasiones, se toman largos descansos entre clientes, pero gritan si no saltas de tu asiento cuando llaman tu turno. Espulgan el papeleo que con sumo cuidado has organizado y te señalan todas las maneras en que te has equivocado: falta un documento o no está notarizado, sólo puedes pagar con cheque o giro, o no, no puedes pagar ni con cheque ni con giro. Tienes que regresar y pasar otra mañana en espera de tu turno.

Tengo una especial sensibilidad en cuanto al poder del papeleo y la gente que lo procesa porque mis padres, mi hermana y yo pasamos años como inmigrantes indocumentados. Habían ordenado mi deportación cuando tenía ocho años. Mis tres hermanos menores eran ciudadanos por derecho de nacimiento y nuestro abogado de inmigración esperaba que el hecho de que fueran menores nos favoreciera. Era un revés extraño, que los miembros más pequeños de mi familia tuvieran más poder que nosotros simplemente por haber nacido aquí. Cuando el presidente Reagan firmó la Ley de Reforma y Control Inmigratorio de 1986, comenzamos un proceso de papeleo que tomó años. Nos convertimos en suplicantes frente al altar del Servicio de Inmigración y Naturalización de los EE. UU.

Esperábamos sin quejarnos, en silencio y obedientes, durante lo que parecían días, sentados en las sillas de plástico moldeado de las oficinas gubernamentales para que nos atendiera el burócrata enojadizo tras el mostrador. Mi padre era un hombre distinto cuando se enfrentaba a esa persona que barajaba los papeles que con mucho esfuerzo había recopilado. En nuestro pueblo mi padre era un médico reconocido, con pacientes leales de toda la vida, y estaba acostumbrado a que lo respetasen, pero delante del mostrador de la oficina de inmigración se convertía en una hormiga que evitaba caer bajo un zapato. Todo lo que salía de su boca era «sí, señor» y «sí, señora», con su acento filipino domado, borrado de su inglés, lo que hacía que su voz sonara suave como la del hombre del pronóstico del tiempo en el canal de televisión local. Si se había saltado una línea en un formulario o había marcado la cajita incorrecta decía: «Lo siento, señor. Qué descuido de mi parte. Espero que me disculpe».

A cada paso del proceso de nacionalización lo acompañaban el miedo y la amenaza, la posibilidad de una negativa. De escuchar *vuelve al lugar de donde viniste, no tienes permiso de estar aquí.* Aun así, sobrepasamos cada barrera con una cálida sonrisa. ¿No es ésa la lección más importante que aprendemos como nuevos estadounidenses? ¿A sufrir sin quejarnos? Llegamos a creer en la cortesía como escudo. Nos enfocábamos en probar cuán dignos de respeto éramos, lo bien que seguíamos las instrucciones y cumplíamos con las reglas. Creímos que ser amistosos y complacientes nos protegería de la violencia y los caprichos de la supremacía blanca.

Al igual que mi padre, yo también temía a la gente tras el mostrador. Siempre se interponían entre algo que necesitaba y yo, bloqueaban el siguiente paso en mi camino y, por capricho, me podían poner las cosas más fáciles o difíciles. Cuando era niña me encantaba leer libros, pero me aterraba sacarlos en el mostrador para niños en la biblioteca. Temía a las mujeres vestidas de poliéster negro con el cabello enroscado como puños y el ceño fruncido. Temblaba cuando confesaba mi crimen bibliotecario: un libro de dibujos que mis hermanitos habían rayado o mordido o, con más frecuencia, un libro devuelto tarde. La mujer tras el mostrador decía: «Dos centavos por libro por día, sin contar los días en que ha estado cerrada la biblioteca, suman...» según apretaba ruidosamente las teclas de una calculadora enorme. Llena de vergüenza, deseaba con ahínco no llorar.

En ocasiones las monedas que tenía no me alcanzaban.

—No puedes sacar más libros hasta que pagues la multa —decía con placer moralista.

—Lo siento mucho, gracias —respondía mientras me giraba, con la cara roja y sin aire, abandonando, con la sensación de que no los merecía, los libros que ya había imaginado míos: *Freckle Juice* de Judy Blume, *Ramona the Brave* de Beverly Cleary, *Amelia Bedelia* de Peggy Parish y el *Betty Crocker's Cook Book for Boys and Girls*.

Mi madre no era ni como mi padre ni como yo. No se acobardaba ante los guardianes, y los estadounidenses blancos no la intimidaban. Venía de una familia de terratenientes y políticos en las Filipinas, y se trajo a los Estados Unidos ese sentido de privilegio. En la década de los años ochenta, encaró su nuevo país armada de símbolos de estatus de la moda: jeans bordados con la firma de Gloria Vanderbilt y un cisne en los bolsillos, el emblema del cocodrilo de Izod y el del jinete con el mazo de cróquet de Ralph Lauren. Tenía un oído muy afinado que detectaba las faltas de respeto y no podía dejar pasar cualquier oportunidad para discutir, con el acento bostoniano que adquirió con rapidez, con quienquiera que osara tratarla mal. Como aquella vez en Saks cuando preguntó sobre los bolsos Fendi cerrados con llave en el escaparate de cristal y la vendedora, con las llaves en la mano, le puso cara y preguntó:

—¿Está segura? ¿Sabe cuánto cuestan?

Mi madre señaló un monedero Fendi sobre una bandeja. Cuando la vendedora lo colocó en el mostrador, mi madre dijo:

—Me lo llevo —mientras agitaba al aire su tarjeta de crédito de Saks sin siquiera mirar el precio.

Resulta irónico que yo me convirtiera en una persona tras el mostrador cuando mi amiga me consiguió un trabajo en la biblioteca después de la escuela. Luego de que me contrataron, presumía con mis amigos y familiares de que era bibliotecaria hasta que mi amiga me corrigió.

—No eres bibliotecaria —dijo—. Allí sólo hay un bibliotecario y tiene una maestría en Ciencias Bibliotecarias.

¿Eso era ciencia? Biología, química y física eran ciencia, ¿no?

—Eso es un puesto básico —me explicó mi amiga—. Eres una recepcionista. Un paje.

Era un paje, un trabajo muy apropiado para alguien que adoraba los libros. Mis responsabilidades incluían ayudar a los usuarios a encontrar lo que buscaban, ya fuera un libro o los baños; pasar horas leyendo en todos los anaqueles los números del sistema de numeración decimal Dewey que aparecían en las etiquetas de los lomos de los libros para asegurarme de que estuvieran ordenados; pegar cubiertas plásticas a los libros nuevos para protegerlos; y —la tarea más triste de todas— «desyerbar» o preparar una lista de libros que no habían sido sacados durante décadas. Estos tomos sin leer serían arrancados de los estantes para hacer espacio a libros nuevos que ahora tendrían la oportunidad de recibir amor.

Cuando me tocó trabajar en la sección para niños tras el escritorio de madera con tope de cristal, tan ancho como una balsa, la biblioteca todavía cobraba multas. La biblioteca prestaba cintas de VHS con multas muchísimo más elevadas que las de los libros. Siempre era especialmente amigable cuando calculaba la multa de un usuario. Si no tenían el dinero, me encogía de hombros y decía: «Está bien». Por ser la persona tras el escritorio, tenía el poder de perdonar una multa, lo que hacía más repugnante recordar cómo, cuando era niña, no me ofrecieron la misma amnistía.

Casi ninguna de las personas con quienes me he topado se considerarían a sí mismas ni racistas ni prejuiciadas. Sin embargo, lo que piensan sobre los inmigrantes lo expresan a menudo con impaciencia y desdén, un profundo suspiro o tornando los ojos. En tiempos de formularios en papel triplicado, cuando los he llenado incorrectamente al inscribir mi carro o enviar algún correo al exterior, me han preguntado si sé leer. Si me tardo un segundo de más para responder a las preguntas de una persona con uniforme tras el mostrador —a un oficial de la policía o a una patrulla fronteriza—, me han preguntado si hablo inglés. Durante varios años después del 11 de septiembre, me seleccionaron para un registro al azar casi todas las veces que tomé un vuelo. De pie al otro lado de la mesa, me tragaba la rabia y asentía plácidamente según los agentes de la TSA rebuscaban en mi maleta. Un buen estadounidense no tiene nada que ocultar. Quería ser ambas cosas, buena y estadounidense, así que me aguantaba.

En los aeropuertos, el color de mi piel me convierte en demasiado obvia, un blanco fácil. Pero, en otros momentos, me hace invisible. Como la vez que fui al centro comercial para devolver un artículo durante la temporada de compras navideñas. La persona blanca tras el mostrador fijó la vista en la persona blanca detrás de mí en la fila y ofreció atenderla primero.

—Soy la siguiente —dije, tan molesta con la persona blanca de atrás que tan rápidamente había aceptado.

—No te vi —dijo la persona tras el mostrador encogiendo los hombros.

—Sé que no me viste —contesté—. Sin embargo, heme aquí.

En 2016, cuando un nuevo presidente se sentó tras el escritorio más poderoso del mundo, una de las primeras cosas que hizo fue firmar la prohibición de viajes a los musulmanes. Ordenó poner fin a la DACA que, de haberlo logrado, habría dejado a cientos de miles de DREAMers desprotegidos. De los países asiáticos, Filipinas es el segundo país con más personas —más de tres mil— que reciben la DACA. Su política de «cero tolerancia» separó familias de migrantes con niños pequeños, algunos de ellos permanentemente. Su administración denegó a miles de latinos nacidos en los EE. UU. su pasaporte y los acusó de fraude para obtener la ciudadanía. Y antes de dejar su cargo, estableció la regla de «muerte al asilo», que hace casi imposible que muchos peticionarios de asilo y refugiados hagan de los EE. UU. su hogar. Con cada floritura de su pluma, puso en marcha políticas de supremacía blanca que no sólo son racistas y antinmigratorias, sino también crueles e inhumanas. Incluso los verbos usados para describir estas políticas son violentos: «cortar», «bloquear», «denegar», «separar permanentemente». En tantas ocasiones durante los últimos cuatro años me he visto repitiéndome la misma oración: «el objetivo es la crueldad».

La mañana siguiente a que Trump fuera electo empecé a llevar mi pasaporte en el bolso cada vez que salía de casa. Temía que la ciudadanía estadounidense que con tanta dificultad me había ganado no me protegiera del hombre que tenía las peores destrezas de servicio al cliente que jamás había experimentado.

Décadas después de las experiencias de mi niñez en la biblioteca, llevé a mis sobrinos y sobrinas a la hora de cuentos allí. Estaba irreconocible tras las últimas renovaciones y actualizaciones. Mientras sacaban los libros, yo los supervisaba. No iba a permitir que los humillaran como hicieron conmigo. Quería protegerlos lo más posible de la deshumanización casual que mucha gente blanca ejerce y con la que se deleita en encuentros cotidianos. Yo ya era una adulta con años de experiencia manifestando mi sentir. Me presenté a la nueva bibliotecaria, una mujer alta con cabello blanco corto que me sonrió con cariño, y compartí con ella mis experiencias de la niñez con las mujeres vestidas de negro que parecían haber desaparecido de la biblioteca, como aquellos libros sin leer en los estantes. Agitó la mano como si pudiera espantar la peste de mis palabras del aire mientras sonreía avergonzada.

—Ah, ya no hacemos cosas como ésas. Ni siquiera multamos. Somos una nueva biblioteca.

Quizás algún día podamos decir lo mismo de los Estados Unidos: somos un nuevo país.

DONDE SOMOS HUMANOS

Grace Talusan ganó, con su primer libro, *The Body Papers*, el premio Massachusetts Book Awards de no ficción. Además, fue recomendado por los editores del *New York Times* y ganó el premio de Restless Books New Immigrant Writing. Sus ensayos han sido publicados en las antologías sobre la COVID-19: *And We Came Outside and Saw the Stars Again*, editada por Ilan Stavans, y *Alone Together*, editada por Jennifer Haupt. Su cuento corto «El libro de la vida y la muerte» fue seleccionado para el programa One City One Story del Boston Book Festival y traducido a varios idiomas, incluido el tagalo. Recibió una U.S. Fulbright Fellowship para las Filipinas y el Fellowship Award del Massachusetts Cultural Council. Nació en Filipinas, llegó a los EE. UU. a los dos años y se hizo ciudadana estadounidense a sus veintitantos. Es la escritora residente del programa Fannie Hurst Writer-in-Residence en Brandeis University.

Dulce Guerra

La dulzura del pasto

El estruendo en el jardín me hizo saltar del sofá para mirar por la ventana. Mi padre empujaba una caja con ruedas a lo largo del césped. Iba de arriba abajo, de un extremo a otro. Jamás había visto una cortadora de césped. En casa de mi abuela en Huatabampo, Sonora, no había zacate que cortar. Su jardín, como las calles, era mayormente de tierra. Siempre había polvo en el aire. Pero aquí, en el pequeño pueblo de Fair Oaks, Indiana, los campos estaban cubiertos de una alfombra aterciopelada verde. Fue de lo primero que me enamoré cuando llegamos.

La casa que mi padre y mis tíos recibieron de la lechería donde ahora trabajaban estaba rodeada de pasto y arces, y tenía una cerca de madera en sólo una de las esquinas del jardín delantero. Había un garaje independiente al lado derecho de la casa, que estaba lleno de cosas, así que no se podía estacionar un carro. La casa era color azul cielo con persianas blancas y tenía dos pisos: el piso de arriba era un ático convertido en habitación, que compartíamos mis padres, mi hermana y yo. Mis padres dormían en un lado y mi hermana y yo en el otro.

El jardín trasero terminaba en una hilera de pinos altos y luego había una pequeña carretera de piedritas que separaba la propiedad del maizal. El jardín trasero estaba cubierto de zacate, casi tan alto como yo a mis ocho años. Había llegado a un lugar nuevo con el que no tenía ninguna conexión. No sólo extrañaba a mi abuela y a mi gente, también extrañaba la tierra. Extrañaba el polvo suave bajo los pies descalzos al salir de casa de mi abuela. Ahora me encontraba en un lugar desconocido y todo era tan diferente. Durante un tiempo, no tuve palabras para describir mi dolor. Pero luego, sentí por primera vez el zacate bajo los pies y supe que todo estaría bien.

Deseaba que el zacate creciera como una selva, mi jungla privada. Pasé las primeras dos semanas en Indiana jugando en el zacate, golpeándolo con un machete de palo, haciendo tipis de campaña con las ramas que caían de los arces y cubriéndolas con el zacate que tanto me gustaba. Creé pequeños pueblos imaginarios y mis primeras muñecas *Polly Pocket* eran sus habitantes. Desafortunadamente, mi padre tenía otros planes para mi jardín de juegos. El arreglo al que llegó cuando le dieron esa casa incluía que mantuviera el jardín.

Y ahora estaba ahí, empujando a lo largo del zacate ese aparato extraño, que escupía mi felicidad por el otro lado. Abrí la ventana y me golpeó un olor desconocido; entonces me di cuenta de que el color verde tiene olor. Me reconfortó de una forma inexplicable. Aspiré el aroma con avidez. No se me ocurrió que mi padre pasaría luego a la parte de atrás, y de repente dejó de ser agradable.

Salí corriendo por la mosquitera, que rechinaba al abrirse.

—¡Deja la parte de atrás! ¡Es mi zacate! ¡No lo cortes! —le grité defendiendo mi tierra. Me miró y vi en sus ojos que estaba a punto de romperme el corazón.

—Tengo que cortarlo, mija —dijo arrodillándose al lado de la máquina para ver cuánta gasolina le quedaba a ese monstruo comezacate.

—¡No, papi! —La cortadora volvió a la vida con un rugido y yo, asustada, corrí al sofá para esconderme, pero también para guardar luto.

Mi papá se había ido a Indiana cuatro meses antes. Había trabajado en lecherías casi toda su vida y mis tíos lo ayudaron a conseguir su nuevo empleo. Mis padres decidieron que él se iría antes y prepararía las cosas para cuando mi madre, mi hermana y yo llegáramos. Pero, a mis ocho años, sentí que me abandonaba. Mi mamá me aseguró que lo veríamos pronto, pero no se lo creí. Me enfermé y no hubo doctor que pudiera determinar lo que tenía. Cuando me despertaba, veía a mi madre ponerme toallas húmedas en la frente para bajarme la fiebre. No tenía apetito ni interés en jugar. Me imaginaba cómo sería el nuevo hogar de mi papá. Me lo describía por teléfono, pero ¿qué diablos era una luciérnaga? Me contaba de todos los sabores de nieve que había visto y los que había probado; el de nuez era su favorito. Hablaba de todas las advertencias de lluvia y tornados, y de cómo uno de ellos había pasado justo por encima de la casa. Me contaba de las lecherías y de su trabajo de ordeñador. En ningún momento mencionó el zacate.

La mosquitera rechinó al abrirse y mi papá entró. No podía mirarlo. ¿Cómo hacerlo? Sentí su traición como cuando me dejó en México.

—Ven aquí —dijo.

Pensé que me iba a regañar por haberle gritado, pero lo seguí hasta las escaleras crujientes del ático-habitación. Me llevó hasta la ventana que daba al jardín trasero.

—Quédate aquí, no te muevas —dijo.

Me senté en el techo de la casa y, mientras bajaba los escalones, mi padre me advirtió que no me cayera.

—¿Papi? —dije mientras sus pasos se alejaban.

Estaba confundida y asustada. Todo parecía diferente desde ahí arriba. Podía ver la carretera de piedritas y la cerca que protegía el campo, el cielo azul brillante y a mi papá abajo con la podadora. Tiró de un cordoncito y la máquina arrancó. Pensé que me estaba castigando por gritarle, obligándome a verlo destruir el único lugar que me daba alegría. Pero, en vez de ir en líneas rectas de un extremo a otro como había hecho en el jardín delantero, empezó a curvar la cortadora y hacer líneas y formas extrañas. Entonces, de repente, apareció una D. Luego una U. Una L. ¡Estaba escribiendo mi nombre! Al mirarlo, se me quitó el enojo y el miedo. ¡Fue asombroso! ¿Cómo se le ocurrió? En vez de una E mayúscula, hizo una e minúscula, de modo que leía DULCe. Se veía tan gracioso. Cuando terminó, apagó la cortadora, regresó al techo y se sentó a mi lado.

—Se ve bien, ¿verdad? —dijo. No pude evitar sonreír. Le

tomé la mano en señal de aprobación y gratitud—. Hacer la E mayúscula hubiera sido difícil, y mejor lo hice en un solo tirón —dijo calcando la «e» minúscula con el dedo en el aire.

Nos quedamos ahí admirando su obra. El viento sopló y el aroma del zacate recién cortado —el olor del amor y la esperanza— me alegró el rostro. Lo absorbí todo.

El sol estaba poniéndose y tiñó el cielo de un naranja de ensueño. Las luciérnagas se despertaron e iluminaron los árboles con sus lucecitas. Las chicharras llenaron el aire con su canto.

—Ya se va a oscurecer —dijo ayudándome a ponerme de pie.

—Pero quiero quedarme —dije mientras me agarraba a su mano callosa.

—Ya no se ve nada, garrapata —contestó.

—Un ratito más.

—Ay, Dulcinea del Toboso —respondió y volvió a sentarse—, un ratito más o los mosquitos nos van a comer.

Sonreí y lo abracé y disfrutamos de los rayos de luz hasta que oscureció por completo y mi nombre se esfumó en la noche.

—El zacate ahora es tuyo porque tiene tu nombre, PERO, tendré que cortarlo, ¿entendido?

Asentí con la cabeza. No había de otra. Después de todo, ahora vivía en un lugar en donde el pasto siempre crecería.

Dulce Guerra nació en Obregón, Sonora, México. En julio de 2000, a los ocho años, migró de Huatabampo, Sonora, a Fair Oaks, Indiana. En junio de 2012, se casó y se mudó a Los Ángeles, California. Vive en Palmade, California, con su esposo, Cordero Guerra, sus dos hijos, Alora y Benicio, su suegra y tres mascotas. Se graduó de California State University–Northridge en el verano de 2020 con una licenciatura en Español: Idioma y Cultura. Actualmente, continúa con sus estudios de posgrado en CSUN en el programa de maestría en Español. En un futuro espera convertirse en profesora de Español.

Carolina Alvarado Molk

En papel

Cuando llegué a casa de mi ceremonia de naturalización, me quedé un buen rato mirando mi certificado. Te dicen que no lo lamines, que no lo fotografíes ni lo enmarques, sino que simplemente llegues a casa y lo guardes. Entiendo por qué hay gente que quiere hacer más. Entiendo el instinto de preservar ese documento de algún modo que te haga sentir que no se estropeará: después de todo, no es más que un trozo de papel.

Solía preguntarme cómo se sentiría convertirse en ciudadana estadounidense. Pensaba que me haría sentir segura, libre, como si pudiera hacer cualquier cosa. Imaginaba el alivio que sentiría al salir de ese tribunal: que podría respirar más profundo. No fue así exactamente. Hay un periodo de transición con el que no contaba.

Como es lógico, sé que las cosas son diferentes, pero tendrá que pasar un tiempo mientras mi cuerpo registra el cambio. Las viejas ansiedades siguen ahí, en el sudor de las manos cuando me piden la identificación, en el sobresalto del corazón cuando veo a un policía. Al llegar a casa de un viaje, aún pienso: *esta vez no me dejarán entrar*, e imagino qué haría, a dónde iría.

Cuando era más joven, bastaba con que un desconocido me preguntara de dónde era para que yo le contara toda mi historia: mi familia iba y venía entre la República Dominicana y los Estados Unidos cuando era niña. Nos establecimos en Brooklyn para siempre en 1994. No ocultaba mi estatus de indocumentada: era atrevida y desafiante y temeraria. Confiaba en que, por vivir en la ciudad de Nueva York, estudiar y trabajar entre inmigrantes, la mayoría de la gente compartiría o entendería mi historia.

Todo eso cambió cuando comencé los estudios de posgrado. De repente, me convertí en una pieza que no encajaba en un grupo privilegiado de una institución de élite. «¿Y no puedes solicitar la ciudadanía sin más?» preguntaban los administradores y fruncían el ceño, entre la empatía y la confusión, cuando les explicaba las limitaciones particulares de mi estatus de indocumentada. Eso, después de que intentaron rescindir mi admisión: alguien, en algún momento dado del proceso, presumió que era una estudiante internacional y me concedió la entrada. Los semestres terminaban con correos electrónicos en los que me preguntaban: «¿Ha cambiado tu estatus o vas a tomarte un permiso de ausencia?». A lo que yo respondía: «¿Podríamos considerar una tercera opción?», con la esperanza de que me permitieran regresar al campus una vez más.

Nadie sabía qué hacer con una estudiante como yo, y a la mayoría no le interesaba aprender más sobre ello.

Fue en ese momento que mi instinto de sobrevivencia

afloró y empecé a callar. Dejé que mis compañeros pensaran que no estaba dispuesta a cumplir con el requisito de enseñanza, que andaba atrasada con las tareas en lugar de ser una indocumentada que no podía enseñar legalmente en la universidad. Dejé que pensaran que no me interesaba viajar, en lugar de admitir que no podía. Dejé que creyeran que era una persona extremadamente privada y poco ambiciosa. Me convertí en una persona privada y poco ambiciosa.

Ahora me pregunto si mis compañeros y colegas lo sabrían. Es difícil que no lo supieran. Una vez, en una licorería, la cajera rechazó mi identificación consular. «No sé qué es esto», dijo la mujer y miró el carné y luego a mí, como esperando a que le llegara del cielo la información que faltaba. No tenía licencia de conducir, no me hacía falta en Nueva York. «Tener un auto en Nueva York es una pesadilla», les decía a mis compañeros. «En realidad, no hace falta una licencia para nada». Y nadie nunca me dijo: «Pero necesitas un carné de identificación, ¿no?».

Hubo una solicitud de trabajo para enseñar en las cárceles que nunca entregué, aunque me mordí la lengua y me quedé hasta que terminó la sesión informativa. En la solicitud, me pedían mi número de seguro social.

—Tendré que entregarlo después —dije al final cuando recogían los documentos en la puerta. Y sólo pensé: «Debí saberlo».

Hubo una vez, la más obvia, en la pizzería, cuando la mesera, desde un extremo de nuestra larga mesa, nos pidió que le mostráramos nuestros carnés. Nerviosa, vi mi pasaporte rojo pasar de mano en mano hasta llegar a la mesera, quien montó un numerito porque no encontraba mi fecha de nacimiento.

Aguanté la respiración hasta que lo cerró y me quedé sentada con el brazo extendido hasta que me llegó de vuelta. Entonces, un compañero quiso ojearlo.

—¿Esto es tuyo? —preguntó.

Coloqué las manos en el regazo y sonreí de una forma que me pareció casual. Reinó el silencio en la mesa.

—Vamos a ver —dijo y comenzó a pasar las páginas ostensiblemente vacías de atrás hacia delante, de delante hacia atrás como si fueran una baraja.

Los demás miraron hacia otro lado, avergonzados e incómodos, aunque era difícil saber si se debía a la conducta del compañero o a mi pasaporte carmesí.

—Bueno —dijo al cabo de una pausa prolongada y me lo devolvió.

La cena transcurrió como si nada hubiera pasado y, por más que lo intente, no logro recordar qué celebrábamos. Estoy segura de que comí y bebí como los demás. Estoy segura de que me quedé ahí vacía y temblando por dentro.

A menudo, pensamos que la ciudadanía es como hacer borrón y cuenta nueva, un renacer. La DACA me permitió cumplir con los requisitos de la universidad, y luego la *green card* que obtuve al casarme me acercó un paso más a la seguridad. Pensé que la ciudadanía me haría sentir completa.

Cuando pienso en escribir sobre mi experiencia inmigratoria, me imagino que quizás se sienta como estrechar una mano para sostener la mía propia. Sin embargo, a menudo me siento forzada. Me preocupa para quién estoy escribiendo. Me preocupan las dificultades que han experimentado otros. Me preocupa revelar demasiado, revelar muy poco, decir algo mal.

No existe un vocabulario sencillo que nos describa, ni para describir esto. No existe un vocabulario que sirva para explicar cómo afecta a una persona que la llamen «ilegal»: antes de los *hashtags*, antes de las camisetas de «indocumentados e intrépidos», antes de que a los periódicos se los reprendiera por llamarnos «ilegales» o «aliens», antes de que los liberales abrazaran nuestra causa para protestar frente a los centros de detención y pedir la erradicación del ICE. Puedo decirles que fue aterrador. Puedo decirles que me sentía sola. Puedo decirles que, a medida que me hago mayor, se me hace más difícil confiar en la gente y conectar con ella.

Me digo que ahora estoy a salvo. Puedo votar. Puedo viajar. Puedo participar. Puedo ser parte de este país en el que crecí de un modo en que antes no podía. Y, sin embargo, un trozo de papel no puede deshacer el daño. Ni apaciguar los miedos que, por décadas, han hecho de mi cuerpo su hogar.

Me hice ciudadana en mayo de 2019, dos años después de completar mi doctorado y un año después de la llegada de nuestro primer hijo. Recuerdo la luz del sol a través del parabrisas mientras mi esposo nos traía a casa después de la ceremonia de naturalización en el tribunal. Nuestro hijo dormía en su asiento de coche y nosotros íbamos callados, cada cual enfrascado en sus propios pensamientos. Erykah Badu sonaba en bucle, el único sonido que hacía dormir a nuestro hijo. Miré por la ventanilla del pasajero y esperé a sentir la diferencia, a que el peso se aliviara.

Con el tiempo, he ido sintiéndome más cómoda con mi ciudadanía y lo que significa. Voté por primera vez hace unos meses. Nuestra pequeña familia caminó hacia la urna cerca de casa y mi esposo me hizo una foto cuando metí mi papeleta. Compartimos la foto sonriente en las redes sociales y celebré por primera vez que ahora podía votar. Estoy segura de que a las personas a mi alrededor les parecía una mujer común y corriente que posaba para una foto, que votaba una vez más, pero, por dentro, algo brillaba, algo relucía.

Los comienzos, como los finales, son agridulces.

Carolina Alvarado Molk nació en la República Dominicana y se crio en Brooklyn, Nueva York. Tiene una licenciatura en Inglés y Religión de Brooklyn College (CUNY), y un doctorado en Inglés de la Universidad de Princeton. Actualmente, trabaja en una colección de cuentos. Vive y escribe en Denver, Colorado.

AGRADECIMIENTOS DE REYNA

Primero, quisiera agradecer a todas las personas de Harper-Via y HarperCollins Español que ayudaron a traer al mundo *Donde somos humanos*. Un especial agradecimiento a Tara Parsons, Rosie Black, Juan Milà, Alexa Frank, Ariana Rosado-Fernández, Edward Benítez, Maya Lewis, Sarah Schoof y, sobre todo, a Judith Curr porque luchó por este libro desde el principio. Estoy eternamente agradecida con mi agente, Johanna Castillo, por su apoyo en cada proyecto en que hemos trabajado juntas, pero muy en especial por su apoyo en este proyecto, porque es tan entrañable y está tan cerca de nuestros corazones. A mi coeditora, Sonia Guiñansaca, infinitas gracias por trabajar con tanto empeño para crear espacios seguros, incluido este libro, donde otros como nosotras puedan expresar su verdad y compartir sus historias. Gracias por abogar por nuestra comunidad y empoderarla. Como siempre, mi esposo, Cory Rayala, edita todos mis proyectos, y este libro no fue una excepción. Gracias por tus cuidadosas correcciones y sugerencias. Mi más profundo agradecimiento a Yaccaira de la Torre Salvatierra por todas esas noches hasta tarde en mi oficina y las largas horas en el café. Gracias por hacer menos solitarias las horas dedicadas a la escritura. Un reconocimiento a mi hermana Magloria por su ayuda y apoyo.

Agradecimientos de Reyna

Mucha gratitud, respeto y aprecio a nuestros colaboradores. Gracias por unírsenos en esta aventura y por confiarnos sus historias. Sus voces han hecho de este libro lo que es: un poderoso testamento de la resiliencia y la belleza de nuestra comunidad inmigrante. Y por último, a Viet Thanh Nguyen por allanar el camino, inspirarnos y ser un ejemplo que seguir para nosotros. ¡Qué honor tenerte como el padrino literario de esta antología!

AGRADECIMIENTOS DE SONIA

Llegué a este momento no por mis propias acciones, sino por el esfuerzo colectivo, la guía, la protección y el amor de mi comunidad. Yupaychani a todos mis mayores, a mis compañeros artistas queer/trans/no binaries, a la diáspora de la comunidad Kichwa y a la comunidad de indocumentados. Gracias a mi familia: Titi, Nube, Rocío, Jesús, Mama Michi, señora María, tío Ángel, Rita y todos mis primos. Un agradecimiento especial a mis hermanos: Andy y Erika. Gracias a mis padres: Rosa y Segundo Guiñansaca, y a mis abuelos: María Romero, Gerardo Pañora, Cosme Guiñansaca y Alegría Guiñansaca. Lylliam, mi mejor amigo y compañero, te gradezco la lectura de todos los borradores y la motivación que me ofreciste durante este proceso. A mi querida familia de amigxs: Pancho, Little, Bourbon, Turtle, Bambie, Rommy, Leslie, Giselle, Jess, Bianca, Breena, Vivian, Kemi, Emilia, Dorothy, Noemi, mi vecinx Sarai, Alan, Monica, Dillon, Phoung, Marléne, Marisol, Daniela, Martin, Jackie, José Luis y Jennifer, los aprecio muchísimo. Profunda gratitud a mi mentor Ken Chen y a los brillantes escritores que han nutrido mi trabajo: Ruth Forman y Staceyann Chin. Señor Murphy, señora Greene, profesora Millagros Denis-Rosario, Departamento de Estudios AFPRL y de Estudios de la Mujer y de Género de Hunter College, ustedes fueron una bendición cuando era una estudiante indocumentada en busca de un espacio seguro. A los atentos y arraigados trabajadores culturales y visionarios como Kemi Ilesanmi, Deana Haggag, Alejandra Duque Cifuentes y Lylliam Posadas, gracias por construir los ecosistemas creativos que necesitamos. Mi agente, Johanna Castillo, ¡qué camino hemos recorrido desde aquella cita que tuvimos en un café de la Ciudad de Nueva York para hablar del futuro de mi trabajo y de cuánto deseabas apoyarlo! Es especial saber que hay una colega ecuatoriana secundándome. Reyna Grande, mi coeditora, ¡lo hicimos durante una pandemia y entre las dificultades de nuestras vidas! Gracias por ser el Virgo para mi Géminis, por tu generoso tiempo y tus impecables correcciones. Gracias a Viet Thanh Nguyen por el prólogo, ese sello que el libro necesitaba. Gracias a Judith Curr, Tara Parsons, Juan Milà, Rosie Black, Alexa Frank, Ariana Rosado-Fernández, Maya Lewis, Edward Benítez, Sarah Schoof y todo el equipo editorial de HarperCollins: traductores, diseñadores y todos los departamentos que hicieron posible este proyecto. Este libro y estas historias necesitaban con urgencia el apoyo que todos ustedes les han dado. Qué maravilloso paso hacia delante, y es sólo el comienzo. Finalmente, mi agradecimiento más profundo a los colaboradores, que pasaron los dos últimos años trabajando con nosotros, respondieron a nuestros emails, aceptaron las críticas y comentarios, y nos confiaron sus trabajos. ¡Lo logramos!

SOBRE VIET THANH NGUYEN

La novela *El simpatizante* de **Viet Thanh Nguyen** es un *bestseller* del *New York Times* y ganó el premio Pulitzer de Ficción. Entre otros reconocimientos, ha recibido el Dayton Literary Peace Prize, el Edgar Award for Best First Novel by an American Author del Mystery Writers of America, la Andrew Carnegie Medal for Excellence in Fiction presentada por la American Library Association, el First Novel Prize del Center for Fiction, la Gold Medal in First Fiction de los California Book Awards y el Asian/Pacific American Award for Literature de la Asian/Pacific American Librarians Association. Su libro más reciente, *The Committed*, la secuela de *El simpatizante*, se publicó en marzo de 2021. Sus otras obras son: *Nothing Ever Dies: Vietnam and the Memory of War, Race and Resistance, Literature and Politics in Asian America* y la exitosa antología de cuentos, *The Refugees*. Es coautor de *Chicken of the Sea*, un libro para niños escrito en colaboración con su hijo de seis años, Ellison. También es editor de la antología *The Displaced: Refugee Writers on Refugee Lives*. Nguyen ocupa la Aerol Arnold Chair of English y es catedrático de Inglés, de Estudios Estadounidenses y Etnicidad, y de Literatura Comparada en la University of Southern California. Recientemente, ha recibido becas de las fundaciones Guggenheim y MacArthur, y ganó el Prix du Meilleur Livre Étranger (Premio al Mejor Libro Extranjero) en Francia por *El simpatizante*.

SOBRE LAS EDITORAS

Reyna Grande es autora de la autobiografía *bestseller La distancia entre nosotros* (Atria, 2012; también disponible en edición juvenil de Aladdin, 2017), donde cuenta su vida antes y después de llegar de niña a los Estados Unidos desde México como inmigrante indocumentada. La secuela, *La búsqueda de un sueño* (Atria), fue publicada en 2018. Sus otras obras son: *A través de cien montañas* (Atria, 2007) y *Dancing with Butterflies* (Washington Square Press, 2009). Sus libros han sido seleccionados y acogidos como lecturas en escuelas, universidades y ciudades de todo Estados Unidos. Reyna ha recibido varios premios, incluido el American Book Award, El Premio Aztlán Literary Award 2006 y el Luis Leal Award for Distinction in Chicano/Latino Literature de 2015. En 2012, fue finalista del prestigioso National Book Critics Circle Award. Reyna escribe sobre inmigración, separación de la familia, el trauma con el idioma, el precio a pagar por obtener el sueño americano y sobre su trayectoria como escritora. Sus obras han aparecido en el *New York Times*, *The Dallas Morning News*, CNN, *The Lily* (publicado por *The Washington Post*), *Buzzfeed*, entre otros. En marzo de 2020, fue invitada del Oprah's Book Club. Su obra más reciente es una novela histórica titulada *Corrido de amor y gloria* (HarperCollins Español, octubre de 2022).

Sobre las editoras

Sonia Guiñansaca es artista multidisciplinar, estratega de la cultura y activista internacional. Escribe poemas en prosa y ensayos sobre migración, *queerness*, cambio climático y nostalgia, a menudo en colaboración con cineastas y artistas visuales. Es Kichwa-Kañari y a los cinco años migró de Ecuador a los Estados Unidos para reunirse con sus padres en la ciudad de Nueva York. En 2007, Guiñansaca hizo público su estado de indocumentada y emergió como líder nacional de las comunidades migrantes, artísticas y políticas, en donde coordinó y participó en manifestaciones pioneras de desobediencia civil. Guiñansaca ayudó a crear algunas de las organizaciones de indocumentadxs más grandes de los Estados Unidos e, incluso, cofundó algunos de los primeros proyectos artísticos por y para escritorxs y artistas indocumentadxs (los talleres Dreaming in Ink writing; UndocuMic, un entorno para *performance*; y el UndocuWriting Retreat de 2013). Ha recibido estancias para artista de Voices of Our Nation (VONA), la Poetry Foundation, el British Council, Creative Time y el Hemispheric Institute of Performance and Politics. Guiñansaca forma parte de la lista de los «13 Coolest Queers on the Internet» de *Teen Vogue* y se ha destacado en PEN America, la revista *Interview*, *Ms.* y *DIVA* en el Reino Unido, NBC y PBS. Guiñansaca, que ya no es indocumentada, ha viajado a Londres y a Ciudad de México para presentar su obra acerca de la migración y la equidad cultural, y brinda asesoría sobre política migratoria y programación de las artes. Autopublicó su ópera prima, un poemario titulado *Nostalgia* *and Borders*, en 2016. Contribuyó a una nueva edición de la antología *Colonize This!* (Seal Press, 2019) y a *This Is Not a Gun* (Sming Sming Books/Candor Arts, 2020). Guiñansaca lanzará House of Alegría, una editorial para escritorxs indocumentadxs *queer*, trans, no binaries y migrantes.